Películas clave
del cine de ciencia-ficción

Películas clave
del cine de ciencia-ficción

Sergi Sánchez

Prólogo de Manuel Moreno y Jordi José

MA
NON
TROPPO

Si usted desea que le mantengamos informado de nuestras publicaciones, sólo tiene que remitirnos su nombre y dirección, indicando qué temas le interesan, y gustosamente complaceremos su petición.

Ediciones Robinbook
información bibliográfica
Industria 11 (Pol. Ind. Buvisa)
08329 Teià (Barcelona)
e-mail: info@robinbook.com

www.robinbook.com

© 2007, Ediciones Robinbook, s. l., Barcelona

Coordinador de la colección: Jordi Batlle Caminal
Diseño de cubierta: La Cifra
Fotografía de cubierta: © Sunset Boulevard/Corbis
Diseño de interior: La Companyia & Güilmon

ISBN: 978-84-96924-06-2
Depósito legal: B-27.288-2007
Impreso por A & M Gràfic, Riera Can Pahissa 14-18, naves 7-8, Pol. El Pla, 08750 Molins de Rei

Impreso en España - Printed in Spain

Índice

Prólogo

Cine y más y mejor cine, por favor

1902: Méliès nos lleva a la Luna en un cohete-bala; 2004: Jim Carrey se somete a un tratamiento de borrado de memoria para olvidar problemas sentimentales... El cine de ciencia-
ficción ha seguido una evolución paralela al progreso tecnocientífico de la humanidad. Fiel
reflejo de sus filias y sus fobias, ha cristalizado sus sueños de exploración más anhelados,
del espacio al tiempo, pasando por temerarias cruzadas al centro de la Tierra. Erigido en
vehículo articulador de utopías y distopías, ha permitido visitar mundos devastados por la
guerra nuclear (*El día después*, *Millennium*) o totalitarismos extremos (*1984*), ha explorado
los efectos del cambio climático con historias que oscilan entre un futuro desértico (*Mad
Max*) y un planeta improbablemente anegado por las aguas (*Waterworld*), con una inconta-
ble escala de grises (*Quinteto*, *El día de mañana*). Ha alzado la ciencia como estandarte, la
solución definitiva a todos nuestros males (*Cuando los mundos chocan*), a la par que explo-
raba su faceta más oscura (*Planeta prohibido*, *Frankenstein*). Como apuntan algunos críticos y estudiosos, en su búsqueda del sentido de la maravilla, el cine de ciencia-ficción nos
prepara para el cambio, ese *shock* del futuro hecho presente en un mundo más y más cam-
biante, vertiginoso. Y, acaso, nos alerta ante más de un futuro apocalíptico coronado por
insospechadas implicaciones, ocultas bajo la pátina de invisibilidad de un aparentemente
inocuo avance científico.

El cine de ciencia-ficción ha desarrollado un amplio espectro temático, siguiendo, en cierta medida, los cánones dictados por su hermana, la literatura. Monstruos colosales, del más variopinto pelaje y filiación; odiseas espaciales a través del océano de la noche; viajes en el tiempo; superhéroes; invasiones alienígenas; holocaustos nucleares; la mente y sus (pseudo)poderes; terraformación de otros mundos; técnicas y *gadgets* del futuro (del teletransporte a la clonación de seres humanos)... Es importante destacar que, a pesar de la coincidencia temática, el lenguaje y las técnicas cinematográficas difieren sustancialmente de las empleadas en la ciencia-ficción escrita, siendo ésta mucho más rigurosa en el uso y aplicación de la ciencia. Y como muestra, un botón: (casi) todo el mundo sabe que el movimiento de una nave en el espacio no se ejecuta mediante el insulso giro de un volante, requiriendo un complejo sistema de cohetes impulsores distribuidos a lo largo y ancho de la estructura; pese a lo anunciado en *Alien, el octavo pasajero* ("En el espacio nadie puede oír tus gritos"), la gran mayoría de naves de la ficción suele desplazarse con grácil movimiento por la pantalla acompañadas de un intenso zumbido; nadie con simples conocimientos de medicina intentaría resucitar un cadáver utilizando un rayo, como en *El doctor Frankenstein*, a no ser que quisiera convertirlo en *churrasco*... El guionista medio suele ampararse en tales licencias, en una especie de canon no escrito que se repite una y otra vez en films modernos. Paradójicamente, en pleno siglo XXI, y en el seno de esta sociedad hipertecnificada, que se levanta y acuesta rodeada de tecnología, el cine parece haber optado por su propia senda, un camino a años-luz de lo que dictan la ciencia y, a veces, el sentido común. Mal que nos pese, seguimos viviendo en una sociedad que hace oídos sordos a Mendel, Gauss o Faraday (incluso en el muy exclusivo círculo de la intelectualidad), pero en la que aquel que no sepa citar algunas de las obras de Joyce, Chopin o Kandinsky es considerado, simple y llanamente, un ignorante. Lamentable, porque sin ciencia tampoco hay cultura.

En este libro se condensan más de cien años de cine de ciencia-ficción resumidos en un centenar de films. Una arriesgada apuesta en un intento por destilar la más exclusiva muestra de lo que ha dado de sí este género del séptimo arte. No se trata, claro está, de un esfuerzo pionero. Existen ya otras obras al uso, basadas en criterios más o menos dispares. Y, claro está, se trata de una selección que, como en todo intento, corre cierto riesgo de colisión ocasional con los gustos personales de más de un lector.

En nuestra opinión, la presente obra contempla una acertada recopilación en la que no sobra ningún título; una lista, subjetiva, como toda selección, que cualquier entusiasta del género, cinéfilo impenitente o teórico del cine, suscribiría en su totalidad (o casi). Se echan en falta, quizá, algunos títulos (*King Kong*, *La mujer y el monstruo*...), aunque el terrible dilema se centra, entonces, en cuál eliminar para darles cabida. Ímproba tarea para cualquier lector, al que simplemente recomendaríamos dejarse llevar por el fascinante elenco que presenta este texto, jalonado por multitud de anécdotas y pequeñas historias, memorable compañero de viaje para gozar de ese apasionado idilio que siente todo aquel que se ha aproximado alguna vez al séptimo arte.

El presente texto constituye un trabajo laborioso si se tiene en cuenta, por un lado, las dificultades para delimitar un género, el de ciencia-ficción, que convive entre el de terror y la fantasía, y, por otro, la ingente producción cinematográfica que suele catalogarse al amparo de esta etiqueta. Dependiendo de las fuentes, en el período que abarca desde los orígenes mismos del cine (1895) hasta el año 2005, pueden contabilizarse alrededor de unos 2.700 films de ciencia-ficción. Ahí es nada.

Los cien films seleccionados por el crítico y profesor Sergi Sánchez son lo más granado de este prolífico y difuso género, y muestran su buen gusto y acertado criterio de selección. Del cine de los orígenes, la única película incluida es, con todo merecimiento, *Viaje a la Luna.* Hay que esperar hasta los años veinte para encontrar algunos films destacables (cinco títulos) que recrean una época oscura, la de Mabuse y *Metrópolis,* sin olvidar la aportación rusa al género, *Aelita.* La década de los años treinta (cinco films) es la de los científicos malvados, perfectamente representada por Moreau, el hombre invisible y Frankenstein. En la década de los cuarenta se vive un parón: graves asuntos, la Segunda Guerra Mundial, ocupan a la humanidad. Se mantienen los seriales de superhéroes pero ninguna película destacable (con excepción, quizá, de una pequeña joya no incluida en la presente selección: *Dr. Cyclops*). La época dorada del género (inaugurada oficialmente por *Con destino a la Luna*) es, sin duda, los años cincuenta. El autor selecciona 16 films que abarcan todos los subgéneros, desde las invasiones extraterrestres hasta los viajes a otros mundos, pasando por las ampliaciones y reducciones de tamaño con Godzilla, hormigas gigantes y el sorprendente hombre menguante. Los sesenta suponen la dignificación del género: la ciencia-ficción cinematográfica se convierte en respetable. La era de los grandes avances tecnológicos (*Viaje alucinante, 2001: Una odisea del espacio*), el clima de guerra fría (*¿Teléfono rojo? Volamos hacia Moscú*) e inquietantes distopías (*Fahrenheit 451, El planeta de los simios*) encuentran su plasmación en films emblemáticos (16). Directores de culto (Godard, Truffaut, Kubrick) entrevén las inmensas posibilidades del género.

Los años setenta (22 films) y los ochenta (19 films) suponen la consolidación de un género que tiene como principal atractivo, a nuestro modo de ver, el de motivar la reflexión acerca de las consecuencias del progreso tecnocientífico. Es la época de los futuros poco halagüeños (*THX 1138, Cuando el destino nos alcance, La fuga de Logan, Mad Max*), las extrapolaciones del presente (*Almas de metal, Rollerball, La muerte en directo, La naranja mecánica*) y la aparición de personajes que en seguida se convertirán en mitos (*Alien*) y universos propios procedentes del medio catódico (*Star Trek*). Supone también la irrupción del vendaval George Lucas con su celebérrima saga *Star Wars* y del no menos prolífico Steven Spielberg. Desde otra perspectiva, el director ruso Tarkovski, con *Solaris* y *Stalker,* apuesta por una ciencia-ficción más reflexiva, metafísica. En los ochenta, *Blade Runner,* una perfecta simbiosis entre espectáculo e introspección filosófica, marca un antes y un después del género. Obras como *Tron, Terminator, Dune* o *Brazil* y directores de la talla de Cronenberg o Verhoeven son los referentes de esta etapa. Desde el lejano Oriente, *Tetsuo* y *Akira* constituyen la aportación japonesa.

Los noventa (13 films) vienen marcados por la pujanza de los efectos especiales que permiten que cualquier idea o elucubración pueda materializarse en imágenes. Ahí está el fenómeno *Matrix*, que coexiste con obras originales como *Cube* o *Gattaca* que apenas abusan de los mismos. Se recupera el tópico de las invasiones alienígenas bajo la óptica satírica y burlesca (*Mars Attacks!*) o la desmesura (*Independence Day*, *Starship Troopers*). El período analizado se cierra en el año 2004. El siglo XXI sólo aporta a la selección tres films, eso sí, de envergadura: *A.I.: Inteligencia Artificial*, *Minority Report* y *Olvídate de mí*.

En la selección aparece sólo un film español, *Acción mutante*. Y es que la producción patria en este género no da para demasiadas alegrías. La inclusión de *Stranded* (*Náufragos*, 2002) o *El astronauta* (1970) hubiese significado, nuevamente, eliminar de la lista otros films emblemáticos. En la recámara quedan también las películas del subgénero superheroico (*Superman*, *Spider-man* y compañía), de entre las que despunta algún título que bien podría figurar en la lista (como *Batman Begins* o *Hulk*).

Para cada film, el autor aporta la información más relevante, rigurosa y bien dosificada. Destaca el esfuerzo de síntesis que redunda en una lectura fácil a la vez que amena. Son notables las definiciones concisas y precisas que bien podrían servir de base para un *trivial* sobre cine de ciencia-ficción. Porque, ¿quién, a partir de la frase "película, una de las más influyentes de los noventa, que nos dice que nuestra realidad es un simulacro digitalizado", no está pensando en *Matrix*? ¿Quién, ante la definición: "Cínica sátira sobre la incompetencia de las fuerzas vivas frente a una crisis nuclear", no cae en la cuenta de que se trata de *¿Teléfono rojo? Volamos hacia Moscú*? O tras: "Una *rara avis* del cine fantástico español, una comedia negra con los dientes bien afilados", ¿no sabe uno ya que se habla de *Acción mutante*? Como entrenamiento para lo que sigue, relacione, amable lector, las siguientes frases con los films correspondientes: Manifiesto del movimiento *cyberpunk*; Ciudad mutante; Minuciosa crónica de una enfermedad degenerativa; Un *cyborg* invencible que viene del futuro; película deportiva; fábula ecológica; visita guiada por el cuerpo humano; alegoría bíblica con final esperanzador. Films: *Cuando los mundos chocan*, *Tetsuo*, *Rollerball*, *La mosca*, *Terminator*, *Dark City*, *Naves misteriosas*, *Viaje alucinante*.

En suma, un notable ejercicio de síntesis que tanto los cinéfilos más entendidos como los anónimos espectadores sabrán apreciar en su justa medida, pues viene a rellenar el hueco existente en nuestro país de obras que analicen aspectos de género en esa industria de la evasión efímera que es el cine. Que ustedes lo disfruten. ■

Manuel Moreno y Jordi José
Universitat Politècnica de Catalunya

Introducción

¿De qué hablamos cuando hablamos de ciencia-ficción? Difícil cuestión, más si cabe porque tal vez estemos hablando del género cinematográfico de definición más escurridiza. Puede ayudarnos pensar en la literatura de Jules Verne o H. G. Wells, tan anclada en la ciencia para luego dejarse llevar por la imaginación. La exploración de mundos posibles que están (o no) en éste podría acercarnos a la esencia de un género que, no obstante, siempre ha pretendido plantear y probar hipótesis agarrándose a una sólida apariencia de realidad. La fantasía ha sido limitada por la razón y la razón ha dependido de la tecnología. Así las cosas, no se puede entender el nacimiento y desarrollo de la ciencia-ficción al margen del progreso y la evolución tecnológica de nuestra sociedad a partir de la Revolución Industrial. En cierto modo, el cine es un invento propio de una novela de anticipación del siglo XIX. De ahí que, desde su condición de artefacto fantástico, intermediario entre la realidad y su proyección fantasmática, el cine se revele como perfecto contenedor de viajes a la Luna, invasiones extraterrestres y utopías y distopías futuras: su naturaleza visionaria parece haber sido concebida para demostrarnos la posibilidad de que las previsiones de la ciencia pueden ser portadoras de un argumento, de una historia que deslumbre con sus descubrimientos al espectador menos predispuesto. Es algo que entendieron muy bien los pioneros Georges Méliès, Segundo de Chomón y J. Stuart Blackton, que, liberados de las servidumbres de la razón, tan presentes en la literatura del género, se entregaron al cultivo de la ciencia-ficción desde la invocación de una magia que veía en la electricidad o el funcionamiento de las máquinas su mejor combustible.

El género-espejo

La subordinación del género a la tecnología es bidireccional. Por un lado, el empaque visual de la ciencia-ficción ha dependido de los avances en la técnica de los efectos especiales, que han marcado la evolución estética del género y a la vez han provocado cambios sustanciales en sus perspectivas narrativas. En ese sentido, películas como *Johnny Mnemonic* (*Id.*, Robert Longo, 1995) o *Matrix* (*The Matrix*, Andy y Larry Wachowski, 1999) serían inconcebibles sin una sofisticada tecnología digital que forma parte de su discurso sobre lo difícil que resulta distinguir la realidad de su simulacro. Por otro, la fijación que muestra la ciencia-ficción con la época (tecnológica, pero también moral, social y política) que le ha tocado vivir le ha convertido en un género-espejo, atento a las revoluciones ideológicas y culturales del contexto en que se desarrolla. Todo lo que se conjuga en futuro tiene la sutil y soterrada intención de hablar en presente histórico. Huelga decir, por tanto, que, detrás de la invasión marciana de *La guerra de los mundos* (*The War of the Worlds*, Byron Haskin, 1953), está el miedo anticomunista; que, detrás de las vainas extraterrestres de *La invasión de los ladrones de cuerpos* (*Invasion of the Body Snatchers*, Don Siegel, 1956), está la caza de brujas; que, detrás de los valses interestelares de *2001: Una odisea del espacio* (*2001: A Space Odyssey*, Stanley Kubrick, 1968), está el primer viaje del hombre a la Luna; que, detrás de la confusión de identidades de *Desafío total* (*Total Recall*, Paul Verhoeven, 1990), está la fragmentada mirada del hombre preinternauta; que, detrás de *El show de Truman* (*The Truman Show*, Peter Weir, 1998), está *Gran Hermano*.

En la confusión de límites

La ciencia-ficción tiene un género-hermano, el cine de terror. Comparte con él su fuerza alegórica, su capacidad de reacción ante las crisis sociales y algunos de sus elementos distintivos, sobre todo los vinculados con el subgénero de los científicos locos. No debe extrañar, pues, que la selección de cien títulos del presente libro incluya unos cuantos films –*El hombre y el monstruo* (*Dr. Jekyll and Mr. Hyde*, Rouben Mamoulian, 1931), *La novia de Frankenstein* (*The Bride of Frankenstein*, James Whale, 1935), *Alien, el octavo pasajero* (*Alien*, Ridley Scott, 1979)– que podrían pertenecer a una antología del cine de terror. ¿Por qué, en ocasiones, las películas de ciencia-ficción se comportan como películas de horror? Estoy de acuerdo con el ensayista Bruce Kawin cuando afirma que la ciencia-ficción apela a lo consciente (a lo racional, a lo que está vinculado con una cierta idea de realidad, aunque ésta sea distorsionada) y el horror a lo inconsciente (a lo sobrenatural, a lo irracional, a lo que forma parte de la dimensión de lo espectral). También apoyo su teoría de que, de algún modo, ambos géneros ponen en marcha sus dispositivos cuando se enfrentan con el concepto de otredad. Pero, según Kawin, mientras la ciencia-ficción responde a lo desconocido con curiosidad y apertura de miras, como si lo asociara con una cierta forma de conocimiento, el terror le cierra las puertas, a menudo castigando el contacto con las fuerzas de lo irracional con el sufrimiento y la muerte. Ahí disiento: en películas como las citadas, o como *El enigma de otro mundo* (*The Thing*, Christian Nyby, 1951), *El increíble hombre menguante* (*The Incredible Shrinking Man*, Jack Arnold, 1957), *El planeta de los simios* (*Planet of the Apes*, Franklin J.

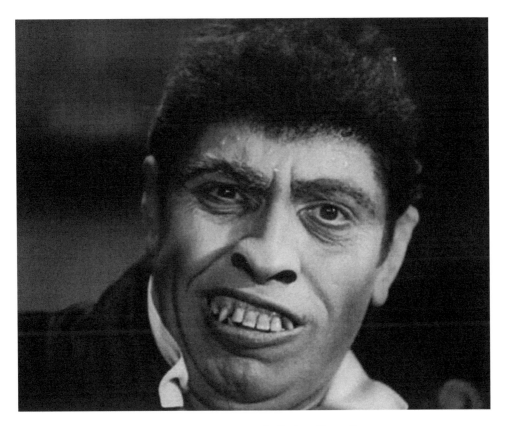

El hombre y el monstruo, de Rouben Mamoulian

Schaffner, 1968) o *Sucesos en la cuarta fase* (*Phase IV*, Saul Bass, 1974), la curiosidad cien-tífica está condenada a autodestruirse rechazando al *otro*, mostrándole su miedo tan abierta-mente como se lo mostraría un niño a un vampiro. ¿Puede ser el cine de terror una prolonga-ción lógica del cine de ciencia-ficción? ¿Son *28 días después* (*28 Days Later*, Danny Boyle, 2002) y su secuela, *28 semanas después* (*28 Weeks Later*, Juan Carlos Fresnadillo, 2007), con toda su parafernalia vírica robada del lenguaje médico, películas de ciencia-ficción o pelícu-las de zombis? ¿Hasta qué punto los viajes interiores propuestos por Stanley Kubrick, Andrei Tarkovski o David Cronenberg pueden considerarse ciencia-ficción cuando su verdadera materia prima es el alma humana? Todas estas preguntas ilustran hasta qué punto el género ha tenido que reformularse constantemente, adaptando sus flexibles contornos a las necesidades de unos escenarios y unos contenidos en permanente expansión. Este libro es una condensada guía para no iniciados que estén interesados en entender el día a día de la ciencia-ficción cine-matográfica, un diario íntimo de sus obras maestras que de ningún modo pretende ser exhaus-tivo (la selección de los 100 títulos obedece a necesidades históricas y subjetivas) pero que intenta erigirse en un sentido homenaje a un género cuyo horizonte es cada vez más difícil de avistar. Es un libro inacabado, lo que los anglosajones llaman un *work in progress*: podría cre-cer infinitamente por los márgenes y tiene un futuro infinito por delante. ■

Metrópolis, de Fritz Lang

Historia del género

Historia del género

El cine es, por definición, ciencia-ficción. Tecnología punta que nos permite experimentar la vida secreta de la imaginación. Pura ciencia destinada a despertar pura emoción. Y aunque el portentoso invento del cinematógrafo ya fue suficiente novedad para el público de finales del siglo XIX, alucinado con imágenes que parecían invadir la realidad desde la pantalla, la ciencia-ficción no tardó en sentar sus bases. Los autores de la primera película del género no fueron otros que los atrevidos hermanos Lumière, que en *Charcuterie mécanique* (1896) mostraban el funcionamiento de un aparato que convertía a un cerdo en un amasijo de trozos de carne y embutidos. Si el cine era la prueba fehaciente de los avances del progreso, ¿por qué no dar cuenta de ello? Y si, según el pionero Georges Méliès, el cine era un espectáculo de barraca de feria, la sublimación del trucaje hecho a mano, ¿por qué no rodar *Viaje a la Luna* (*Le voyage dans la Lune*, 1902), donde las tendencias especulativas típicas de la ciencia-ficción se abrazaban a su pasión por los efectos especiales? La magia de las sobreimpresiones, las maquetas y las animaciones fotograma a fotograma hicieron posible la creación de un mundo que no tenía nada que ver con la realidad. En otras palabras, la ciencia-ficción cinematográfica logró materializar en celuloide la invención de universos visionarios.

Mitos, ciudades, monstruos

La Gran Guerra supuso la primera crisis a la que el género reaccionó con vigorosa energía. Antes, anunciándola a través de películas que imaginaban guerras futuras e invasiones bár-

Viaje a la Luna, de Georges Méliès

baras. Después, alzando la voz, desde la abatida Europa, para denunciar la desestructuración de una sociedad frágil y enferma. Lo hizo reinterpretando mitos en *El Golem* (*Der Golem*, Paul Wegener, 1920), visitando planetas dominados por la rebelión de las masas en *Aelita* (*Aelita*, Yakov Protazanov, 1924), luchando contra sociedades secretas en *Der Spionen* (Fritz Lang, 1923) o inventando ciudades imposibles en *Metrópolis* (*Metropolis*, Fritz Lang, 1926). Mientras tanto, en Estados Unidos el género prefería alejarse de los comentarios sociopolíticos para nutrir a sus espectadores, felices por la victoria en el campo de batalla, de seriales que no se avergonzaban de su filiación con la literatura popular, cine por entregas que de alguna manera prefiguró la abundancia de aventuras superheroicas, protagonizadas por Flash Gordon o Buck Rogers, que sobrevolaron con el puño alzado los años treinta. Teniendo en cuenta la perfecta codificación del cine de terror en esa década, tampoco es extraño que películas que, por su origen literario, pertenecían a una idea próxima a los estatutos de la ciencia-ficción, lucieran el aspecto de los cuentos de horror que tanto éxito estaban cosechando en las plateas *post-crack* del 29. Así las cosas, *El doctor Frankenstein* (*Frankenstein*, James Whale, 1931), *El hombre y el monstruo* (*Dr. Jekyll and Mr. Hyde*, Rouben Mamoulian, 1931) y *El hombre invisible* (*The Invisible Man*, James Whale, 1933) pusieron en evidencia los indisolubles puntos de contacto que el terror y la ciencia-ficción iban a mantener durante toda su historia, ambos amparados bajo la etiqueta, mayor en tamaño y en ambigüedad, de cine fantástico.

Una de las más atrevidas fantasías futuristas creadas por H. G. Wells, *The Shape of Things to Come*, dio lugar a *La vida futura* (*Things to Come*, William Cameron Menzies, 1936), que situaba la Segunda Guerra Mundial en 1940 y en una ciudad muy parecida a Londres. El célebre escritor británico sólo se equivocó por un año, pero la realidad siempre supera a la ficción: en 1939, la ferocidad del nazismo dejaba en ridículo cualquier aproximación profética perpetrada por el género. No es raro que la industria del cine se apartara provisionalmente de la ciencia-ficción, porque durante los cuarenta dedicó todas sus energías a la propaganda bélica, ignorando todos los personajes y situaciones arquetípicas que había acuñado hasta el momento. Afortunadamente, la literatura del género, sobre todo popularizada a través de revistas, seguía preparándose para ser el caldo de cultivo de las ideas que iban a nutrir a la ciencia-ficción de los cincuenta.

La edad de oro

Hubo que dejar atrás la Segunda Guerra Mundial para que llegara la edad de oro de la ciencia-ficción. La sensación de inestabilidad social e ideológica generada por la contienda bélica y el desastre atómico de Hiroshima y Nagasaki sembraron el miedo en la población norteamericana de la década (y no digamos el de la japonesa, que inventó a Godzilla como símbolo de su pánico nuclear). Y, cómo no, el cine reaccionó metabolizando ese miedo en alegorías, a menudo apocalípticas, que explicaban el aroma a paranoia que flotaba en el ambiente. Los comunistas, ferozmente perseguidos por la caza de brujas promocionada por el senador McCarthy, se convertían en extraterrestres cuyo único objetivo era destruir el mundo. Los efectos de la radiación transformaban al más inofensivo insecto en un monstruo sediento de sangre. El enemigo estaba entre nosotros. Películas como *La invasión de los ladrones de cuerpos* (*Invasion of the Body Snatchers*, Don Siegel, 1956) o *I Married a Monster from Outer Space* (Gene Fowler Jr., 1958) documentaban con precisión el miedo a la suplantación de una sociedad que era alérgica a la presencia de lo distinto.

No hay que olvidar, además, que, en el contexto de la industria del entretenimiento, la televisión avanzaba como un elefante en una cacharrería, machacando al poder del cine como seductor de masas, obsesionado por inventarse nuevas maneras de atraer la atención del espectador, cada vez más cómodo en su sala de estar. El desarrollo de la carrera espacial y la proliferación de noticias que informaban de la existencia probada de objetos volantes no identificados (OVNIS) ayudaron a que la ciencia-ficción se consolidara como ese género que nos dejaba soñar con otros mundos que no están en éste. A los grandes estudios les costó ver en él un terreno abonado para el éxito de taquilla: demasiado preocupados facturando películas épicas en formato Vistavision o Cinemascope, contribuyeron a su grandeza con títulos esporádicos pero de irreprochable relevancia como *Con destino a la Luna* (*Destination Moon*, Irving Pichel, 1950), *Ultimátum a la Tierra* (*The Day the Earth Stood Still*, Robert

Ultimátum a la Tierra, de Robert Wise

Wise, 1951), *La guerra de los mundos* (*The War of the Worlds*, Byron Haskin, 1953), *La humanidad en peligro* (*Them!*, Gordon Douglas, 1954), *La conquista del espacio* (*The Conquest of Space*, Byron Haskin, 1954) o *Planeta prohibido* (*Forbidden Planet*, Fred McLeod Wilcox, 1956). Sin embargo, en los márgenes de la industria, el cine de serie B se transformaría en el responsable de la madurez de la ciencia-ficción. Haciendo de la economía de recursos su mayor baza, supo satisfacer las exigencias del público joven, principal consumidor del género en su vertiente más lúdica y modesta. Los autocines se convirtieron, pues, en las nuevas iglesias de la cultura adolescente. Las películas de serie B de invasiones extraterrestres establecían un puente entre los divertimentos de baratillo de algunos seriales de los cuarenta, como *The Purple Monster Strikes* (Spencer Gordon Bennet, Wallace Grissell y Yakima Cannutt, 1945), y el posterior desarrollo de una disidencia ideológica que iba a encontrar en el cine de bajo presupuesto su más apropiado vehículo. En películas como *The Man from Planet X* (Edgar G. Ulmer, 1951) o *Plan Nine from Outer Space* (Ed Wood Jr., 1959), rodadas en pocos días y con menos dinero, desafiando involuntariamente las normas convencionales de la narrativa clásica, había una actitud de resistencia ante el sistema que, por ejemplo, Roger Corman supo convertir en un negocio que le daría de comer hasta bien entrados los setenta. Títulos como *It Conquered the World* (Roger Corman, 1956), *Not of*

This Earth (Corman, 1957) o *The Brain Eaters* (Bruno VeSota, 1958) reflejaban, de algún modo, lo que el *rock'n roll* suponía para la juventud de la época: combustible contra las viejas generaciones.

Ciencia-ficción de autor

Este espíritu se extendió por Europa durante los años sesenta, década que no sólo alumbró el nacimiento de los *nuevos cines* sino también el auge de los subgéneros en España e Italia. La creatividad de los *spaghetti-westerns* de Sergio Leone o de los *peplums* de Riccardo Freda no era ajena a la de las películas de ciencia-ficción de Antonio Margheriti –*Space Men* (1960), *Il pianeta degli uomini spenti* (1961), *I criminali della galassia* (1965), *I diafanoidi vengono da Marte* (1966), *Il pianeta errante* (1966), *La morte viene dal pianeta Aytin* (1966)–, Mario Bava –*Terror en el espacio* (*Terrore nello spazio*, 1965), *Diabolik* (*Id.*, 1967)– o Jesús Franco –*Gritos en la noche* (1961), *Miss Muerte* (1965). Por otra parte, el cine de autor empezó a reconocer en los códigos del género un lenguaje afín para renovar la sintaxis del cine. La ciencia-ficción llevaba inscritos en su ADN los viajes en el tiempo, los juegos con la memoria y la lectura política de futuros distópicos. En ese contexto surgieron *La jetée* (Chris Marker, 1962), *Lemmy contra Alphaville* (*Alphaville*, Jean-Luc Godard, 1965) o *Te amo, te amo* (*Je t'aime, je t'aime*, Alain Resnais, 1968), películas que, por un lado, legitimaban intelectualmente un género que hasta el momento pertenecía con pleno derecho a la cultura de masas, y por otro, ampliaban sus horizontes formales. No es extraño, pues, que en 1968 apareciera una película-bisagra que cambió la percepción que tenían crítica y público de la ciencia-ficción. En *2001: Una odisea del espacio* (*2001: A Space Odyssey*, 1968), Stanley Kubrick habla de la crisis del hombre moderno en un universo donde la fe en la tecnología ha sustituido a la fe en el espíritu, y lo hace contando una contemplativa e intimista epopeya, que parece deleitarse en el realismo de sus efectos especiales mientras surca el espacio en busca de Dios. La habilidad de Kubrick para combinar espectacularidad y metafísica en un discurso coherente con sus inquietudes de autor demostraría las infinitas posibilidades de un género que podía ser tan creativo moviéndose entre grandes presupuestos como entre las cuatro paredes de una habitación cerrada. Poco después, en *Solaris* (*Solyaris*, 1971), el ruso Andrei Tarkovski subrayaría la condición filosófica de la ciencia-ficción en una película que prolongaba las investigaciones ontológicas del film de Kubrick.

La amenaza del futuro

1968 fue un año decisivo para el género. Otro título imprescindible, *El planeta de los simios* (*Planet of the Apes*, Franklin J. Schaffner), creaba tendencia. Una tendencia que exponía la siguiente tesis: las civilizaciones avanzadas están predestinadas a la regresión y a la catástrofe. Uno de los efectos secundarios de la sociedad del bienestar es la violencia, como demuestran *Contaminación* (*No Blade of Grass*, Cornel Wilde, 1970), *La naranja mecánica* (*A Clockwork Orange*, Stanley Kubrick, 1971), *Rollerball* (*Id.*, Norman Jewison, 1975), *La carrera de la muerte del año 2000* (*Death Race 2000*, Paul Bartel, 1975) y *Mad Max, salvajes de autopista* (*Mad Max*, George Miller, 1979). Las temibles consecuencias de nuestro

2001: Una odisea del espacio, de Stanley Kubrick

desprecio por el medio ambiente tomaron cuerpo en una serie de películas que nos alertaban sobre los peligros del calentamiento global, la polución, los residuos tóxicos y la degradación de nuestro entorno. La crisis del petróleo hacía estragos. Los animales crecen desmesuradamente y se vuelven locos –*Night of the Lepus* (William F. Claxton, 1972), *El alimento de los dioses* (*The Food of the Gods*, Bert I. Gordon, 1976)–, el bien más escaso es la

comida –*Cuando el destino nos alcance* (*Soylent Green*, Richard Fleischer, 1973– y la naturaleza es un paraíso flotante condenado a la destrucción –*Naves misteriosas* (*Silent
Running*, 1971). La tecnología empezaba a mostrar su lado oscuro en títulos como *Almas
de metal* (*Westworld*, Michael Crichton, 1973), *El hombre terminal* (*Terminal Man*, Mike
Hodges, 1974), *The Cars that Ate Paris* (Peter Weir, 1974), *The Stepford Wives* (Bryan
Forbes, 1975) y *Engendro mecánico* (*Demon Seed*, Donald Cammell, 1977). Los años
setenta fueron fundamentalmente escépticos, y ésa es la postura que adoptó la ciencia-ficción respecto a los avances del progreso, considerándolos un arma de doble filo que gene-
raba tanta desconfianza como la política de Nixon y la absurda guerra del Vietnam. El comportamiento del computador HAL 9000 en *2001* encarnaba la viva imagen del recelo del
hombre ante el advenimiento de la tecnología; paradójicamente, en un género que no tenía
ningún prejuicio en abusar de ella.

Una galaxia muy, muy lejana

No por casualidad la película que cambió la piel del género a finales de los setenta, *La guerra de las galaxias* (*Star Wars*, George Lucas, 1977), logró que el cine de efectos especiales
impusiera sus reglas a partir de entonces. No es que Lucas menospreciara el valor de la
narración, sino que supo reducirlo a su dimensión más esquemática y eficaz, al viaje del
héroe que Joseph Campbell había descrito como uno de los clásicos argumentos universales,
una aventura épica que disfruta aglutinando citas y modelos en un discurso que se renueva
a través de la sofisticación de sus invenciones tecnológicas. Muchos culpan a Lucas y a
Spielberg de haber pervertido el cine comercial de Hollywood con su culto al presupuesto
holgado y al exceso de efectos, olvidándose que, detrás de su nada desdeñable éxito, se
esconde un verdadero amor por el género y, por extensión, por el placer de narrar historias.
En *Encuentros en la tercera fase* (*Close Encounters of the Third Kind*, 1977) o *E.T. El
Extraterrestre* (*E.T. The Extra-Terrestrial*, 1982), Spielberg contempla las estrellas con la
esperanza de encontrar respuestas para las preguntas de sus huérfanos protagonistas. El cielo
ya no supone una amenaza, sino un universo infinito de posibilidades.

Los ochenta fueron una década de transición. Por un lado, la industria de Hollywood invirtió todas sus energías en reeditar el triunfo en taquilla de las películas de Lucas y Spielberg.
En ese sentido, es lógico que títulos como *El retorno del Jedi* (*Return of the Jedi*, Richard
Marquand, 1983), *Cocoon* (*Id.*, Ron Howard, 1985) o *Regreso al futuro* (*Back to the Future*,
Robert Zemeckis, 1985) contaran con el favor del público. Con ellos nacieron las franqui-
cias, que intentaban perpetuar el éxito de un film acompañando su promoción de una feroz
campaña de marketing, alimentada por la venta de licencias y productos. No es extraño que,
en este contexto, tanto *Star Trek: La película* (*Star Trek: The Motion Picture*, Robert Wise,
1979) como *Alien, el octavo pasajero* (*Alien*, Ridley Scott, 1979) y *Mad Max, salvajes de
autopista* tuvieran sus respectivas secuelas. Por otro lado, la tiranía de los efectos especiales
obligó a Hollywood a mirar hacia atrás sin ira. Había llegado la hora de rehacer los baratos
clásicos de los años cincuenta, adaptándolos a las necesidades de un nuevo público. Películas

E.T. El Extraterrestre, de Steven Spielberg

como *La cosa* (*The Thing*, John Carpenter, 1982) o *Invasores de Marte* (*Invaders from Mars*, Tobe Hooper, 1985) actualizaron el planteamiento de sus modelos haciendo visible todo lo que en aquéllos había quedado fuera de campo.

La realidad inaprehensible

Curiosamente, la película del género más influyente de la década, *Blade Runner* (*Id.*, Ridley Scott, 1982), fue saludada por la crítica con una cierta displicencia. Sin embargo, en ella se plantaba la semilla del gran tema de la ciencia-ficción de los noventa: qué ocurre con la identidad del ser humano en un universo cada vez más dominado por la tecnología. El *cyborg* iba a convertirse en el protagonista de películas como *Terminator* (*The Terminator*, James Cameron, 1984) o *RoboCop* (*Id.*, Paul Verhoeven, 1987) y el concepto de realidad empezaba a romperse en mil pedazos. Los paisajes urbanos exhibían una pasmosa (y reconocible) decadencia, y los humanos, aplastados por el poder de las grandes corporaciones y la dictadura de la sociedad de la información, parecían predestinados a ser marionetas en un juego de las apariencias que no pueden controlar. Los protagonistas de *Videodrome* (*Id.*, David Cronenberg, 1982) y de *Desafío total* (*Total Recall*, Paul Verhoeven, 1990) se preguntan si viven en un mundo real o en un simulacro de realidad. El desarrollo de los efectos digitales, cuyo progresivo perfeccionamiento ha apoyado ese efecto de disolución, ha convertido al cine de ciencia-ficción en pasto de alegorías sobre realidades virtuales, totalitarismos internáuticos e identidades fragmentadas. Sin embargo, la vitalidad del género ha demostrado que su único y verdadero combustible es la imaginación. Cómo si no se entiende la existencia de películas como *Pi* (*Id.*, Darren Aronofsky, 1998), *Olvídate de mí* (*Eternal Sunshine of Spotless Mind*, Michel Gondry, 2004) o *Primer* (*Id.*, Shane Carruth, 2004), que no necesitan abusar de los recursos del cine espectáculo para constituirse en ejemplos paradigmáticos de lo que puede ser el futuro del cine de ciencia-ficción en el siglo XXI. ■■

Alien, el octavo pasajero, de Ridley Scott

Las películas clave

1902 Viaje a la Luna

Georges Méliès

Le voyage dans la Lune. Francia. **Dir.:** Georges Méliès. **Producción:** Star Film. **Prod.:** Georges Méliès. **Guión:** Georges Méliès, según novelas de Jules Verne y H. G. Wells. **Fot.:** Michaut y Lucien Tainguy (blanco y negro). **Duración:** 8 minutos. **Int.:** Georges Méliès (profesor Barbenfouillis), Victor André, Bleuette Bernon (mujer en la Luna), Henri Delannoy (capitán del cohete), Brunnet (astrónomo), Farjaux (astrónomo), Kelm (astrónomo).

> *Padre honorífico del género, Méliès factura el primer viaje interestelar de la historia del cine siendo fiel a su espíritu de experto truquista.*

El Club de Astronomía francés decide enviar una expedición a la Luna. Una vez allí, los cinco tripulantes de la nave se encuentran con la Diosa de la Luna, que los castiga con una tormenta de nieve. Escondidos en uno de sus cráteres, son sorprendidos por los selenitas, que aparecen debajo de unas setas gigantes y los capturan para llevarlos ante su rey. Logran escapar *in extremis* y, a la vuelta, caen en el fondo del mar. Son rescatados y aplaudidos como héroes por los ciudadanos de París.

Un gran paso para la humanidad

A partir de una conversación con su sobrino Paul, hijo de su hermano Gaston y gran aficionado a la literatura de Jules Verne, Méliès quiso adaptar al cine *De la Tierra a la Luna*. Su interés por el cielo y las estrellas no era nuevo: ya en su espectáculo teatral *Las desventuras de Nostradamus* y en su corto *El sueño del astrónomo* (*Le rêve d'un astronome*, 1898) ocupaban un lugar central en la narración. Méliès siempre diría que la novela de Verne —y la de H. G. Wells, *Los primeros hombres en la Luna*– fue sólo una excusa para hilar una serie de efectos especiales, pero *Viaje a la Luna* es mucho más que eso: además de ser el primer film de ciencia-ficción de la historia, supone un paso de gigante en el incipiente lenguaje cinematográfico. Méliès invirtió los 10.000 francos de presupuesto, una barbaridad para la época, en la construcción de los decorados y la confección de los trajes, en cartón y tela gruesa, de los selenitas. Él mismo hizo los modelos, esculpidos en terracota y moldes de yeso, y luego un fabricante de máscaras cosió los trajes. Empleó a acróbatas del Folies Bergère, bailarines del teatro de Châtelet y coristas del *music-hall* para que interpretaran a los que lanzan el cohete, a los selenitas y a las estrellas.

Compuesta por 30 *tableaux vivants*, *Viaje a la Luna* es un festival de trucos de magia. Méliès compensa la falta de movimientos de cámara y primeros planos, típica del modo de repre-

sentación primitivo, con sobredosis de inventiva en su puesta en escena. A la icónica imagen de la Luna con el cohete clavado en un ojo, le sigue la del cohete recién aterrizado en la superficie lunar. Con esa yuxtaposición de planos, Méliès inventa la simultaneidad de puntos de vista, solución de montaje adelantada a su época. La aparición de la mujer sentada sobre la Luna en cuarto creciente, al lado del planeta Saturno y rodeada de estrellas con rostro de mujer, demuestra la capacidad poética y el sentido de lo lúdico de una película que es, toda ella, pura diversión. Sobreimpresiones, transparencias, desapariciones... nada es suficiente para un Méliès que termina su viaje en el fondo del mar, fin de fiesta habitado por algas, medusas y un barco hundido. En poco más de ocho minutos, el gran mago del cinematógrafo explora dos mundos opuestos y desconocidos. Curiosa hazaña la de Méliès, que obtuvo un gran éxito en Francia pero que no vio un dólar de sus beneficios en Estados Unidos: Edison pirateó sin permiso legal una copia de *Viaje a la Luna* haciéndose rico a costa de su competidor europeo. ◼

El doctor Mabuse
Fritz Lang

Dr. Mabuse, der Spieler. Alemania. **Dir.:** Fritz Lang. **Prod.:** Erich Pommer. **Producción:** Ullstein, Uco Film, Decla Bioscop, UFA. **Guión:** Fritz Lang y Thea von Harbou, según la novela de Norbert Jacques. **Fot.:** Carl Hoffmann (blanco y negro). **Mús.:** Konrad Elfers. **Mont.:** William Shea. **Duración:** 242 minutos (2 capítulos). **Int.:** Rudolf Klein-Rogge (Dr. Mabuse), Aud Egede Nissen (Cara Carozza), Gertrude Welcker (Dräfin Dusy Told), Alfred Abel (Graf Told), Bernhard Goetzke (inspector jefe Norbert von Wenck), Paul Richter (Edgar Hull), Robert Forster-Larrinaga (Spoerri).

> *La primera aventura del doctor Mabuse funciona como realista metáfora de un país en crisis, frágil ante el advenimiento del totalitarismo.*

El doctor Mabuse utiliza sus poderes hipnóticos para triunfar en el mundo del crimen. Sin ningún tipo de escrúpulo, es capaz de manipular a su amante Cara para que seduzca al joven millonario Edgar Hull, a quien ha estafado en una partida de cartas. Mientras Cara es detenida por la policía, Mabuse aprovecha su asistencia a una fiesta en la casa de los Told para secuestrar a la esposa del anfitrión. Told pide ayuda al fiscal Von Wenck, que está tras la pista de Mabuse, y al propio Mabuse, que se esconde tras la profesión de psicoanalista. Sin saberlo, se entrega a un demiurgo que pretende volverle loco.

El poder de la mente

Situada entre dos obras capitales del Lang silente, *Las tres luces* (*Der Mude Tod*, 1921) y *Los Nibelungos* (*Die Nibelungen*, 1923-1924), *El doctor Mabuse* es, en cierto modo, un documental. Una mirada visionaria pero realista sobre la Alemania de posguerra, tierra de la decadencia donde la corrupción, la especulación económica y el submundo de los placeres del sexo, las drogas y el juego parecen haberse convertido en la moneda de cambio para una sociedad a la espera de la catástrofe. No es casual, pues, que los subtítulos de los dos capítulos, *Dr. Mabuse el jugador* (*Dr. Mabuse, der Spieler*) e *Infierno de crímenes* (*Inferno des Verbrechens*), que conforman esta obra magna, de distintas duraciones según las fuentes, sean *Retrato de una época* y *Hombres de una época*. En la intención de Lang y Von Harbou estaba captar l'*air du temps*, la atmósfera de un tiempo convulso que encuentra en el personaje de este maestro de marionetas enloquecido su más contundente protector. Por un lado, el doctor Mabuse es capaz de controlar la voluntad de los demás a través de la hipnosis pero, por otro, sucumbe a los fantasmas de sus víctimas. "Quiere ser motor", como afirmaba con lucidez el actor que lo encarnaba, Rudolph Klein-Rogge, "creador de la destrucción. En una palabra, desea lo que en nuestra época ha pasado del individuo a la colectividad: el poder.

Es un romántico del mal".[1] Lang convierte al personaje en una esponja que absorbe la cultura de su época: en él confluyen el psicoanálisis, la teoría del superhombre de Nietzsche y la figura del siniestro demiurgo Caligari, que sólo tres años antes había aterrorizado al mundo.

No es extraño que en esta fiesta de disfraces y máscaras, el rostro de Mabuse se sobreimpresione sobre las criaturas cuyos destinos controla. Su don de la ubicuidad es potenciado por una puesta en escena que, sin embargo, nunca se doblega a los axiomas del expresionismo, corriente a la que se resiste a pertenecer. En un momento de la película, el propio Mabuse la define como un juego, y Lang, más preocupado por el verismo documental que por los contrastes simbólicos de luces y sombras, prefiere no subrayar sus herencias. La omnisciencia de Mabuse es, por tanto, universal y flexible, y puede adaptarse a cualquier período de crisis social. De ahí que Fritz Lang revisara la mitología del doctor Mabuse en dos ocasiones más: en *El testamento del doctor Mabuse* (*Das Testament des Dr. Mabuse*, 1932-1933) la utilizó como metáfora de los peligros del advenimiento del nacionalsocialismo, y en *Los crímenes del doctor Mabuse* (*Die Tausend Augen des Dr. Mabuse*, 1960) su alargada sombra planea sobre una sociedad vigilada, atada de pies y manos por la tecnología. ■

1923 París dormido
René Clair

Paris qui dort. Francia. **Dir.:** René Clair. **Producción:** Films Diamant. **Prod.:** Henri Diamant-Berger. **Guión:** René Clair. **Fot.:** Maurice Desfassiaux y Paul Guichard (blanco y negro). **Mont.:** René Clair. **Duración:** 35 minutos. **Int.:** Henri Rollan (Albert), Charles Martinelli (el científico), Madeleine Rodrigue (Hesta), Albert Préjean (el piloto), Myla Seller (la sobrina/hija del científico), Antoine Stacquet (el hombre rico), Marcel Vallée (el ladrón).

> *René Clair experimenta con cámaras lentas y tiempos quebrados en esta comedia de ciencia-ficción que anticipa algunos de los logros del surrealismo.*

Cuando el vigilante nocturno de la torre Eiffel acaba su turno, descubre que París se ha congelado en movimiento. Encuentra a tres hombres y una mujer que acaban de llegar en avión desde Marsella y también se han librado del hechizo. Fascinados por la libertad que les otorga pasearse por una ciudad dormida, pronto empiezan a pelearse. Falta poco para que desenmascaren al culpable del embrujo, un científico que ha inventado un rayo invisible que ha inmovilizado París.

Mientras la ciudad duerme

Si, según André Breton, el surrealismo es la búsqueda de un espacio de convivencia para esos dos estados en apariencia contradictorios que son el sueño y la realidad, *París dormido* es una película surrealista, realizada curiosamente un año antes de que el famoso manifiesto del movimiento viera la luz en 1924. Durante 22 días de rodaje, espaciados durante cuatro meses, y acuciado por los problemas de financiación y su falta de experiencia en tareas cinematográficas, René Clair consiguió ensayar sus experimentos vanguardistas de *Entreacto* (*Entr'acte*, 1924) en esta comedia fantástica que se desarrolla en uno de los escenarios predilectos de la ciencia-ficción apocalíptica: una ciudad congelada en el tiempo, el paraíso del fin de la civilización. Escrita en una noche de noviembre de 1922 bajo los efectos del opio e influenciada igualmente por Mack Sennett, Abel Gance, Marcel L'Herbier y Jean Epstein, *París dormido* plantea el conflicto entre clasicismo y modernidad como una oposición entre quietud y movimiento. Así las cosas, Clair comparte la alegría de sus protagonistas al pasearse por una ciudad sin ley, porque moverse significa ser libre. Después de todo, ellos son los únicos supervivientes de un universo transformado en museo, desprovisto de todo signo de vida (impresionantes los planos de los Campos Elíseos vacíos, filmados al alba durante el verano de 1923). No es extraño que Dziga Vertov expresara su admiración por *París dormido* después de verla en abril de 1926: la obra del artista ruso, como la de Clair, sería un homenaje al movimiento, o lo que es lo mismo, una carta de amor dedicada al cine como expresión de la dinámica artística. Clair recuperó parte del metraje original, de una hora de duración, y en 1971 remontó la que hoy se conoce como versión definitiva de la película. ◼

1924 Aelita
Yakov Protazanov

Aelita. URSS. **Dir.:** Yakov Protazanov. **Producción:** Mezhrabpom. **Prod.:** Yakov Protazanov. **Guión:** Aleksei Fajko y Fyodor Otsep, según la novela de Aleksei Tolstoy. **Fot.:** Emil Schünemann y Yuri Zhelyabuzhsky (blanco y negro). **Mús.:** Alexander Rannie. **Duración:** 98 minutos. **Int.:** Yuliya Solntseva (reina Aelita), Igor Ilyinsky (Kravtsov), Nikolai Tsereteli (Loss Spiridinov), Nikolai Batalov (Gusev), Vera Orlova (Masha), Valentina Kuindzhi (Natasha Los), Pavel Pol (Ehrlich).

> *La rebelión obrera estalla en Marte*
> *en el primer largometraje del género, destacable por*
> *sus expresionistas decorados y su delirante vestuario.*

Un misterioso mensaje de radio llega a la Tierra. El ingeniero Loss lo recibe mientras, desde Marte, la reina Aelita lo observa a través de un telescopio. Es la primera vez que puede ver otros mundos, y también la primera vez que contempla cómo un terrícola besa a una mujer. Lo que no sabe Aelita es que el beso de Loss esconde una sospecha. Cree que su esposa le está siendo infiel. Atormentado por los celos, la asesina y huye a Marte en un cohete que ha construido con la ayuda de sus camaradas.

Revolución en el Planeta Rojo
Yakov Protazanov dirigió 40 películas entre 1909 y 1917. Como muchos otros nombres vinculados a la industria del cine, se exilió después de la Revolución rusa, estableciéndose en París tras haber pasado temporadas en Crimea, Constantinopla y Berlín. No es hasta bien entrados los años veinte que su país le reclama para reconstruir los cimientos del cine patrio. La Unión Soviética estaba interesada en producir cine de gran espectáculo que pudiera competir con el cine de Hollywood y que a la vez subrayara los valores positivos de la política socialista. De esa voluntad surgió *Aelita*, que fue un gran éxito de público pero que fue denostada por la crítica, furibunda contra lo que creían era una burda imitación de la decadencia de las formas fílmicas de Occidente. No es casual que, con la llegada de la línea dura del cine propagandista soviético, liderada por Eisenstein, Dovjenko y Vertov, *Aelita* fuera

RUSIA ES UN PLANETA EXTRAÑO

El poderoso influjo de Jules Verne llegó a la estepa rusa mucho antes que la Revolución. Ni siquiera Dostoyevski se libró de emularlo en *Sueño de un hombre ridículo*, relato escrito en 1877. En 1911, el mismo año en que Hugo Grensback publicó su célebre *Ralph 194 C 41*, se editó en Moscú la revista *El mundo de las aventuras*, que incluía traducciones de autores extranjeros y obras autóctonas. La producción literaria del género no se agotó después de la Revolución, aunque adquirió tintes innegablemente ideológicos. Un año después de *Aelita*, Lev Kuleshov realizaba *El rayo de la muerte* (*Luch Smerti*, 1925), con guión y decorados de Pudovkin. El espíritu del cine por entregas, amenizado por un estilo dinámico, casi enloquecido, caracterizaban el film de Kuleshov. En los años treinta destacaron *Sensación de pérdida* (*Gibel sensaty*, Aleksander Andreievsky, 1935), adaptación de la obra teatral de Karel Capek que había acuñado la palabra robot, y *El viaje cósmico* (*Kosmitcheski reis*, Vasili Zhuravlev, 1935). Poco tenían que ver con el proyecto que Dovjenko quiso (y no pudo) realizar en 1954, *En las profundidades del espacio*, que el mismo director concebía como "una espléndida respuesta a este oscurantismo de Hollywood (...) Un film inteligente y alegre, que glorifique el genio de los hombres y no oprima su conciencia". Algo que pretendieron conseguir *La llamada del cielo* (*Niebo zowiet*, Mikhail Koryukov, 1959) y *El planeta de las tormentas* (*Planeta Bur*, Pavel Klushantsev, 1962) antes de que Tarkovski utilizara la ciencia-ficción como microscopio del alma humana.

enterrada en el olvido. Durante décadas nadie se acordó de este notable delirio, cuya estética de vanguardia influyó tanto al Fritz Lang de *Metrópolis* (*Metropolis*, 1926) como a los seriales de *Flash Gordon*. No había lugar para un melodrama disfrazado de fantasía galáctica, ni siquiera si terminaba con el derrocamiento de la reina de Marte a manos de sus súbditos y con la proclamación de la Unión Marciana de las Repúblicas Socialistas Soviéticas, coronada con un primer plano de la hoz y el martillo.

A pesar de ser considerado oficialmente el primer largo de ciencia-ficción, más de dos tercios de metraje transcurren en Moscú y son marcadamente naturalistas. Hasta que la nave construida por Loss no llega a Marte, parece que Protazanov está más interesado en retratar los celos que siente el científico por la presunta relación de su esposa con Ehrlich que por la reina Aelita y su fascinación por cómo besan los terráqueos. En la película, que combina

melodrama, comedia y tragedia, Marte no es más que la fantasía escapista de un hombre celoso. En ese sentido, no es extraño que los decorados y el vestuario marcianos, diseñados por Aleksandra Ekster y su protegido Isaak Rabinovich, recuerden tanto a los de *El gabinete del doctor Caligar*i (*Das kabinett des Doktor Caligari*, Robert Wiene, 1919), película que, como *Aelita*, termina revelándose como fruto de un sueño del protagonista. En *Aelita*, el planeta Marte no es más que la proyección de los deseos de un camarada que ha puesto sus anhelos individuales por encima de los de la colectividad. ■

1926 Metrópolis
Fritz Lang

Metropolis. Alemania. **Dir.:** Fritz Lang. **Producción:** UFA. **Prod.:** Erich Pommer. **Guión:** Thea von Harbou y Fritz Lang, según la novela de Thea von Harbou. **Fot.:** Karl Freund, Guenther Rittau y Walter Ruttmann (blanco y negro). **Mús.:** Gottfried Huppertz. **Efectos especiales:** Ernst Kuntsmann y Eugene Schüfftan. **Duración:** 117 minutos. **Int.:** Brigitte Helm (Maria), Alfred Abel (Joh Fredersen), Gustav Froehlich (Freder), Rudolf Klein-Rogge (Rotwang, el inventor), Fritz Rasp (El Hombre Delgado), Theodor Loos (Josaphat), Erwin Biswanger (11811).

> *Una de las películas favoritas de Adolf Hitler es, también, un título fundacional del género, megalómana superproducción que creó de la nada una convincente ciudad del futuro.*

En la Metrópolis del año 2026 viven sesenta millones de personas. En la superficie, en los rascacielos, habitan los administradores, los que deciden sin mancharse las manos. En los subterráneos, en un régimen casi de esclavitud, los obreros, a un paso de la sublevación. María les calma hablándoles de un futuro de paz y amor. Freder, hijo del líder de la clase superior, se enamora de ella, y toma conciencia de las condiciones de trabajo del proletariado. En vez de mejorarlas, su padre le pide al científico Rotwang que construya un doble robótico de María que siembre el caos en las catacumbas de la ciudad.

La arquitectura del porvenir

Siete millones de marcos de presupuesto, 310 días y 60 noches de rodaje, 8 actores protagonistas, 750 secundarios, 26.000 extras masculinos, 11.000 extras femeninas, 750 niños... Cifras astronómicas que parecen propias de cualquier superproducción de nuestros días y que pertenecen a la primera gran película de la historia de la ciencia-ficción, financiada por la UFA para impresionar a Hollywood. ¿Por qué? A principios de los años veinte, la productora alemana tenía intención de expandirse más allá de sus fronteras, y con ese propósito firmó un contrato con la Paramount y la Universal para distribuir sus películas en Estados Unidos a cambio de estrenar cuarenta títulos de las dos compañías en Alemania. Fritz Lang acompañó a los ejecutivos de la UFA en el viaje a Nueva York que hicieron para cerrar el acuerdo, y quedó impactado por la línea de rascacielos de Manhattan. El argumento de *Metrópolis* estaba cerrado desde hacía tres meses, pero la sorprendente concepción estética de la película nació durante esa visita.

Sería injusto analizar los evidentes desequilibrios narrativos de *Metrópolis* sin tener en cuenta las mutilaciones que sufrió su metraje desde su estreno, el 10 de enero de 1927 en el UFA

Palast am Zoo de Berlín. Pocos meses después, la propia UFA aligeró las dos horas y media de la película, recibida con entusiasmo por el público y con reticencia por la crítica. El dramaturgo Channing Pollock fue el encargado de recortarla en 50 minutos para su estreno estadounidense. No es extraño que el resultado estuviera lleno de incoherencias y cabos sueltos que aún perviven, suavizados, en la versión que la Fundación Friedrich Wilhelm Murnau reconstruyó en el 2001 (olvidemos la firmada por Giorgio Moroder en 1984, ópera rock de dudoso gusto que incluía virados de color, subtítulos por intertítulos y fotos fijas del rodaje en un hortera monumento al despropósito que duraba sólo 83 minutos).

"No estaba entonces tan preocupado por la política como lo estoy ahora", le confesó Fritz Lang a Peter Bogdanovich. "No se puede hacer una película social en la que se dice que el intermediario entre la mano y el cerebro es el corazón: quiero decir que es un cuento de hadas, claramente".[2] No hubo detractor más feroz de *Metrópolis* que el propio Fritz Lang, que, sin embargo, nunca negó ser tan responsable de los supuestos defectos del film como lo era su esposa y futura colaboradora nazi, Thea von Harbou. En esa declaración Lang hacía alusión al polémico desenlace de *Metrópolis*, en el que patrones y trabajadores acaban solucionando sus diferencias con un apretón de manos. Es, en efecto, un final impostado, artificial, que parece contradecir la visión que da la película de la opresión de las clases trabajadores por parte de las clases dirigentes. Un final que estrangula la rebelión de las masas, insectos aplastados en los subterráneos, propiciando el triunfo moral de las altas esferas de la jerarquía social.

Metrópolis resulta más estimulante si la analizamos como relectura de los postulados expresionistas en una época en que, en un sentido estricto, el movimiento ya había firmado su certificado de defunción. El tema del doble parece contaminar toda la película, que avanza a través de un continuo juego de opuestos (ciudad-subterráneos, luces-sombras) que encuentra su culminación en la figura de María convertida en un robot maléfico. La relación entre el creador (en este caso Rotwang, émulo del gran doctor Caligari) y su criatura, entre padre e hijo, establece lo que Pilar Pedraza interpreta como "no sólo un profundo conflicto generacional sino el terror a un futuro totalmente ensombrecido por los errores del pasado y el presente".[3] El momento del nacimiento del robot María es un espectáculo tan bello como siniestro, un acto más mágico que científico, una ceremonia casi satánica que transforma a la Virgen María (el matiz religioso es más que obvio en la secuencia del mitin, rodeada de cruces y ella misma con los brazos en cruz) en un demonio que provoca el fin del mundo. No deja de ser curioso que un film que disfruta especialmente con la apología de la destrucción sea tan inventivo a la hora de crear una cosmogonía propia. *Metrópolis* ha dejado varias imágenes para el recuerdo: la coreografía mecánica del arranque, con el obrero manejando el reloj que marca las 10 horas de la jornada de trabajo; los planos generales de la ciudad, con sus edificios simétricos y sus aviones y su tren suspendido (Eugene Schüfftan, pionero en los efectos especiales, rodó con espejos que le permitían combinar actores, maquetas y grandes escenarios en un mismo plano); la persecución de María por parte de Rotwang, lin-

terna en mano; la citada secuencia del laboratorio; la inundación del distrito obrero de Metrópolis... Es fácil entender la influencia estética que esta película, que llevó a la UFA a la bancarrota, ha tenido en la posterior producción del género. A ochenta años de su realización, la sofisticación de su puesta en escena, su capacidad para construir una sólida, faraónica arquitectura del caos, sigue tan fresca como el primer día. ■

1928 La mujer en la Luna
Fritz Lang

Frau im Mond. Alemania. **Dir.:** Fritz Lang. **Producción:** Fritz Lang Film, UFA. **Prod.:** Fritz Lang. **Guión:** Thea von Harbou y Fritz Lang, según un argumento de Thea von Harbou. **Fot.:** Curt Courant, Oskar Fischinger, Konstantin Irmen Tschet, Otto Kanturek (blanco y negro). **Mús.:** Willy Schmidt-Gentner. **Efectos especiales:** Oskar Fischinger y Konstantin

Irmen-Tschet. **Duración:** 162 minutos. **Int.:** Willy Fritsch (Wolf Helius), Gerda Maurus (Friede Velten), Klaus Pohl (profesor Georg Mansfeldt), Gustav von Wangenheim (Hans Windegger), Fritz Rasp (Walt Turner), Gustl Stark-Gstettenbaur (Gustav), Margarete Kupfer (ama de llaves de Helius).

Fritz Lang inventa la cuenta atrás en este cruce de serial de aventuras y rigurosa película de ciencia-ficción que retrata con precisión visionaria un viaje a la Luna.

Nadie cree al profesor Georg Mansfeldt, que está convencido que hay oro en la Luna. Nadie excepto el ingeniero Wolf Helius, que muestra interés en ayudarle a montar una expedición. En asociación con los cinco hombres más poderosos del mundo, Turner roba los planos del cohete y chantajea a Helius para que le permita formar parte de la tripulación. El cohete despega con Mansfeldt, Turner, Helius, su socio Hans Windegger, la prometida de éste, Friede, y Gustav, un joven polizón.

Cohete a babor

La mujer en la Luna es célebre por su visionaria concepción de los viajes interestelares. Lang se aproximó mucho a la forma que tendrían los cohetes espaciales (tanto, que Hitler ordenó retirar de circulación las copias de la película y destruir los modelos que se habían utilizado en ella para mantener en secreto la construcción de cohetes con propósito bélico), patentó la cuenta atrás previa al despegue para subrayar su efecto dramático y visualizó la falta de gravedad durante el trayecto con unas ingeniosas correas dispuestas por toda la nave para que los tripulantes pudieran agarrarse a ellas. Lang consiguió retratar con realismo todo este proceso, completamente novedoso para la época, gracias a la ayuda de cuatro asesores técnicos, entre los que estaba el científico Hermann Oberth, que estuvo a punto de acabar un modelo del cohete para lanzarlo el día del estreno de la película.

Sin embargo, *La mujer en la Luna*, que conoce diversas versiones (la última, restaurada por la Fundación Friedrich Wilhelm Murnau, dura 161 minutos), tarda casi hora y media en llegar a la espectacular secuencia del lanzamiento espacial. La primera parte del film dedica todas sus energías a contar las intrigas que preceden al viaje, poniendo especial énfasis en el robo de los planos por parte de Turner, ladrón al servicio de una empresa de magnates cuyos intereses económicos se ven amenazados por la expedición. Este segmento de prolijo desarrollo es en exceso deudor de la estructura de los seriales, tan cara a la obra languiana de la etapa muda. La segunda parte, la que abarca el lanzamiento y el viaje, es la más conseguida, y en ella Lang demuestra, por un lado, que el cine de ciencia-ficción especulativo debe tener una base documental sólida para resultar verosímil, y por otro, su absoluto dominio narrativo, apoyado en un creativo uso de los intertítulos (de diferente tamaño durante la

cuenta atrás). La tercera parte, inaugurada por un súbito alunizaje en plano general, abandona cualquier intención realista para entregarse a la fantasía de inspiración meliesiana. De repente, los tripulantes de la nave descubren que pueden pasear por la superficie lunar sin escafandra, dado que la atmósfera es tan respirable como en la Tierra. La Luna se convierte en un espacio poético que, sin embargo, no descarta la miseria humana: el descubrimiento del oro transforma a Mansfeldt en un avaricioso, y Windegger se niega a quedarse solo en la Luna cuando se dan cuenta de que no hay oxígeno para que toda la tripulación vuelva a la Tierra. El final, con Helius y su secreta enamorada Friede abrazados, nos hace albergar esperanzas de que, quizá, haya vida (humana) en el espacio exterior. ■

 1931 # El hombre y el monstruo
Rouben Mamoulian

Doctor Jekyll and Mister Hyde. USA. **Dir.:** Rouben Mamoulian. **Producción:** Paramount Pictures. **Prod.:** Rouben Mamoulian y Adolph Zukor. **Guión:** Samuel Hoffenstein y Percy Heath, según la novela de Robert Louis Stevenson. **Fot.:** Karl Struss (blanco y negro). **Mús.:** Herman Hand. **Mont.:** William Shea. **Duración:** 98 minutos. **Int.:** Fredric March (Dr.

Henry Jekyll/Mr. Hyde), Miriam Hopkins (Ivy Pearson), Rose Hobart (Muriel Carew), Holmes Herbert (Dr. Lanyon), Edgar Norton (Poole), Halliwell Hobbes (Brig. Gen. Danvers Carew), Tempe Pigott (Mrs. Hawkins).

> *Fredric March ganó un Oscar al mejor actor por su excelente interpretación en la mejor de las adaptaciones de la novela de Stevenson.*

El doctor Henry Jekyll descubre una fórmula que le permite liberar su parte animal, a la que llama Hyde. Criatura monstruosa y amoral, Hyde se pasea por los barrios bajos y aterroriza a una prostituta. Cada vez los efectos de la droga tardan más en desaparecer. ¿Logrará Hyde apoderarse de Jekyll?

Las dos caras del miedo

"Concebí a Mr. Hyde no tanto como una parte cohibida de la naturaleza malvada del doctor Jekyll, sino más como una bestia que tiene entidad en sí misma", recordaba Fredric March en una entrevista concedida a la revista *Screen Book* en 1932. "Las sucesivas apariciones de Mr. Hyde provocan algo más que tensión mental en el doctor Jekyll. Le afectan de un modo físico. Por eso quise que el maquillaje oscureciera las líneas de expresión de Jekyll a medida que avanza la película". Galardonada con un Oscar, la espléndida interpretación de March, apoyada por el magnífico trabajo de iluminación de Karl Struss, es el motor de la mejor adaptación cinematográfica de la novela de Stevenson. El gran acierto del enfoque de Rouben Mamoulian, que disfrutó de total libertad creativa al enfrentarse al proyecto dos años antes de la instauración del Código Hays, estriba en evitar el maniqueísmo a la hora de retratar la lucha entre el Bien y el Mal. Queda muy claro que Hyde no es más que la consecuencia de los instintos reprimidos de Jekyll, que tiene que esperar ocho meses para casarse con su novia Muriel por decisión del padre de ésta.

Lo que está en juego, pues, es la sexualidad en la época victoriana, y cómo la viva imagen de la virtud, un Jekyll preocupado por los efectos nocivos de un liguero en la pierna de una corista, puede transformarse en su reverso. Resulta muy sorprendente la falta de pudor de Mamoulian al plasmar en imágenes los encuentros entre Hyde y la prostituta, Ivy Pearson, como si fueran brutales instantáneas de una relación sadomasoquista. En este sentido, la puesta en escena de la película siempre respeta el punto de vista del protagonista, mirando atormentada o pérfidamente a sus objetos de deseo según sea Jekyll o Hyde. La inventiva visual del arranque, coronada por la excelente secuencia de la transformación ante el espejo, diluye el valor de las posteriores aproximaciones a la novela de Stevenson. Ni *El extraño caso del doctor Jekyll* (*Doctor Jekyll and Mr. Hyde*, Victor Fleming, 1941) ni *Las dos caras del doctor Jekyll* (*The Two Faces of Dr. Jekyll*, Terence Fisher, 1960) lograban hacer

olvidar la versión de Mamoulian. Sólo variaciones excéntricas sobre el mito como las de Jean Renoir –*El testamento del doctor Cordelier (Le testament du Doctor Cordelier*, 1959)–, Jerry Lewis –*El profesor chiflado (The Nutty Professor*, 1963)– y Roy Ward Baker –*El doctor Jekyll y su hermana Hyde (Dr. Jekyll and Sister Hyde*, 1971)– se acercaron a su genio. ▄▄

La isla de las almas perdidas
Erle C. Kenton

Island of Lost Souls. USA. **Dir.:** Erle C. Kenton. **Producción:** Paramount Pictures. **Guión:** Waldemar Young y Philip Wylie, según la novela de H. G. Wells. **Fot.:** Karl Struss (blanco y negro). **Mús.:** Arthur Johnston y Sigmund Krumgold. **Duración:** 72 minutos. **Int.:** Charles Laughton (Dr. Moreau), Richard Arlen (Edward Parker), Leila Hyams (Ruth Thomas), Bela Lugosi (El que dice la ley), Kathleen Burke (Lota, la Mujer Pantera), Arthur Hohl (Montgomery), Stanley Fields (capitán Davies).

> *Bestialismo y crueldad extrema en este clásico de culto que protagoniza un Charles Laughton en estado de gracia.*

Edward Parker, único superviviente de un naufragio, llega a la isla privada del doctor Moreau, habitada por una horda de criaturas mitad animales mitad humanas. Son el resultado de los experimentos del científico, que quiere desafiar la teoría de la evolución demostrando que cualquier animal puede convertirse en humano; eso sí, mediante dolorosos procedimientos quirúrgicos. Los planes de Moreau pasan por cruzar a Parker con Lota, una pantera en forma de mujer.

La Casa del Dolor

El doctor Moreau, encarnado por un inspiradísimo Charles Laughton en uno de sus primeros papeles protagonistas, personifica la psicología del *mad doctor* o científico loco, estereotipo que abunda en el censo del cine de ciencia-ficción. Es cruel y sanguinario (con el uso del látigo y en la mesa de operaciones), cree que puede cambiar el curso de los mandatos divinos y siempre acaba devorado por su propia creación. Algunas fuentes citan que Laughton modeló a su personaje basándose en su dentista, otras en su oculista; en todo caso,

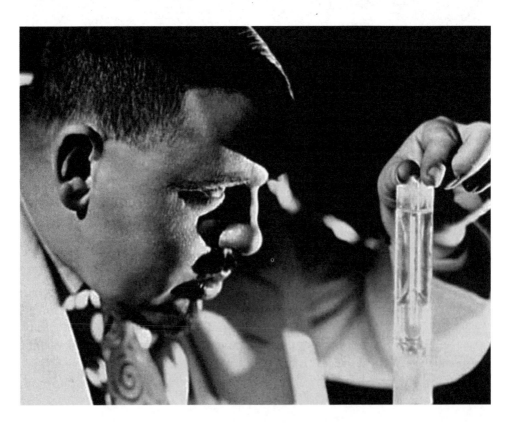

su interpretación es una de las más brutales de la historia del género. *La isla de las almas perdidas* no anda escasa de brutalidad: pertenece a esa jauría de películas de inicios del sonoro que se atrevieron a cuestionar los parámetros morales de la sociedad de la época sin pensar en los límites que estaban vulnerando. En ese sentido, el mejor film de Erle C. Kenton, luego responsable de cintas de serie Z como *La zíngara y los monstruos* (*House of Frankenstein*, 1944) o *La mansión de Drácula* (*House of Dracula*, 1945), está íntimamente relacionado con *King Kong* (*Id.*, Ernest B. Schoedsack y Merian C. Cooper, 1933) y *La parada de los monstruos* (*Freaks*, Tod Browning, 1932). Con el primer título comparte una intensa carga sexual teñida de bestialismo: Lota intenta seducir a Parker en una erótica secuencia que seguramente influyó a Jacques Tourneur en su magnífica *La mujer pantera* (*Cat People*, 1942). No por azar la película fue prohibida en Gran Bretaña hasta bien entrada la década de los sesenta. Con el segundo comparte una absoluta simpatía por los monstruos (entre los que, por cierto, podemos encontrar a unos camuflados Alan Ladd y Randolph Scott), criaturas pseudohumanas cuyos instintos primarios son controlados por "el que dice la ley" (un Bela Lugosi casi irreconocible), obligándoles a repetir un mantra ("No somos hombres") que recuerda poderosamente al "Uno de nosotros" entonado por los *freaks* de Browning alrededor de una tenebrosa mesa nupcial. Como en *La parada de los monstruos*, estas aberraciones de la naturaleza, creadas a golpe de bisturí en la Casa del Dolor, acabarán con el doctor Moreau. Matar al padre, literalmente: otra de las ideas subversivas de esta joya del género que fue, sin embargo, despreciada por H. G. Wells, autor de la novela en que se basa. De buen seguro al escritor británico tampoco le habrían gustado nada los dos *remakes* que, dirigidos por Don Taylor en 1977 y John Frankenheimer en 1996 respectivamente, enterraron definitivamente al doctor Moreau en su paraíso perdido. ■

 # El hombre invisible
James Whale

The Invisible Man. USA. **Dir.:** James Whale. **Producción:** Universal. **Productor:** Carl Laemmle, jr. **Guión:** R. C. Sheriff y Philip Wylie, según la novela de H. G. Wells. **Fot.:** Art Edeson y John Mescall (blanco y negro). **Mús.:** Heinz Roemheld. **Mont.:** Ted Kent. **Efectos especiales:** John P. Fulton. **Duración:** 71 minutos. **Int.:** Claude Rains (el hombre invisible), Gloria Stuart (Flora Cranley), William Harrigan (Dr. Arthur Kemp), Henry Travers (Dr. Cranley), Una O'Connor (Jenny Hall), Forrester Harvey (Herbert Hall), Holmes Herbert (jefe de policía).

Los magníficos efectos de John P. Fulton potencian una espléndida interpretación de Claude Rains que no se ve pero sí se nota.

Convertido en su propia cobaya, el químico James Griffin prueba la monocaína y se hace invisible. Lo que no parece notar es que la droga le está enloqueciendo. Instalado en una posada de la campiña inglesa, envuelto en vendas y con unas gafas de sol, planea sembrar el caos en los alrededores. Sólo así, piensa, será el amo del mundo.

Ojos que no ven...

A punto estuvo James Whale de repetir con Boris Karloff en *El hombre invisible*. Tuvo suerte de que Carl Laemmle jr., el jefazo de la Universal, quisiera recortar el sueldo que Karloff tenía estipulado por contrato. Así pudo quedarse con Claude Rains, que había sido un reputado profesor en la escuela de arte dramático de Londres pero era un actor completamente desconocido en Hollywood. Whale, que gozaba de total libertad creativa después del éxito de *El doctor Frankenstein* (*Frankenstein*, 1931), tuvo que vencer las reticencias de Laemmle. Sabía que para el papel era necesario un actor que fuera capaz de modelar un personaje sólo con su voz. Salvo en la secuencia final, su presencia física debía modularse en función del tono y el timbre de sus gestos vocales, y únicamente un actor de teatro como Rains, que se había educado lejos del cine silente, podía dar la talla en tamaña tarea. Apoyados en los infinitos matices de su musculosa interpretación, los efectos especiales de John P. Fulton, que consiguieron resultados de insólita eficacia con métodos tan sencillos como el de rodar a un Rains (o a su doble de luces) vestido de terciopelo negro sobre un fondo también de terciopelo negro, ayudaron a construir la psicología de un personaje arquetípico del género, el del científico enfermo de delirios de grandeza.

No es extraño que a H. G. Wells no le gustara la película. Whale salpimentó la adaptación de su severa novela con abundantes dosis de humor negro. Los comentarios de Griffin sobre las limitaciones de su invisibilidad –no puede exponerse a que le vean en medio de la lluvia o la niebla, y menos después de comer, cuando los alimentos sean digeridos por su estómago a vista de todos– van acompañados de secuencias propias de cine cómico mudo, sobre todo cuando Griffin, vestido con una camisa blanca, es perseguido por las autoridades, o cuando se encuentra con su posadera, interpretada por una irresistible Una O'Connor. No faltan tampoco los toques inquietantes: el discurso megalómano del científico, cuyo plan incluye matar impunemente para demostrar su superioridad ante el mundo e imponer su reino de terror, es el de un verdadero psicópata. El éxito de la película inauguró una franquicia de escasa calidad y breve alcance cuyo primer capítulo fue *The Invisible Man Returns* (Joe May, 1940). A partir de entonces, incluso Abbott y Costello se atreverían a sacarle los colores al personaje de Wells, resucitado posteriormente por cineastas como John Carpenter –*Memorias de un hombre invisible* (*Memoirs of an Invisible Man*, 1992)– o Paul Verhoeven –*El hombre sin sombra* (*The Hollow Man*, 2002). ◀

1935 La novia de Frankenstein
James Whale

Bride of Frankenstein. USA. **Dir.:** James Whale. **Producción:** Universal. **Prod.:** Carl Laemmle, jr. **Guión:** John Balderston y William Hurlbut. **Fot.:** John J. Mescall (blanco y negro). **Mús.:** Franz Waxman. **Mont.:** Ted Kent. **Duración:** 75 minutos. **Int.:** Boris Karloff (el monstruo), Colin Clive (Dr. Henry Frankenstein), Elsa Lanchester (Mary W. Shelley/la pareja del monstruo), Valerie Hobson (Elizabeth Frankenstein), Ernest Thesiger (Dr. Pretorius), Dwight Frey (Karl), Una O'Connor (Minnie).

> *La cita a ciegas entre el monstruo y su asustada 'novia' no sólo supone el mejor acercamiento al mito de Frankenstein, sino también el nacimiento de uno de los grandes iconos del género.*

El monstruo de Frankenstein sobrevive al linchamiento de los habitantes del pueblo que le vio nacer y se refugia en los bosques de los alrededores. Retirado de sus investigaciones, el doctor Henry Frankenstein recibe la visita de uno de sus antiguos profesores, el doctor Pretorius, que pretende aliarse con él para reanudar sus experimentos. Ante su rotunda negativa, le convence a la fuerza, obligando al monstruo a que secuestre a su novia Elizabeth. La intención de Pretorius es crear una nueva criatura, una compañera femenina para la desconsolada criatura...

Dioses y monstruos

Pocas secuelas han sido tan unánimemente aplaudidas como ésta. Tal vez porque no nació como una secuela al uso. La inclusión de un sorprendente prólogo en Villa Deodati, escenario míti-co donde Mary W. Shelley escribió *Frankenstein, o el moderno Prometeo* en una noche tor-mentosa, revela el grado de implicación de Whale en un proyecto que iba a convertirse en su obra maestra. Ese prólogo, que legitima la secuela poniéndola en boca de la autora de la novela, demuestra que el director de *El doctor Frankenstein* (*Frankenstein*, 1931) conside-raba esta segunda parte como su definitiva contribución al mito de la Universal. No deja de ser curioso, sobre todo teniendo en cuenta que se resistió lo suyo a las insistentes llamadas del jefe del estudio, Carl Laemmle jr., para que retomara el vía crucis del monstruo justo donde lo dejó, en el molino incendiado por los lugareños. Whale no quería ser encasillado como director de películas de horror pero pronto encontró la fórmula para inyectar una buena dosis de excentricidad a un proyecto de encargo, para el que contó con 400.000 dóla-res de presupuesto y 46 días de rodaje. Para ello se sirvió de dos personajes que abren en canal la frialdad algo teatral de la primera entrega. Por un lado, aparece el doctor Pretorius, que, en una memorable secuencia de presentación, le muestra a un horrorizado Henry Frankenstein cuatro pequeñas criaturas, a las que llama homúnculos, encerradas en botes de cristal. Pretorius parece haberse escapado de una película de Tod Browning –¿acaso *Muñecos infernales* (*The Devil Doll*, 1936)?– y es la némesis mágica y lúdica del atormentado Frankenstein. Por otro, está la *novia* del monstruo, encarnada por una legendaria Elsa Lanchester (que hace doblete: ella también es·Mary W. Shelley). Con su peinado egipcio, su mirada asustada y sus gestos eléctricos (que la actriz imitó a partir de los movimientos de los cisnes de un parque de Londres), la *novia* se convirtió de inmediato en un icono del cine fantástico. ¿Y qué ocurría con el monstruo? Whale quiso fortalecer su dimensión humana adjudicándole breves diálogos –decisión que para Karloff desvirtuaba la naturaleza del personaje– y potenciando su lado sensible. La escena del encuentro con el ciego, parodiada con ingenio por Mel Brooks en *El jovencito Frankenstein* (*Young Frankenstein*, 1974), inmortaliza el verdadero tema de la película, a saber: la aceptación de la diferencia. ▄▄

1936 La vida futura
William Cameron Menzies

Things to Come. Gran Bretaña. **Dir.:** William Cameron Menzies. **Producción:** London Film Productions. **Prod.:** Alexander Korda. **Guión:** H.G. Wells y Lajos Biro, según la novela de Wells. **Fot.:** George Périnal (blanco y negro). **Mús.:** Arthur Bliss. **Mont.:** Charles Crichton y Francis D. Lyon. **Efectos especiales:** Ned Mann, Edward Cohen y Harry Zech. **Duración:** 97 minutos. **Int.:** Raymond Massey (John Cabal/Oswald Cabal), Cedric Hardwicke (Theotocopulos), Edward Chapman (Pippa Passworthy/Raymond Passworthy), Margaretta Scott (Roxana/Rowena), Ralph Richardson (el jefe), Maurice Braddell (Dr. Harding).

> *H. G. Wells predice la Segunda Guerra Mundial en esta película de ciencia-ficción que se desarrolla en tres tiempos futuros y cuyo elemento más llamativo es su espléndido diseño de producción.*

En diciembre de 1940, la ciudad de Everytown es bombardeada. Empieza una guerra que parece eterna y que conduce a la civilización a un estado primitivo y caótico. Treinta años después, aparece un extraño aeroplano cuyo piloto anuncia la existencia de una comunidad que está reconstruyendo los pilares de la sociedad. En el 2036, en la víspera del primer viaje del hombre a la Luna, la ciudad, ahora subterránea, está completamente restaurada, y sus habitantes conviven en una paz próspera y benévola.

La utopía del progreso

"He visto la más estúpida de las películas. Tanto que no creo posible que se haga otra que la supere". Esto es lo que opinaba H. G. Wells de *Metrópolis* (*Metropolis*, Fritz Lang, 1926). No debe resultar extraño, porque el escritor británico, convencido de que el progreso facilitaría la disolución de las diferencias entre las clases sociales, no podía entender la visión de Lang, fundamentada en la creencia de que los avances en la industria y la tecnología eran los motores de la esclavitud. De ahí que Wells diera instrucciones explícitas al equipo de producción de *La vida futura* de que se trabajara el aspecto estético del film en una dirección completamente opuesta a la de *Metrópolis*. Wells no se dio cuenta de los lazos comunes que unían a su novela *The Shape of Things to Come* con la obra magna de Lang. Ambas intentaban analizar las debilidades de su presente de un modo harto visionario, proponiendo la construcción de una utopía que, a la luz de los acontecimientos históricos posteriores, se

CARNE DE SERIAL

El fracaso de películas tan extravagantes como el musical *Una fantasía del porvenir* (*Just Imagine*, David Butler, 1930), cruce almibarado entre las danzas-caligrama de Busby Berkeley y el *Metrópolis* (*Metropolis*, 1926) de Lang, condenó a la ciencia-ficción de los años treinta a compartir cama con el género de horror. Sólo los seriales, que reproducían el mismo esquema narrativo episodio tras episodio, copiando su estructura de los cómics y la literatura *pulp*, contaron con el beneplácito de la Universal, la Columbia o la Republic, que, con muy poco dinero, sacaron provecho de un fenómeno que duró hasta bien entrados los cuarenta. *The Phantom Empire* (Otto Brower y B. Reeves Eason, 1935), *Flash Gordon* (Frederick Stephani, 1936), *Buck Rogers* (Ford Beebe y Saul A. Goodkind, 1939), *Batman* (Lambert Hillyer, 1941), *Captain America* (John English y Elmer Clifton, 1944) y *Superman* (Spencer Gordon Bennet y Thomas Carr, 1949) fueron los más representativos.

antoja un punto ingenua. Sin embargo, es innegable que Wells, que se había convertido en un pacifista militante después de la Gran Guerra, supo ver en la realidad de su tiempo el germen de un conflicto inminente. Tres años antes de que Hitler invadiera Polonia, Wells predijo que la Segunda Guerra Mundial empezaría en las navidades de 1940 (aunque aseguró que duraría 66 años), que se desplegaría por tierra, mar y aire, y que el metro de Londres funcionaría como refugio antibombas.

La vida futura podría haber sido la *Intolerancia* (*Intolerance*, David W. Griffith, 1916) de la ciencia-ficción si su mensaje antibélico, que sobrevuela tres edades del porvenir de la humanidad, fuera transmitido desde el alma de los personajes. Sin embargo, sólo Cabal (Massey), piloto que avisa a los ciudadanos de Everytown de la existencia de una comunidad de científicos que han formado una sociedad llamada Comunicación Mundial, y su tataranieto (también Massey), que en el año 2036 arenga a las masas sobre las delicias del progreso, consiguen erigirse en consistentes portavoces del discurso de Wells. Donde sí acierta la película es en crear una representación del futuro plausible e imaginativa. Desde los aeroplanos, los helicópteros y la nave espacial hasta la arquitectura subterránea de Everytown, fuertemente influenciada por el estilo *art-déco* (magníficos decorados de Vincent Korda y el artista húngaro Moholy-Nagy), logran que la película supere las buenas intenciones de su moralina. En 1979 el canadiense George McCowan dirigió *El mundo que viene* (*The Shape of Things to Come*), *remake* muy alejado de las pretensiones del original. ◼

Con destino a la Luna
Irving Pichel

Destination Moon. USA. **Dir.:** Irving Pichel. **Producción:** George Pal Productions. **Prod.:** George Pal. **Guión:** Robert A. Heinlein, Rip Van Ronkel y James O'Hanlon, según la novela de Heinlein. **Fot.:** Lionel Lindon (Technicolor). **Mús.:** Leith Stevens. **Mont.:** Duke Goldstone. **Efectos especiales:** Lee Zavitz. **Duración:** 91 minutos. **Int.:** John Archer (Jim Barnes), Warner Anderson (Dr. Charles Cargraves), Tom Powers (General Thayer), Dick Wesson (Joe Sweeney), Erin O'Brien-Moore (Emily Cargraves), Ted Warde (Brown).

> *Después de la sequía sufrida en los años cuarenta,*
> *la ciencia-ficción resucita de manos de George Pal, principal*
> *artífice de esta puesta al día de 'La mujer en la Luna'.*

Dos años después del fracaso de la primera prueba de un cohete diseñado para orbitar la Tierra, y con el gobierno dándoles la espalda, el general Thayer y el doctor Cargraves se ponen en contacto con el industrial aéreo Jim Barnes para que les ayude a construir un cohete que pueda aterrizar en la Luna. Una vez realizado el proyecto, las autoridades se niegan a dar permiso para la prueba en el desierto de Mojave, pero la incombustible tripulación de la nave, ahora con la compañía de un técnico de electrónica, Joe Sweeney, decide despegar igualmente con destino al satélite.

Crónica de un alunizaje

Aunque pueda parecer extraño, la idea que el mundo tenía de la superficie lunar tras la Segunda Guerra Mundial era la del plató de cartón-piedra en el que aterrizaban los superhéroes de los seriales de los treinta y cuarenta. Más de 20 años separaban al hombre de la llegada a la Luna cuando George Pal decidió hacer lo que consideraba "un documental sobre el futuro próximo, no una película de ciencia-ficción".[4] El punto de partida era un guión que Robert Heinlein y Rip Van Ronkel habían escrito inspirándose en *Rocketship Gallileo*, una novela juvenil del primero en la que un tío y sus sobrinos se peleaban con los nazis en la Luna –recordemos que Heinlein es el autor del libro en que se basa *Starship Troopers: Las brigadas del espacio* (*Starship Troopers*, Paul Verhoeven, 1997). George Pal quería captar a un público más adulto, por lo que se quedó con lo que le interesaba realmente de la historia: la construcción de un cohete con destino a la Luna. Y quería realismo, no fantasía. para ello consultó a físicos y astrónomos, y contrató a un artista de decorados y especialista en viajes espaciales, Chesley Bonestell, para que pintara una panorámica lunar que necesitó el trabajo de 100 personas durante dos meses para ser completada. Es sólo un ejemplo del rigor documental con que Pal abordó su empresa, que le costó la módica cantidad de 586.000 dólares, y de la inventiva del equipo de efectos especiales, que ganó un Oscar por concebir, entre muchas otras ideas ingeniosas, el interior de un cohete que rotaba para fomentar la sensación de ingravidez típica de los viajes interestelares.

Vista ahora, *Con destino a la Luna* es una película con deficiencias: el arranque es lento y discursivo, su intención didáctica es demasiado evidente (aunque bien resuelta gracias al corto de animación de Walter Lantz que explica cómo funciona un cohete) y la representación de la superficie lunar, con barro cuarteado en un lugar en el que se supone no hay agua, es poco coherente con la solidez de las investigaciones de Pal. Por el contrario, visto con perspectiva, el film es visionario: no sólo se adelanta al interés por la carrera espacial, tan de moda a partir de finales de los cincuenta, sino que pone la primera piedra en la resurrección de un género que iba a vivir su edad dorada. Películas como *Rocketship X-M* (Kurt Neumann, 1950) y *La conquista del espacio* (*Conquest of Space*, Byron Haskin, 1955), producida por el mismo George Pal, intentaron emular el éxito de *Con destino a la Luna*, pero ya era tarde para alcanzar su trayectoria. ■

 1951 # Cuando los mundos chocan
Rudolph Maté

When Worlds Collide. USA. **Dir.:** Rudolph Maté. **Producción:** George Pal Productions, Paramount. **Prod.:** George Pal. **Guión:** Sydney Boehm, según la novela homónima de Edwin Balmer y Philip Wylie. **Fot.:** John F. Seitz y W. Howard Greene (Technicolor). **Mús.:** Leith Stevens. **Mont.:** Arthur P. Schmidt. **Efectos especiales:** Gordon Jennings y Harry Barndollar. **Duración:** 83 minutos. **Int.:** Richard Derr (David Randall), Barbara Rush (Joyce Hendron), Peter Hansen (Dr. Tony Drake), John Hoyt (Sydney Stanton), Larry Keating (Dr. Cole Hendron), Rachel Ames (Julie Cummings).

Pal aprovecha este claro antecedente del cine de catástrofes para realizar una alegoría bíblica con final esperanzador.

El planeta Zyra pasará tan cerca de la Tierra que causará todo tipo de desastres naturales. Diecinueve días después, el planeta Bellus la destruirá. El astrónomo Cole Hendron ha descubierto la amenaza que se cierne sobre nuestro mundo, pero ha ideado una solución: construir una nave espacial que transporte a 40 personas hacia Zyra para que puedan empezar de nuevo. Aunque las Naciones Unidas rechazan el proyecto, Hendron encuentra inversores privados que se lo financian. Sólo queda escoger quiénes serán evacuados.

El arca de Noé

No es difícil encontrar resonancias bíblicas en el argumento de *Cuando los mundos chocan*. De hecho, la película empieza con una cita del Antiguo Testamento, la desgracia que se cierne sobre la Tierra puede entenderse como un castigo divino y la nave es un claro remedo sideral del arca de Noé. Por eso no es extraño que un director tan afín a la épica religiosa como Cecil B. De Mille se hubiera interesado en adaptar la novela por entregas de Philip Wylie y Edwin Balmer, publicada en 1932 en *Blue Book Magazine*. En 1934 la Paramount había comprado los derechos, e incluso se escribió un guión y se empezó a poner en marcha la preproducción, pero todo el esfuerzo cayó en saco roto. Hasta que llegó el productor George Pal, recompró los derechos del libro y consiguió cerrar un contrato con la Paramount después del éxito de *Con destino a la Luna* (*Destination Moon*, Irving Pichel, 1950). Como en aquel caso, Pal se disponía a mostrar algo que el público no hubiera visto nunca: la destrucción del mundo. De ahí que la gran baza de la película sean los terremotos, los maremotos y las erupciones volcánicas que arrasan la Tierra. Es particularmente poderosa la imagen de una Nueva York inundada, precedente de los cataclismos del moderno cine de catástrofes, liderado por títulos como *Deep Impact* (*Id.*, Mimi Leder, 1998), *Armageddon* (*Id.*, Michael Bay, 1998) y *El día de mañana* (*The Day After Tomorrow*, Roland Emmerich, 2004), imitaciones hipertecnológicas de la película de Rudolph Maté. Pal contó por segunda vez con Chesley Bonestell para que diseñara los bocetos de los efectos especiales, y los resultados fueron espectaculares. Lo habrían sido aún más si *Con destino a la Luna* no hubiera ganado un Oscar y la Paramount no hubiera presionado a Pal para que tuviera lista una copia antes de tiempo. A pesar de ello, el film volvió a llevarse el Oscar en la misma categoría.

El punto débil de *Cuando los mundos chocan* aparece en las secuencias de la construcción de la nave. Excepto por un desafortunado y anecdótico triángulo amoroso, la dimensión humana de la tragedia es totalmente ignorada por un guión que prefiere cerrar los ojos ante el efecto emocional de la devastación en aquellos que van a sobrevivir. Superada la hostilidad de las primeras imágenes del planeta Zyra, montañoso y nevado, los elegidos podrán crear una nueva civilización en un paraíso virgen y soleado. El optimismo cruel de esa resolución, que parece no dar ninguna importancia a que la población terrestre haya muerto en la colisión con Bellus (mostrada, por cierto, a una decepcionante distancia), prueba la condición de espectáculo pirotécnico de la película. George Pal intentó realizar una secuela, *After Worlds Collide*, en los años sesenta, pero su reputación como productor de éxito había pasado a mejor vida. ■

1951 El enigma de otro mundo
Christian Nyby

The Thing. USA. **Dir.:** Christian Nyby. **Producción:** Winchester Pictures. **Prod.:** Howard Hawks. **Guión:** Charles Lederer, según un relato de John W. Campbell. **Fot.:** Russell Harlan (blanco y negro). **Mús.:** Dimitri Tiomkin. **Mont.:** Roland Gross. **Duración:** 86 minutos. **Int.:** Kenneth Tobey (capitán Patrick Hendry), Margaret Sheridan (Nikki), Robert Cornthwaite (Dr. Carrington), Douglas Spencer (Scotty), James R. Young (teniente Eddie Dykes), James Arness (la cosa), Dewey Martin (jefe de equipo).

> *Howard Hawks dirige en la sombra la primera gran película de invasiones extraterrestres, poniendo énfasis en la importancia del trabajo en equipo y la confrontación entre lógica y emoción.*

El periodista Ned Scott y el capitán de las Fuerzas Aéreas Patrick Hendry viajan hasta una base militar del Polo Norte para investigar la caída de lo que parece un meteorito. Acompañados del equipo de la base, descubren un platillo volante enterrado en la nieve, y junto a él, un cadáver en un bloque de hielo. Lo trasladan hasta la estación cuando, por accidente, el hielo se derrite y libera a la criatura, que no se despierta precisamente en son de paz.

Vigilad el cielo

Con esta diáfana advertencia termina la que puede calificarse como primera película de invasiones alienígenas de los cincuenta. Es la única señal de alarma ideológica en un film que, siguiendo la línea del cine de su autor, elude toda postura política. No es difícil averiguar qué le interesó a Hawks de *Who Goes There*, el breve relato que John W. Campbell, editor de la revista *Astounding Science Fiction* y mecenas de los grandes escritores del género, publicó en 1938 bajo el seudónimo de Don Stuart. La complicidad del trabajo en grupo y el conflicto entre razón y emoción, tan presentes a lo largo de la obra de Hawks, se veían reforzados por la localización de la trama en un espacio cerrado, asediado por una inminente sensación de peligro. Al contrario que en el cuento original, que describía a un alienígena en mutación constante –recurso que retomó John Carpenter en su espléndido *remake*, *La cosa* (*The Thing*, 1982)–, Hawks prefirió potenciar la relación entre los personajes en un guión que, aunque dirigido por uno de sus montadores, estaba perfectamente vinculado a su filosofía como cineasta. Guión en cuya redacción colaboraron, no acreditados, Ben Hecht y William Faulkner.

Tal vez los insatisfactorios resultados del maquillaje de Lee Greenway, que se pasó cinco meses haciendo pruebas y hasta dieciocho esculturas para conseguir la aprobación de Hawks, fueran los culpables de que al monstruo interpretado por James Arness nunca se le dediquen primeros planos. Vegetal que ha evolucionado hasta parecerse físicamente al ser humano, la cosa no siente ni razona y responde a un solo propósito: sobrevivir para reproducirse. En cierto modo, simboliza la batalla que libran Carrington, científico que considera al alienígena como un ser superior, y el capitán Hendrey, que únicamente cree en el ejercicio del instinto. De ahí que *El enigma de otro mundo*, con su presupuesto de serie A (1,6 millones de dólares) y sus actores de serie B, disfrute más describiendo las actividades del grupo (ejemplar el descubrimiento del platillo volante enterrado en el hielo) y las tensiones sentimentales entre nuestro héroe y su ex novia Nikki, ahora secretaria de Carrington, que mostrando los ataques de la criatura, que acaba electrocutada por la comunidad de científicos, militares y periodistas que habitan en la base. Como en toda película de Hawks, lo que importa es el trabajo bien hecho y el respeto por el sentimiento de fraternidad que genera. ■

1951 Ultimátum a la Tierra
Robert Wise

The Day the Earth Stood Still. USA. **Dir.:** Robert Wise. **Producción:** 20th Century Fox. **Prod.:** Julian Blaustein. **Guión:** Edmund H. North, según un relato de Harry Bates. **Fot.:** Leo Tover (blanco y negro). **Mús.:** Bernard Herrmann. **Mont.:** William Reynolds. **Efectos especiales:** Fred Sersen. **Duración:** 92 minutos. **Int.:** Michael Rennie (Klaatu/Carpenter), Patricia Neal (Helen Benson), Hugh Marlowe (Tom Stevens), Sam Jaffe (profesor Jacob Barnhardt), Billy Gray (Bobby Benson), Frances Bavier (Mrs. Barley), Lock Martin (Gort).

> *La Pasión cristiana adquiere tintes políticos en esta insólita visita de un extraterrestre a la América de la era atómica, un clásico instantáneo del género.*

Un platillo volante aterriza en Washington. De él emergen Klaatu y el robot Gort. Klaatu quiere organizar una reunión con los dirigentes de todos los países para alertarlos del peligro nuclear, pero sólo encuentra miedo y rechazo. Tendrá que camuflarse entre la gente de a pie para conseguir su objetivo.

Jesucristo Superstar

En una época en que cualquier invasión alienígena implicaba muerte y destrucción, *Ultimátum a la Tierra* destaca por su mensaje de pacifista autocrítica. Sirviendo de precedente al *E.T. El extraterrestre* (*E.T. The Extra-Terrestrial*, 1982) de Spielberg y al *Starman* (*Id.*, 1984) de Carpenter, el Klaatu de Robert Wise venía desde muy lejos para avisarnos de que el peor enemigo del hombre es, sin lugar a dudas, el propio hombre. Puede parecer una perogrullada, y la película peca de una cierta ingenuidad a la hora de enunciar su discurso, pero hemos de recordar que las heridas de la Segunda Guerra Mundial aún estaban abiertas, y que el año en que se rodó fue el año en que arrancó la guerra de Corea. La atmósfera que rodea la llegada de Klaatu está impregnada de desconfianza, y no es casual que la sociedad prefiera empuñar las armas que fumar la pipa de la paz. En tiempos en que la amenaza soviética se cernía sobre Estados Unidos, Klaatu no encuentra consuelo ni en los altos mandatarios, incapaces de reunirse en un contexto solidario, ni en los militares: solamente un científico (interpretado por Sam Jaffe, luego perseguido por el senador McCarthy e inhabilitado para trabajar en Hollywood) y una mujer le apoyarán en su misión benéfica.

En 1949, antes que la ciencia-ficción cinematográfica empezara a dar rendimientos en taquilla, el productor de la Fox Julian Blaunstein se dio cuenta de su potencial viendo las magníficas cifras de ventas de las revistas del género. Había que buscar una buena historia que además no fuera demasiado cara de llevar a la pantalla, mejor si estaba ambientada en la Tierra. Maurice Heinlein, que trabajaba en el departamento de guiones de la Fox, la encontró en *Farewell to the Master*, escrita por Harry Bates y publicada en la revista *Astounding* en octubre de 1940. El mandamás de la Fox, Darryl F. Zanuck, compró los derechos por el módico precio de 1.000 dólares, y aunque al principio no estaba demasiado convencido de su viabilidad comercial, el éxito de *Con destino a la Luna* (*Destination Moon*, Irving Pichel, 1950) terminó de convencerlo. Con casi un millón de dólares de presupuesto, invertidos sobre todo en la construcción del platillo volante de Klaatu (que costó 100.000) y en los dos trajes de látex del robot Gorg (interpretado por Lock Martin, el portero del Teatro Chino de Grauman en Hollywood), Wise modeló su moraleja humanista a imagen y semejanza de un público que respondió con entusiasmo al rayo de esperanza que se colaba tras las luces y las sombras de su puesta en escena, muy influenciada por la estética del cine negro.

Klaatu (papel que estuvieron a punto de interpretar Spencer Tracy y Claude Rains) es un Jesucristo del espacio exterior, capaz de dejar al universo sin electricidad durante media hora para demostrar su poder divino. Las connotaciones religiosas del personaje eran evidentes, hasta tal punto que su mesiánica resurrección fue cuestionada por los censores norteamericanos, que estaban convencidos de que sólo Dios podía volver del mundo de los muertos. El guionista, Edmund H. North, maquilló el renacimiento de Klaatu convirtiéndolo en un milagro provisional, solución de compromiso que no restó religiosidad a su arenga ante los apóstoles de la política mundial, una torre de Babel de culturas, lenguas e ideologías que atendían las palabras de un mensaje de paz que, ahora lo sabemos, nunca pusieron en práctica. ■

1953 La guerra de los mundos
Byron Haskin

The War of the Worlds. USA. **Dir.:** Byron Haskin. **Producción:** George Pal Productions, Paramount. **Prod.:** George Pal. **Guión:** Barre Lyndon, según la novela de H.G. Wells. **Fot.:** George Barnes (Technicolor). **Mús.:** Leith Stevens. **Mont.:** Everett Douglas. **Efectos especiales:** Gordon Jennings, Wallace Kelley, Paul Lerpae, Ivyl Burks, Jan Domela, Irmin Roberts. **Duración:** 85 minutos. **Int.:** Gene Barry (Dr. Clayton Forrester), Ann Robinson (Sylvia Van Buren), Les Tremayne (comandante general Mann), Lewis Martin (Matthew Collins), Robert Cornthwaite (Dr. Pryor), Sandro Giglio (Dr. Bilderback), Cedric Hardwicke (Narrador).

Síntesis de los miedos norteamericanos en la era del maccarthysmo, asocia la invasión marciana, en reluciente Technicolor, con la ira de Dios.

Tiene el aspecto de un meteoro y se estrella en un bosque cercano a la población de Santa Rosa. Meteoros similares han caído por todo el mundo. Al poco tiempo, de los cráteres surgen platillos volantes que no han aterrizado precisamente para hacerse amigos de los humanos. Alérgicos a los ataques militares, están dispuestos a aniquilar la vida en la Tierra.

El miedo al Otro

Desde 1925, año en que la Paramount compró los derechos de la novela a H.G. Wells, *La guerra de los mundos* estaba predestinada a convertirse en película clave de la historia del género. Nombres tan prestigiosos como Cecil B. De Mille, S. M. Eisenstein o Alfred Hitchcock estuvieron vinculados de un modo u otro al proyecto hasta que llegó a manos de George Pal a principios de los cincuenta. Si la versión radiofónica que Orson Welles había realizado con el Mercury Theatre se anticipó al enraizado sentimiento de pánico prebélico de la sociedad norteamericana, la adaptación de George Pal es el epítome de los miedos de la posguerra. Como Welles, Pal se toma unas cuantas libertades con la novela de Wells. Por una parte, traslada la acción de la Inglaterra victoriana al sur de California para fomentar la identificación del público norteamericano con los hechos narrados. Por otra, transforma los

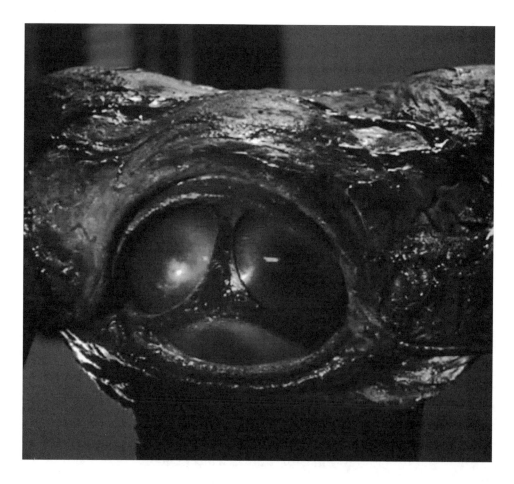

trípodes articulados del libro —que Steven Spielberg conservó en su extraordinario *remake*, estrenado en el 2005– en platillos volantes, lo que potencia el reflejo de una de las más intensas paranoias de la época, el miedo a la invasión marciana, que luego cristalizaría en películas como *Earth vs. the Flying Saucers* (Fred F. Sears, 1956).

La guerra de los mundos se abre con un prólogo amenazante, en el que una voz de noticiario, típica de los documentales didácticos de la época, nos avisa de que los marcianos han escogido nuestro planeta de entre todos los del sistema solar para invadirlo. Rastros de un castigo divino se detectan en esa narración omnipotente, la misma que, al final, nos informará de que la humanidad se ha salvado gracias a las bacterias, "las cosas más pequeñas que Dios, con toda su sabiduría, había creado sobre la Tierra". Más allá de este absurdo *deus ex machina* que también estaba en la novela, las connotaciones religiosas de la película conviven con el miedo a la otredad, o lo que es lo mismo, el miedo a que el enemigo extranjero acabe con la apacible vida del norteamericano medio. No debe extrañar, pues, que una de las secuencias finales, la reunión de los dos protagonistas, los científicos Clayton Forrester y Sylvia Van Buren, se sitúe en una iglesia, último espacio de redención de una humanidad que ha aprendido lo que significa vivir en el infierno.

Galardonados con un Oscar, los efectos especiales de Gordon Jennings se ven lastrados, según expertos en la materia, por delatores hilos que sostienen los platillos volantes en algunas escenas. Poco importa: el alucinante tratamiento del color y la espectacularidad de los rayos mortíferos de las naves hacen de *La guerra de los mundos* un hito de la ciencia-ficción, que, más allá de su alcance sociológico, consigue convertirse en referente de muchas de las superproducciones actuales adscritas al género. El momento más emocionante de la película es el enfrentamiento entre un alienígena, construido en cartón-piedra y con tubos de caucho por el técnico de efectos Charles Gemora, y los dos científicos en una granja abandonada. Momento que Spielberg oscurece en su ejemplar *remake* con la intervención del granjero enloquecido que interpreta Tim Robbins, portavoz del miedo al terrorismo árabe en una película mucho más cruda y árida que la de Haskin. ■

1953 Invaders from Mars
William Cameron Menzies

Invaders from Mars. USA. **Dir.:** William Cameron Menzies. **Producción:** National Pictures Corp. **Prod.:** Edward L. Alperson. **Guión:** Richard Blake. **Fot.:** John Seitz (Cinecolor). **Mús.:** Mort Glickman. **Mont.:** Arthur Roberts. **Efectos especiales:** Jack Cosgrove. **Duración:** 78 minutos. **Int.:** Helena Carter (Dr. Pat Blake), Arthur Franz (Dr. Stuart Kelston), Jimmy Hunt (David Maclean), Leif Erickson (George MacLean), Hillary Brooke (Mary MacLean), Morris Ankrum (coronel Fielding).

> *La primera película en color sobre invasiones alienígenas fundía el pánico anticomunista con los terrores infantiles.*

David se despierta en plena noche cuando oye el sonido de un platillo volante que aterriza delante de su casa y desaparece bajo la arena. Nadie cree su historia pero todos los que van a comprobarla, incluidos sus padres, regresan cambiados. Sólo una doctora y un astrónomo le harán caso, movilizando para la causa al ejército estadounidense.

Un cuento (de horror) infantil

Responsable del diseño de producción de clásicos tan míticos como *Lo que el viento se llevó* (*Gone with the Wind*, Victor Fleming, 1939) y *¿Por quién doblan las campanas* (*For Whom the Bells Tolls*, Sam Wood, 1943), William Cameron Menzies vuelve al género de ciencia-ficción después del éxito de *La vida futura* (*Things to Come*, 1936) con este colorido precedente de *La invasión de los ladrones de cuerpos* (*Invasion of the Body Snatchers*, Don Siegel, 1956). Comparte estética e intenciones con dos películas producidas el mismo año: con *La guerra de los mundos* (*The War of the Worlds*, Byron Haskin, 1953) tiene en común un tratamiento del color exuberante, estilizado y onírico, y con *It Came from Outer Space* (Jack Arnold, 1953) esa obsesión, tan anticomunista, de convertir a los alienígenas en humanos sin emociones, controlados por una inteligencia superior y totalitaria que ha

B DE BUENO, BONITO Y BARATO

El apogeo de los autocines fue un perfecto caldo de cultivo para la ciencia-ficción de los cincuenta. Ávidos de emociones fuertes, aunque fueran de cartón piedra, los adolescentes eran un público agradecido para consumir películas que, bajo su apariencia modesta, a veces daban sopas con honda a los títulos de serie A. Ahí están los extraterrestres que esclavizan a los humanos para reparar su nave en *It Came from Outer Space* (Jack Arnold, 1953) o los habitantes de Metaluna de *This Island Earth* (Joseph Newman, 1955). O la primera versión de *La mosca* (*The Fly*, 1958), donde Kurt Neumann sintetiza la esencia del relato de George Langelaan en una imagen abrumadora: una mosca con cabeza humana atrapada en una tela de araña es aplastada por un policía. O, cómo no, el ¿involuntario? ejercicio de metalenguaje de *The Blob* (Irvin S. Yeaworth, 1958), con una gelatina alienígena colándose por la cabina de un proyeccionista e invadiendo el aforo de un cine lleno de... adolescentes.

eliminado cualquier rasgo de humanidad en su relación con el mundo. Ostenta, eso sí, un rasgo distintivo nada desdeñable: el miedo a la invasión extraterrestre proviene de la mirada de un niño, omnipresente a lo largo de toda la película. De este modo el terror rojo se confunde con un innato terror infantil, el de la soledad y el desamparo, el de la pérdida de los referentes familiares. Concebida originalmente para ser proyectada en formato 3-D, *Invaders from Mars* es, al mismo tiempo, una clara manifestación de los recelos de la sociedad yanqui de la época y un cuento de horror para chicos insomnes. No por azar la versión norteamericana terminaba con el niño protagonista despertando de una pesadilla que parecía condenada a repetirse, como si el pánico anticomunista fuera sólo una premonición infantil. En plena era Reagan, Tobe Hooper terminó su mediocre *remake*, estrenado en 1986, de la misma manera, invirtiendo más presupuesto en escenas de defensa militar y en el aspecto pulposo de los marcianos mutantes. ■

El monstruo de los tiempos remotos

1953

Eugène Lourie

The Beast from 20.000 Fathoms. USA. **Dir.:** Eugène Lourie. **Producción:** Mutual Pictures of California, Warner Bros. **Prod.:** Bernard W. Burton, Hal Chester y Jack Dietz. **Guión:** Fred Freiberger, Eugène Lourie, Lou Morheim y Robert Smith, según un relato de Ray Bradbury. **Fot.:** Jack Russell (blanco y negro). **Mús.:** David Buttolph. **Mont.:** Bernard W. Burton. **Efectos especiales:** Ray Harryhausen y Willis Cook. **Duración:** 80 minutos. **Int.:** Paul Hubschmid (profesor Tom Nesbitt), Paula Raymond (Lee Hunter), Cecil Kellaway (profesor Thurgood Elson), Kenneth Tobey (coronel Jack Evans), Lee Van Cleef (Stone), Donald Woods (capitán Phil Jackson).

> *La primera película de monstruos de los años cincuenta se beneficia del espléndido trabajo de Ray Harryhausen en los efectos especiales.*

Un dinosaurio se despierta después de un largo letargo en el Ártico a causa de una explosión atómica. Decide volver a su lugar de origen, ahora ocupado por la ciudad de Nueva York. Ningún rascacielos logrará detenerlo...

Un día en Nueva York

A menudo ocurre que un productor tiene una idea brillante y, sin querer, inaugura un subgénero que se afianza en el imaginario colectivo. Hal Chester pensó en la chispa que podría surgir entre la atmósfera de *El enigma de otro mundo* (*The Thing*, Christian Nyby, 1951) y la criatura de *King Kong* (*Id.*, Merian C. Cooper y Ernest B. Schoesdack, 1933), sobre todo si contrataba al creador de efectos especiales Ray Harryhausen para que hiciera prender la mecha. El resultado fue un rotundo éxito de público (recaudó cinco millones de dólares frente a los 200.000 que había costado) que establecería los parámetros argumentales de las *monster movies* o películas de monstruos, tan populares durante los años cincuenta.

El guión original, titulado *Monster from Beneath the Sea*, fue escrito por Lou Morheim y Fred Freiberger, futuros productores televisivos, y fue revisado por el escritor Ray Bradbury, que detectó los parecidos razonables que tenía con uno de sus cuentos, *The Beast from 20.000 Fathoms*, luego rebautizado como *The Foghorn* y publicado en *The Saturday Evening Post*. Hal Chester compró los derechos del relato de Bradbury y convirtió en cineasta al antiguo director artístico de Jean Renoir en los años treinta, Eugène Lourie, que a partir de entonces realizó varias películas de ciencia-ficción, completando su breve carrera con clásicos tan polvorientos como *The Colossus of New York* (1958), *Behemoth, the Sea Monster* (1959) y *Gorgo* (1961). Las secuencias de diálogos científicos son tediosas, pero el paseo del dinosaurio por Nueva York y su derrota final en un parque de atracciones son especialmente memorables. ■

La humanidad en peligro
Gordon Douglas

Them! USA. **Dir.:** Gordon Douglas. **Producción:** Warner Bros. **Prod.:** David Weisbart. **Guión:** Ted Sherdemann, sobre una adaptación de Russell Hughes del argumento de George Worthing Yates. **Fot.:** Sid Hickox (blanco y negro). **Mús.:** Bronislau Kaper. **Mont.:** Thomas Reilly. **Duración:** 93 minutos. **Int.:** Edmund Gwenn (Dr. Harold Medford), James Whitmore (sargento Ben Peterson), James Arness (Robert Graham), Joan Weldon (Dra. Patricia Medford), Onslow Stevens (general de brigada Robert O'Brien), Sean McClory (mayor Kibbee).

> *La naturaleza se rebela en la era atómica. Esta económica película demuestra que el tamaño sí importa para un género que, en los cincuenta, estaba obsesionado con el gigantismo.*

Dos policías descubren a una niña perdida en el desierto de Arizona. Asustada, no hace más que repetir: "¡Ellas!". La caravana donde vivían sus padres ha sido aplastada. Las autoridades hallan un nido de hormigas gigantes en las inmediaciones del lugar del suceso, presunto resultado de una mutación provocada por pruebas atómicas realizadas por el gobierno. Dos hormigas-reina logran escapar de la destrucción del nido, escondiéndose en las cloacas de Los Ángeles, dispuestas a fundar una nueva colonia.

La(s) hormiga(s) atómica(s)

Tal como cuenta Phil Hardy,[5] la Warner confiaba tanto en el éxito de *La humanidad en peligro* que mantuvo en secreto su argumento durante el rodaje. Ni siquiera creyó necesario invertir demasiado dinero en la película, que, en un principio, tenía que ser en color y en tres dimensiones. Las hormigas gigantes, que, en términos de efectos especiales, se redujeron a dos modelos, uno de cuerpo entero y otro colgado de un brazo de extensión, compuesto sólo de la cabeza y los costados, tenían que causar suficiente impacto en el público de la época. El ingenio de la puesta en escena de Gordon Douglas, cineasta que empezó su carrera dirigiendo al Gordo y el Flaco, reside en su capacidad para crear una intensa sensación de amenaza a través de las localizaciones donde se desarrolla la historia (el desierto en el que se sitúa el arranque; las oscuras alcantarillas de Los Ángeles) y el angustioso efecto de sonido que precede al ataque de las hormigas. Los sobrecogedores comunicados lanzados por los medios y el tono documental con que Douglas aborda las reuniones de las altas esferas gubernamentales para acabar con las hormigas potencian la sensación de paranoia intrínseca a la edad de oro del género.

"Hemos entrado en la era atómica. Hemos abierto la puerta a otro mundo. Nadie puede predecir lo que encontraremos allí". El mensaje de alarma que lanza el final de *La humanidad en peligro* marca la tónica de las películas de monstruos que metabolizaron el pánico nuclear de los años cincuenta. Las fuerzas vivas –policías, agentes del FBI y demás defensores de la ley y el orden; el brazo armado de los militares; el culto a la razón de los científicos– se unen contra el poder destructor de las criaturas mutantes, que viaja desde la salvaje naturaleza hasta la civilización urbana para destruir el mundo. La estructura dramática de *La humanidad en peligro*, que ya había sido ensayada en *El monstruo de tiempos remotos* (*The Beast from 20.000 Fathoms*, Eugène Lourie, 1953) se repite en toda una serie de secuelas inconfesas que configuran el corpus de un subgénero que invadió las pantallas de la segunda mitad de la década. La lista de criaturas gigantes es interminable: las mantis de *The Deadly Mantis* (Nathan Juran, 1957), el pulpo de *It Came from Beneath the Sea* (Robert Gordon, 1955), la araña de *Tarántula* (*Tarantula*, Jack Arnold, 1955), los cangrejos de *Attack of the Crab Monsters* (Roger Corman, 1957), los moluscos de *The Monster That Challenged the World* (Arnold Laven, 1957), los escorpiones de *The Black Scorpion* (Edward Ludwig, 1957), las sanguijuelas de *Attack of the Giant Leeches* (Bernard L. Kowalski, 1959)... ■

Japón
1954 bajo el terror del monstruo
Inoshiro Honda

Gojira. Japón. **Dir.:** Inoshiro Honda. **Producción:** Toho. **Prod.:** Tomoyuki Tanaka. **Guión:** Inoshiro Honda y Takeo Murata. **Fot.:** Masao Tamai (blanco y negro). **Mús.:** Akira Ifukube. **Mont.:** Kazuji Taira. **Efectos especiales:** Eiji Tsuburaya. **Duración:** 98 minutos. **Int.:** Takashi Shimura (Kyohei Yamane-hakase), Akira Takarada (Hideto Ogata), Momoko Kochi (Emiko Yamane), Akihiko Hirata (Daisuke Serizawa-hakase), Fuyuki Murakami (profesor Tanabe), Sachio Sakai (Hagiwara), Ren Yamamoto (Masaji el pescador).

> *Godzilla inaugura su prolífica filmografía (más de treinta títulos) con este alegato contra los efectos de las bombas atómicas de Hiroshima y Nagasaki.*

Cerca de la isla Odo empiezan a desaparecer barcos pesqueros. Una expedición científica organizada por el doctor Yamane descubre que el culpable es un monstruo antediluviano que ha despertado de las profundidades del mar por culpa de las pruebas atómicas que se han realizado en la zona. Convertido en un gigantesco saurio radiactivo, está dispuesto a destruir la ciudad de Tokio.

El rey de los monstruos

El monstruo de los tiempos remotos (*The Beast from 20.000 Fathoms*, Eugène Lourie, 1953) impresionó a los ejecutivos de la Toho. Tanto, que no tardaron ni un año en concebir su némesis japonesa, alimentada por el recuerdo del desastre de Hiroshima y Nagasaki y las pruebas de la bomba H en las islas Bikini, que en 1954 afectaron a más de siete mil millas del océano Pacífico irradiando a la tripulación de un atunero nipón. Los japoneses habían tardado demasiado en opinar sobre la catástrofe atómica: tal vez por eso *Japón contra el terror del monstruo* sea más contundente como protesta política que como obra capital de la ciencia-ficción. Su éxito, es cierto, terminó sentando las bases de un nuevo género, el *kaiju-eiga* o las películas de monstruos japonesas, amamantado durante cuatro décadas no sólo por Godzilla, sino también por sus hermanos de sangre (a saber: Ghidorah, Mothra, Rodan, Baragon, Varan, Hedorah...). Sin embargo, el valor del film de Inoshiro Honda radica sobre todo en su capacidad para reproducir escenas de destrucción masiva que recuerdan ineludiblemente las imágenes documentales del 6 y el 8 de agosto de 1945, erigiéndose así como metáfora de un horror que es puro sinsentido. Cuando el profesor Yamane expresa sus dudas sobre utilizar su "destructor de oxígeno" para acabar con Godzilla, lo compara con la bomba H, demostrando cuál era la preocupación real que ocultaba una película cuyo ingenuo encanto sigue intacto.

Lo más curioso es que, con 900.000 dólares de presupuesto y 120 días de rodaje, *Japón bajo el terror de los monstruos* no sea más brillante en lo que a efectos se refiere. Eisi Tsuburaya prefirió evitar la técnica del *stop motion* que había patentado Ray Harryhausen con excelentes resultados porque estaba convencido de que no había profesionales en Japón que pudieran dar la talla. En la mayoría de escenas, Godzilla era un actor disfrazado con un traje de látex que pesaba 50 kilos. Con esa armadura pisaba grandes extensiones de maquetas a escala, grabando en la conciencia colectiva la marca de fábrica del saurio más famoso de la historia del cine. Joseph E. Levine compró los derechos de distribución de la película para Estados Unidos, eliminó todas las alusiones políticas, cortó casi 40 mimutos del metraje original y rodó nuevas escenas con Raymond Burr interpretando a un periodista americano. Roland Emmerich firmó un trivial *remake* en 1998. ■

20.000 leguas de viaje submarino
1954
Richard Fleischer

20.000 Leagues Under the Sea. USA. **Dir.:** Richard Fleischer. **Producción:** Walt Disney Pictures. **Prod.:** Walt Disney. **Guión:** Earl Fenton, según la novela de Jules Verne. **Fot.:** Franz Planer (Technicolor). **Mús.:** Paul J. Smith. **Mont.:** Elmo Williams. **Efectos especiales:** John Hench, Joshua Meador y Ub Iwerks. **Duración:** 127 minutos. **Int.:** Kirk Douglas (Ned Land), James Mason (capitán Nemo), Paul Lukas (profesor Pierre Arronax), Peter Lorre (Conseil), Robert J. Wilke (oficial de cubierta del Nautilus), Ted de Corsia (capitán Farragut), Carleton Young (John Howard).

> *Walt Disney se estrenó en el cine de imagen real con esta vital y colorista adaptación de Jules Verne, espléndida película de aventuras a la vez que crónica de una neurosis.*

Segunda mitad del siglo XIX. El gobierno norteamericano organiza una expedición naviera para que investigue la posible existencia de un monstruo que ha hecho naufragar a varios barcos. Uno de los miembros de la tripulación es el biólogo marino Pierre Arronax. Cuando están a punto de desistir, la supuesta criatura aparece y hunde el carguero. Los únicos supervivientes son Arronax, su ayudante Conseil y el arponero Ned Land, que descubren que el monstruo no es más que un submarino. El capitán Nemo les rescata, les hace prisioneros y les revela su misión: destruir todos los barcos de guerra que se encuentre en su camino.

Buscando a Nemo

En un sentido estricto, esta película, la mejor adaptación al cine de una novela de Jules Verne, no pertenece al género de ciencia-ficción. En la década de los cincuenta el submarino había dejado de ser un invento avanzado a su época: las fantasías de Verne ya se habían convertido en un arma más en tiempos de guerra. En pocas palabras, el submarino había abandonado el imaginario del futuro para establecerse en la realidad del presente. Sin embargo, la puesta en escena de Richard Fleischer, que filmó el fondo marino como si fuera el espacio exterior, con la fascinación del hombre que pisa la superficie lunar por primera vez, refuerza la condición visionaria, casi alucinógena, de una película que es, sobre todo, el diario de bitácora de un paranoico. *20.000 leguas de viaje submarino* destaca por su sofisticación visual (la secuencia del funeral bajo el agua es antológica), su sentido de la aventura (ahí está el célebre ataque del pulpo gigante en plena tormenta, escena que aumentó el presupuesto de la película en 200.000 dólares y que retrasó el rodaje en seis semanas) y la escasa complacencia con que están construidos sus personajes. Ninguno de ellos es excesivamente positivo: el capitán Nemo (un hierático James Mason) es un libertario que pretende conseguir la paz en el mundo aniquilando a todos aquellos que no estén de acuerdo con él; el científico Pierre Arronax (Paul Lukas en el papel que debía interpretar Charles Boyer) duda en detenerle o, por el contrario, alimentar su ego absorbiendo todos sus conocimientos; y Ned Land (un exultante Kirk Douglas) es un hombre vulgar y primitivo, tan heroico como traidor.

Con *20.000 leguas de un viaje submarino*, Walt Disney inició con éxito su carrera como productor de películas de imagen real. El proyecto, que había surgido a partir de unos dibujos de Harper Goff para un documental sobre la vida submarina que se proyectaría en la futura Disneylandia, no tuvo un desarrollo fácil. La novela había tenido muchos pretendientes en Hollywood (George Pal fue uno de ellos) y su producción se anunciaba demasiado cara. Disney contrató a un director relativamente poco conocido, Richard Fleischer (hijo de su mayor rival en el campo de los dibujos animados, Max Fleischer), que empezó a trabajar en el guión con su colaborador habitual, Earl Felton. Llegaron a escribir hasta nueve versiones, revisadas por un Walt Disney que eliminaba sistemáticamente todas las secuencias de violencia para potenciar el tono familiar de la historia. 1300 *storyboards*, 10 meses de rodaje y 4,5 millones de dólares de presupuesto fueron suficientes para que la película rompiera taquillas y fuera galardonada con dos Oscar, a la mejor decoración y a los mejores efectos especiales. ■

El experimento del doctor Quatermass
1955
Val Guest

The Quatermass Xperiment. Gran Bretaña. **Dir.:** Val Guest. **Producción:** Hammer Films. **Prod.:** Anthony Hinds. **Guión:** Val Guest y Richard Landau, según los personajes de Nigel

Kneale. **Fot.:** Walter Harvey (blanco y negro). **Mús.:** James Bernard. **Mont.:** James Needs. **Efectos especiales:** Leslie Bowie. **Duración:** 82 minutos. **Int.:** Brian Donlevy (profesor Bernard Quatermass), Richard Wordsworth (Victor Carroon). Jack Warner (inspector Lomax), Margia Dean (Sra. Judith Carroon), Thora Hird (Rosemary Elizabeth), Gordon Jackson (realizador de la BBC), David King-Wood (Dr. Gordon Briscoe).

Insólita muestra de ciencia-ficción británica que propulsó la exitosa especialización de la Hammer en cine fantástico.

El único superviviente del aterrizaje de un cohete está infectado por un organismo alienígena que descompone su piel para convertirlo en una criatura sedienta de sangre. El doctor Quatermass, responsable científico de la expedición espacial, intentará detenerlo.

La Hammer era marciana

Sin el éxito de *El experimento del doctor Quatermass*, la Hammer no se habría convertido en la factoría del miedo que resucitó, con elevadas dosis de violencia y erotismo, a los monstruos de la Universal. No deja de ser curioso que la productora británica empezara su ascenso con una película de ciencia-ficción, género que revisitó en contadísimas ocasiones, sobre todo de la mano del doctor Quatermass, que, en cierto modo, avanzaba los rasgos de personalidad del Victor Frankenstein que Peter Cushing interpretaría en la pentalogía de Terence

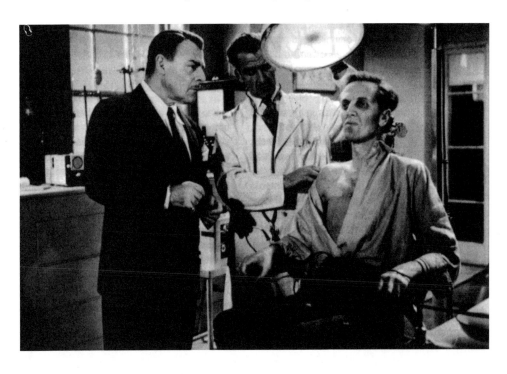

Fisher. A saber: Quatermass es un (anti)héroe duro, más bien antipático, que muestra una confianza ciega en la ciencia. Será, pues, el encargado de neutralizar el violento apetito de un astronauta infectado por un hongo alienígena cuyo triste destino acaba colgado de la abadía de Westminster en forma de pulpo gigante. Eso no disuade a Quatermass de lanzar un segundo cohete al espacio exterior al final de la película: su fe en la investigación de la vida en otros planetas es infinita.

Condensación de una célebre serie de televisión de seis episodios concebida por Nigel Kneale para la BBC, *El experimento del doctor Quatermass* estrenó una trilogía completada por *Quatermass II* (Val Guest, 1957) y *¿Qué sucedió entonces?* (*Quatermass and the Pit*, Roy Ward Baker, 1967). La lenta metamorfosis de Victor Carroon en la primera entrega de la saga, no tan lejana de la de Jeff Goldblum en *La mosca* (*The Fly*, David Cronenberg, 1986) o la de Alex Rebar en *Viscosidad* (*The Incredible Melting Man*, William Sachs, 1977), dio paso a la conquista alienígena de las altas esferas del poder en la segunda y al descubrimiento de un fósil extraterrestre en los túneles del metro londinense en la tercera. Descontento con el resultado artístico de la saga, Kneale retuvo los derechos de *¿Qué sucedió entonces?* durante 10 años para asegurarse la autoría del guión: no por azar es la más atrevida conceptualmente, porque sugiere que algunos terrestres fuimos alterados genéticamente por los marcianos en la remota noche de los tiempos. ■

1955 Tarántula
Jack Arnold

Tarantula. USA. **Dir.:** Jack Arnold. **Producción:** Universal. **Prod.:** William Alland. **Guión:** R. M. Fresco y Martin Berkeley. **Fot.:** George Robinson (blanco y negro). **Mús.:** Henry Mancini y Herman Stein. **Mont.:** William Morgan. **Duración:** 80 minutos. **Int.:** John Agar (Dr. Matt Hastings), Mara Corday (Stephanie Clayton), Leo G. Carroll (profesor Gerald Deemer), Nestor Paiva (*sheriff* Jack Andrews), Ross Elliott (Joe Burch), Edwin Rand (teniente John Nolan), Raymond Bailey (profesor Townsend).

> *Afortunada variación de 'La humanidad en peligro',*
> *en la que Jack Arnold pone más el acento*
> *en lo fantástico que en lo político.*

Un científico le inyecta a una araña unos nutrientes especialmente concebidos para aumentar el tamaño de los productos agrícolas. La araña escapa del laboratorio y crece desmesuradamente en el desierto, mientras devora todo lo que encuentra a su paso.

La estrategia de la araña

En *Tarántula*, la más célebre de las hijas bastardas de *La humanidad en peligro* (*Them!*, Gordon Douglas, 1954), Jack Arnold logró sacar partido de uno de los mayores retos de puesta en escena planteados por las películas de insectos gigantes que tanta guerra dieron en la década de los cincuenta: la relación del monstruo (y el ser humano) con el espacio que habita. Relación que, por otra parte, sería el motor narrativo de su obra maestra, *El increíble hombre menguante* (*The Incredible Shrinking Man*, 1957). Arnold decidió rodar en el mismo desierto, situado a unos veinte kilómetros al norte de Hollywood y conocido con el siniestro nombre de Dead Man's Curve, que ya visitó en *It Came from Outer Space* (1954). Prescindió de marionetas de bajo presupuesto y utilizó una araña auténtica a la que situó en una reproducción en miniatura del desierto, estimulando sus reacciones con chorros de aire. Sin duda, esa decisión otorgó un incuestionable verismo a los ataques de la criatura, mucho más brutales y angustiosos que los de las hormigas gigantes en la película de Gordon Douglas. A Arnold le interesaban mucho más las cualidades agresivas de su monstruo que el sustrato político que pisaba. De modo que las secuencias en las que se acerca silenciosamente a una manada de caballos o machaca unos cuantos coches entre sus mandíbulas están filmadas con mucha mayor convicción que la batalla final entre el arácnido y la fuerza aérea estadounidense. A título de curiosidad, uno de los pilotos que aniquilan a la tarántula está interpretado por un joven Clint Eastwood. ■

La invasión
1956 de los ladrones de cuerpos
Don Siegel

Invasion of the Body Snatchers. USA. **Dir.:** Don Siegel. **Producción:** Walter Wanger Productions. **Prod.:** Walter Wanger. **Guión:** Daniel Mainwaring. **Fot.:** Ellsworth Fredricks (blanco y negro). **Mús.:** Carmen Dragon. **Montaje:** Robert S. Eisen. **Duración:** 80 minutos. **Int.:** Kevin McCarthy (Dr. Miles J. Bennell), Dana Wynter (Becky Driscoll), Larry Gates (Dr. Dan *Danny* Kauffman), King Donovan (Jack Belicec), Carolyn Jones (Theodora *Teddy* Belicec), Jean Willes (Sally Withers), Virginia Christine (Wilma Lentz).

> *Con una economía narrativa digna de la mejor serie B, este indiscutible clásico del género retrata la manía persecutoria de la sociedad norteamericana de la época y critica su feroz conformismo.*

El doctor Miles Bennell vuelve a Santa Mira después de asistir a un congreso médico. Todo parece normal excepto porque algunos de los habitantes del pueblo afirman que miembros de su familia, amigos y vecinos no son los mismos de antes. Bennell lo atribuye a una especie de histeria colectiva, hasta que, una noche, aparece un cuerpo sobre la mesa de billar de su amigo Jack Belicec. Un cuerpo inerte, sin huellas, que está adquiriendo los rasgos de Jack. Es la primera prueba de una invasión alienígena que suplanta a los humanos mientras duermen, fabricando copias de sus víctimas que carecen por completo de emociones.

Ya están aquí

Podría haberse llamado *Sleep No More*, título de filiación hamletiana sugerido por Kevin McCarthy. La idea fue rechazada por el estudio, Allied Artists, que prefería el más convencional *They Came from Another World*. El caso es que *Sleep No More* explicaba, desde su poética simplicidad, la infinita polisemia de la película de Siegel. Después de verla, este título podría entenderse a la vez como una señal de alarma y como un consejo benéfico: por un lado, nos informa de que, al dormirse, el ser humano corre el riesgo de perder su humanidad, y por otro, nos recomienda que despertemos de un estado de anestesia que ha aniquilado nuestras emociones. Traslademos esta doble lectura a la dimensión política de un film que se revela como la gran obra maestra del género de los cincuenta, espejo terrorífico de los miedos de la guerra fría. Podríamos identificar esta invasión alienígena con la amenaza comunista, retratada por la América de la época como una ideología voraz y sin escrúpulos, partidaria de una igualdad enfermiza que anula la voluntad individual y uniformiza sentimientos y comportamientos (eran recientes los lavados de cerebro a los que fueron sometidos los soldados estadounidenses por parte del ejército chino durante la guerra de Corea).

También podríamos entenderla como una radiografía feroz del conformismo con que la sociedad de la década respondió al acoso del maccarthysmo, que condenaba cualquier actitud que se saliera de la norma con la persecución y el ostracismo. No sería extraño que tanto Don Siegel, que se autoproclamaba liberal, como el guionista Daniel Mainwaring, hombre de tendencias izquierdistas que había empezado a escribir como periodista preocupado por temas sociales en los tiempos de la Depresión, y el productor Walter Wanger, que había financiado *Blockade* (William Dieterle, 1938), una epopeya antifascista situada en la guerra civil española, se decantaran por este segundo nivel de lectura. Sin embargo, Siegel nunca confirmó el subtexto político de la película, dejando patente que su intención era hablar de la pérdida de identidad y la deshumanización en la sociedad de la época, al margen de comentarios ideológicos. Una deshumanización que, según sus palabras, también había afectado a los ejecutivos de los estudios. No eran humanos, eran réplicas sin corazón.

El primero que desmintió la polémica interpretación de *La invasión de los ladrones de cuerpos* fue Jack Finney, autor del relato en que se basaba, publicado en tres números sucesivos de la revista *Collier* a finales de 1954. Finney reivindicaba la falta de doble fondo de su historia, que había creado con el único propósito de entretener. Algunas fuentes afirman que el interés de Wanger por *The Body Snatchers* provenía de lo mucho que le recordaba su vida en la cárcel, donde le encerraron después de haber intentado asesinar al agente de su esposa, la actriz Joan Bennett, por sospechar que era su amante. En todo caso, Wanger fue el impulsor del proyecto, que se rodó en 24 días (según las fuentes, 19) con 400.000 dólares de presupuesto y bajo la vigilancia de los ejecutivos de la Allied Artists, que obligaron a Siegel a cortar los toques de humor del guión y a añadir un prólogo y un epílogo tranquilizadores que alivian el pesimismo de una película que, en esencia, no permite ni un atisbo de esperanza. La gran virtud de Siegel es su capacidad para detectar la inquietante normalidad de la anormalidad. Un niño que se queja de que su madre ya no es su madre, un cadáver sin huellas dactilares tendido sobre una mesa de billar, una mirada furtiva en una gasolinera, una llamada telefónica que no es más que una delación, un invernadero cubierto de vainas gigantes (concebidas por el director artístico Ted Haworth por el módico precio de 30.000 dólares)... todos elementos que alimentan la sensación de paranoia sin escapatoria en una película que siempre se mueve veloz y sin descanso. Siegel había planeado terminarla con el doctor Miles Bennell completamente enloquecido, avisando a los conductores de una autopista de Los Ángeles –y con ellos al espectador: lanza sus gritos a cámara– de que, en efecto, los extraterrestres "ya están aquí". Ése es el final de algunas de las copias exhibidas en Europa y en circuitos alternativos de Estados Unidos, aunque, desgraciadamente, la versión más difundida de *La invasión de los ladrones de cuerpos* concluye con los psiquiatras que atienden al doctor Bennell creyendo su relato y llamando al FBI.

La prueba de la vigencia y universalidad del discurso de Siegel fue *La invasión de los ultracuerpos* (*Invasion of the Body Snatchers*, 1978), el espléndido *remake* de Philip Kaufman. Enmarcado en la virulenta reacción del Nuevo Hollywood a las estrategias políticas de su

gobierno, demostraba el escepticismo hacia una sociedad que había diluido los logros de la contracultura en un conformismo unánime y consensuado. Según Kaufman, la sociedad norteamericana de finales de los setenta seguía tan anestesiada como la de los cincuenta. El caso Watergate y el fracaso en la guerra del Vietnam no habían servido para despertarla. La más floja de las adaptaciones del relato de Jack Finney fue la tercera, *Body Snatchers* (Abel Ferrara, 1993). Situada en una base militar de Alabama, copiaba los patrones narrativos de sus predecesoras sin aportar nada nuevo, acaso alguna brillante idea de puesta en escena –el filamentoso ataque de una vaina a la protagonista (Gabrielle Anwar) cuando está a punto de dormirse en una bañera– que reforzaba con intermitencias su consabido punto de partida. En 2007, Oliver Hirschbiegel ha rodado una nueva versión, *The Invasion*, protagonizada por Nicole Kidman y Daniel Craig. ▬

1956 Planeta prohibido
Fred McLeod Wilcox

Forbidden Planet. USA. **Dir.:** Fred McLeod Wilcox. **Producción:** Metro Goldwyn Mayer. **Prod.:** Nicholas Nayfack. **Guión:** Cyril Hume, según un argumento de Irving Block y Allen Adler. **Fot.:** George Folsey (Eastmancolor). **Mús.:** Bebe y Louis Barron. **Mont.:** Ferris

Webster. **Efectos especiales:** A. Arnold Gillespie, Warren Newcombe, Irving G. Ries y Joshua Meador. **Duración:** 98 minutos. **Int.:** Walter Pidgeon (Dr. Edward Morbius), Anne Francis (Altaira Morbius), Leslie Nielsen (comandante John J. Adams), Warren Stevens (teniente *Doc* Ostrow), Jack Kelly (teniente Jerry Farman), Richard Anderson (ingeniero jefe Queen), Earl Holliman (James Dirocco).

> *Esta versión galáctica de 'La tempestad' de Shakespeare destaca por su lujosa producción, su banda sonora y la presencia irresistible del robot Robby.*

Una nave enviada desde la Tierra llega al planeta Altair IV para descubrir lo que ha ocurrido con una anterior expedición espacial. Sólo quedan dos supervivientes, el doctor Morbius y su hija Altaira, acompañados de su robot doméstico, Robby. Fascinado por la civilización de los Krell, antiguos habitantes del planeta, Morbius ha estudiado lo suficiente su cultura para desarrollar sus mismas habilidades.

Los monstruos del Id

Rayos cósmicos, desintegradores de partículas, cielos verdes y púrpuras, un robot muy parecido al muñeco de Michelin y una chica con minifalda. Todos estos elementos, bien agitados en la coctelera de las revistas de ciencia-ficción de los treinta y cuarenta, parecían haber

MÚSICA DEL ESPACIO

Dore Schary, ejecutivo de la Metro, se cruzó con Louis y Bebe Barron en un club del Greenwich Village. Las *electronic tonalities* de su música alienígena le sedujeron hasta tal punto que despidió a David Rose, que ya estaba trabajando en la banda sonora de *Planeta prohibido*. No era la primera vez que una película de ciencia-ficción utilizaba sonidos del espacio exterior: en *Ultimátum a la Tierra* (*The Day the Earth Stood Still*, Robert Wise, 1951), el compositor Bernard Herrmann había escogido el *theremin* para evocar las atmósferas líquidas y enigmáticas de mundos desconocidos que están en éste. Sin embargo, la banda sonora de *Planeta prohibido,* que prescindía de todo adorno orquestal, se adentraba sin pudor alguno en el arte de vanguardia, construyendo una experiencia auditiva que abría un camino inexplorado para el género. Años más tarde, Gil Mellé recogería el testigo tendido por el matrimonio Barron en *La amenaza de Andrómeda* (*The Andromeda Strain*, Robert Wise, 1971).

nacido para convivir en una divertida película de serie B. Eso era lo que querían hacer Allan Adler e Irving Block, dueños de una compañía de efectos ópticos, cuando se reunieron con los ejecutivos de la Metro para venderles la idea de *Fatal Planet*. El estudio, acostumbrado al color de los musicales, quería cambiar de registro, y decidió estrenarse en el género con una producción opulenta, de un millón de dólares de presupuesto. Contrataron a Cyril Hume, descendiente del filósofo empirista y autor del libreto de *Bigger than Life* (Nicholas Ray, 1955), para que escribiera el guión, y a Fred McLeod Wilcox, más conocido por sus encuentros con la perra Lassie en los platós de Hollywood, para que la dirigiera. Lo que había empezado como un divertimento de bajo coste y modesto alcance acabaría convirtiéndose en una adaptación de *La tempestad* de Shakespeare en el espacio exterior, modulada según las tonalidades electrónicas de su pionera banda sonora.

Planeta prohibido sienta las bases del modelo *Star Trek* que hizo furor en la televisión de los sesenta, añadiéndole un insólito toque freudiano a su conflicto narrativo. La criatura invisible que acabó con buena parte de la primera expedición terrestre que llegó a Altair IV y que ahora amenaza con matar a la patrulla de rescate no es más que la materialización de los monstruos del Id o del subconsciente del doctor Morbius, motivada por un deseo incestuoso hacia su propia hija, cortejada por el comandante Adams. Si es cierto que el mensaje de *Planeta prohibido* es alertarnos de que nuestro peor enemigo se esconde en lo más profundo de la mente, también lo es que la película nunca olvida su condición de entretenimiento.

En ese sentido, para aligerar las cargas de profundidad anidadas en el guión, la Metro obligó a introducir un personaje cómico, el del cocinero de la nave, y cuidó al máximo todos los aspectos que la convertían en un espectáculo para todos los públicos: desde el diseño del platillo volante hasta la forma informe del monstruo, creada por animadores de la Disney, pasando por el fascinante paisaje de Altair IV y, sobre todo, el robot Robby, cuyo éxito le transformó en protagonista de una suerte de secuela titulada *The Invisible Boy* (Herman Hoffman, 1957). ◼

El increíble hombre menguante
Jack Arnold

The Incredible Shrinking Man. USA. **Dir.:** Jack Arnold. **Producción:** Universal. **Prod.:** Albert Zugsmith. **Guión:** Richard Matheson, según su novela homónima. **Fot.:** Ellis W. Carter (blanco y negro). **Mús.:** Irving Gertz, Hans J. Salter y Herman Stein. **Mont.:** Albercht Joseph. **Duración:** 81 minutos. **Int.:** Grant Williams (Scott Carey), Randy Stuart (Louise Carey), April Kent (Clarice), Paul Langton (Charles Carey), Raymond Bailey (Dr. Thomas Silver), William Schallert (Dr. Arthur Bramson), Frank Scannell (animador de feria), Billy Curtis (Enano).

> *Jack Arnold firma su obra maestra con esta angustiosa reflexión sobre la pequeñez del hombre frente al cosmos que es, a la vez, una ejemplar lección de puesta en escena.*

Tras atravesar por accidente una nube radioactiva, Scott Carey empieza a encoger. Las moléculas de su organismo se han comprimido y los médicos no encuentran cura para su enfermedad. Su vida se convierte en pasto de los diarios sensacionalistas y su entorno cotidiano en una amenaza.

De aquí a la eternidad

"Tan cerca, lo infinitesimal y lo infinito (...) Miré al cielo, el universo, mundos infinitos. El tapiz plateado de Dios que cubre la noche (...) Y sentí mi cuerpo menguando, fundiéndose, convirtiéndose en Nada. Mis miedos se desvanecieron y en su lugar llegó la aceptación. Toda esta vasta gloria de la creación tenía que significar algo. Y yo significaba algo también. Sí, más pequeño que lo ínfimo, también significaba algo. Para Dios existe la Nada. ¡Aún existo!" El hermoso monólogo que cierra la obra maestra de Jack Arnold, recitado por un narrador en primera persona que resulta tan imposible como el William Holden de *El crepúsculo de los dioses* (*Sunset Boulevard*, Billy Wilder, 1950), demuestra cómo una película que pare-

ce responder a los cánones establecidos de la edad de oro del género se transforma en una poética demostración de la existencia del alma. Richard Matheson, que vendió los derechos de su novela con la condición de ser él quien la adaptara para el cine, toma como pretexto la nube tóxica causante del encogimiento progresivo del protagonista para hablarnos de la dimensión cósmica de la naturaleza humana. El final infeliz (la muerte del héroe) es, de hecho, feliz y conmovedor: tras el vía crucis del hombre que ve cómo su apacible realidad cotidiana se transforma en un infierno, la recompensa es la fusión con la inmensidad del universo, la garantía cuasi divina de vivir en la eternidad. Al contrario que en otras películas del período, el pensamiento científico pierde la batalla contra el pensamiento mágico. La resolución mística de la película lo demuestra.

Rodada en seis semanas por un presupuesto de 800.000 dólares, *El increíble hombre menguante* es, ante todo, una clase magistral de puesta en escena. Arnold no sólo nos obliga a vivir el paso a paso de la metamorfosis de Scott Carey sino que también nos obliga a ver el mundo desde su perspectiva. De ahí que el tratamiento del espacio fílmico sea determinante para que entendamos la inseguridad de un hombre que, condenado a la desaparición, debe aprender a ser consciente de su insignificancia. El miedo, por tanto, es una cuestión de escalas: la casa de muñecas es una mansión endeble, el gato-mascota es un animal salvaje y monstruoso, el sótano es una isla desconocida. Tanto Arnold como Matheson desgarran la tranquilidad del norteamericano medio y cuestionan su conservadurismo, su resistencia al cambio. Náufrago en un lugar que le era afín, Scott Carey debe abandonar la omnipotencia característica de la especie humana para aceptar que ahora puede morir por culpa de un escape de agua o puede ser víctima del hambre inmoral de una araña en la secuencia más célebre de la película (para la que Arnold utilizó a sesenta tarántulas panameñas, más grandes que las domésticas). *El increíble hombre menguante*, que resuelve admirablemente sus retos visuales con un espléndido trabajo de dirección artística y un ingenioso uso de transparencias y retroproyecciones, se distancia de la frivolidad de compañeras de pupitre como *El gigante ataca* (*The Amazing Colossal Man*, 1957) o *The Cyclops* (1957), ambas de Bert I. Gordon, para convertirse en el primer manifiesto panteísta de la historia del cine. ●

1959 La hora final
Stanley Kramer

On the Beach. USA. **Dir.**: Stanley Kramer. **Producción**: Lomitas Productions. **Prod.**: Stanley Kramer. **Guión**: John Paxton, según la novela de Nevil Shute. **Fot.**: Giuseppe Rotunno (blanco y negro). **Mús.**: Ernest Gold. **Mont.**: Frederic Knudtson. **Duración**: 134 minutos. **Int.**: Gregory Peck (comandante Dwight Lionel Towers), Ava Gardner (Moira Davidson), Fred Astaire (Julian Osborne), Anthony Perkins (teniente Peter Holmes), Donna Anderson (Mary Holmes), Guy Doleman (teniente Farrel), John Tate (Adm. Bridie).

> *Un reparto estelar y un director amante*
> *de los grandes temas coinciden en la primera película*
> *de serie A dedicada a los terrores atómicos.*

1964. La Tercera Guerra Mundial ha destruido la vida en el planeta Tierra excepto en Australia. Un submarino norteamericano se ha salvado del desastre, pero cuando llega a Melbourne se encuentra con la desesperación ciudadana, a sabiendas que la radiación lo aniquilará todo en menos de un año.

El día del fin del mundo

Stanley Kramer consiguió vestir de solemnidad el pánico nuclear que había creado decenas de monstruos durante los nebulosos cincuenta. Es decir, quiso desprenderse de la frivolidad intrínseca a la serie B para articular un discurso apocalíptico a partir de las coordenadas del cine de serie A, formulando involuntariamente los códigos de un género, el de catástrofes, que daría lo mejor de sí mismo en los setenta. En *La hora final* la catástrofe ya ha ocurrido, lo que significa que Kramer prefiere centrarse en los perfiles psicológicos de los supervivientes de una guerra atómica que, no obstante, saben que sus horas están contadas. De ahí que la película reúna un reparto de grandes estrellas –entre las que destaca una irresistible Ava Gardner en su sempiterno papel de cínica alcohólica, y Fred Astaire en su primera interpretación dramática– prefigurando así la política de *castings* estelares de títulos como *La aventura del Poseidón* (*The Poseidon Adventure*, Ronald Neame, 1972) y *El coloso en llamas* (*The Towering Inferno*, John Guillermin e Irwin Allen, 1974). La poética visual de la destrucción, filmada con sobriedad por Giuseppe Rotunno, queda reducida a un montaje de planos de calles vacías mientras suena una versión melancólica de *Waltzing Matilda*.

Más allá de los discursos de concienciación pacifista, intensificados por la urgencia del futuro próximo en que se sitúa la película, Kramer pone el acento en los dilemas morales que surgen cuando el ser humano se enfrenta a una muerte inminente. Existen dos comportamientos polarizados: el del gobierno australiano, que suministra pastillas de cianuro para los ciudadanos que quieran suicidarse antes de que ocurra lo inevitable, o el de los tripulantes del submarino, que viajan a California esperanzados por lo que parece una señal de radio. Entre la resignación a desaparecer y la ilusión de vivir, Kramer no se queda con ninguna de las dos. *La hora final* tuvo su respuesta japonesa en dos títulos hoy olvidados: *Dai Sanju-Taisen-Yonji-Ichi Jikan no Kyofu* (Sigeaki Hidaka, 1960) y *Sekai Daisenso* (Shue Matsubayashi, 1962).

1960 El tiempo en sus manos
George Pal

The Time Machine. USA. **Dir.:** George Pal. **Producción:** Galaxy Films. **Prod.:** George Pal. **Guión:** David Duncan, según la novela de H. G. Wells. **Fot.:** Paul C. Vogel (Metrocolor). **Mús.:** Russell Garcia. **Mont.:** George Tomasini. **Efectos especiales:** Gene Warren, Tim Barr y Wah Chang. **Duración:** 103 minutos. **Int.:** Rod Taylor (George), Alan Young (David Filby/James Filby), Yvette Mimieux (Weena), Sebastian Cabot (Dr. Philip Hillyer), Tom Helmore (Anthony Bridewell), Whit Bissell (Walter Kemp), Doris Lloyd (Sra. Watchett).

> *Oscar a los mejores efectos especiales, el mayor éxito de la carrera de George Pal aborda el tema de los viajes en el tiempo subrayando su lado más aventurero.*

Víspera de Año Nuevo, 1899. George muestra a sus colegas un modelo en miniatura de su último invento, una máquina del tiempo. Todos excepto su mejor amigo, Filby, manifiestan su escepticismo. No saben que esa misma noche George probará el aparato a tamaño natural, deteniéndose en 1917, 1940 y 1960. En cada una de sus paradas no hay más que guerra, muerte y desolación. Atrapado en la máquina, acabará en el año 802.701, donde el inerte y anodino pueblo de los Eloi vive atemorizado por los Morlocks, habitantes del subsuelo.

Visiones de futuro

"Modernizamos *La guerra de los mundos* (*The War of the Worlds*, Byron Haskin, 1953) porque en aquella época los platillos voladores se habían convertido en un tópico. Aquí se trataba de convencer al público de que la máquina de tiempo era real. Así pues, trasladamos la acción al pasado, a principios de siglo, y mostramos acontecimientos que el público podía reconocer como reales", explica George Pal. "Una vez conseguida esta sensación de verosimilitud, el público estaría entonces en condición de creer que el futuro estaría poblado por pequeños hombres y mujeres rubios y por monstruos albinos viviendo bajo tierra".[6] Probablemente, el secreto de *El tiempo en sus manos*, que se convirtió en la película más exitosa de la trayectoria de Pal y en una de las más taquilleras de la Metro del año en curso, estaba precisamente en facilitar la identificación del espectador con los acontecimientos de su pasado histórico, localizando en el presente del protagonista un miedo de la época (una bomba atómica estalla en 1960) y proyectando hacia un futuro imposible las inquietudes de una sociedad aparentemente civilizada (los Eloi) amenazada por la sombra del primitivismo (los Morlocks). Aunque más alentador que el de la novela, el final de la película también empujaba a su protagonista, reflejo especular del escritor, a un futuro incierto, en esta ocasión con la esperanza de poner paz en un universo condenado a estar en guerra permanente.

El éxito de *La guerra de los mundos* impactó a los herederos de H. G. Wells, que ofrecieron a Pal la posibilidad de comprar los derechos de una de las novelas del célebre escritor. De entre todas ellas Pal escogió *La máquina del tiempo*, que el propio Wells consideraba la más adecuada para su adaptación al cine. Pese a las reticencias iniciales de la Paramount, Pal contrató a un guionista, David Duncan, para que desarrollara el guión, pero no fue hasta 1958 que consiguió interesar a la Metro para poner en marcha la producción, que contaría con un ajustado presupuesto de 850.000 dólares. Y decimos ajustado teniendo en cuenta la cantidad de efectos especiales de la película (ganadores de un Oscar), que incluye una escena en la que Londres era invadida por la lava. El film será recordado por el ingenioso modo en que Pal ideó el viaje en el tiempo, gracias a la técnica fotográfica del *time-lapse* (fotografía con tomas a intervalos prefijados), y por el precioso diseño de la máquina, mezcla de sillón de barbería y trineo, a cargo del director artístico Bill Ferrari. ■

1960 Village of the Damned
Wolf Rilla

Village of the Damned. Gran Bretaña-USA. **Dir.:** Wolf Rilla. **Producción:** Metro Goldwyn Mayer. **Prod.:** Ronald Kinnoch. **Guión:** Wolf Rilla, Stirling Silliphant y George Barclay, según la novela de John Wyndham. **Fot.:** Geoffrey Faithfull (blanco y negro). **Mus.:** Ron Goodwin. **Mont.:** Gordon Hales. **Duración:** 77 minutos. **Int.:** George Sanders (profesor Gordon Zellaby), Barbara Shelley (Anthea Zellaby), Martin Stephens (David Zellaby), Michael Gwynn (comandante Alan Bernard), Laurence Naismith (Dr. Willers), Richard Warner (Harrington), Jenny Laird (Sra. Harrington).

> *Los censores norteamericanos quisieron detener*
> *la producción de esta provocativa película, alegoría*
> *sobre la crueldad de la infancia.*

Durante un día entero los habitantes de Midwich pierden el conocimiento. Al despertarse, todas las mujeres en edad de concebir están embarazadas. A los nueve meses dan a luz a un grupo de niños que crecen con un aspecto similar –cabello rubio platino, ojos que se iluminan– y con poderes telepáticos. Los padres de uno de los niños descubren que se trata de una invasión de extraterrestres que quieren conquistar la Tierra.

¿Puede matar un niño?

En cuanto salió publicada la novela de John Wyndham, en 1957, la Metro Goldwyn Mayer compró los derechos para adaptarla al cine con Ronald Colman como protagonista, pero la Legión Católica de la Decencia no tardó en sacar espuma por la boca. No podían tolerar una película que pervirtiera el concepto de la Inmaculada Concepción y que ofreciera una mirada tan negativa sobre la infancia. La capacidad transgresora de *Los cuclillos de Midwich* iba más allá de toda duda razonable, y el alcance de su metáfora, que aludía a la peligrosa expansión de la raza aria que había aterrorizado al mundo hacía apenas quince años y al advenimiento de una revolución juvenil que ya parecía imparable, ponía nerviosos a todos aquellos que defendían la solidez de una sociedad del bienestar más frágil de lo que nadie se atrevía a admitir. El poder subversivo de la novela de Wyndham quedó intacto en la película de Wolf Rilla, que potenció los efectos inquietantes de la inocencia desde una puesta en escena fría y distante, acorde con la falta de emociones de unos niños capaces de esbozar una sonrisa después de provocar el suicidio de un motorista. Sin embargo, el gran logro de *Village of the Damned* está en el modo, tan simple como amenazador, en que Rilla introduce la anormalidad en lo cotidiano –el tractor abandonado que da vueltas sobre sí mismo, la plancha agujereando el vestido– y en su facilidad para transmitir la tragedia que se cierne sobre esas mujeres embarazadas no por gracia divina, sino extraterrestre.

La maldad que oculta la pureza, perfectamente definida por la perturbadora presencia del líder del grupo, David Zellaby –un espléndido Martin Stephens, que un año después protagonizaría *Suspense* (*The Innocents*, 1961, Jack Clayton)–, queda rematada por su aspecto idénticamente angelical. Rilla se resistió hasta el final a utilizar el efecto iluminador de la mirada de los niños porque le parecía que subrayaba excesivamente su dimensión maléfica, pero lo cierto es que el resultado es escalofriante. Tanto como el final, que dejaba abiertas las puertas a una secuela. No por azar *Village of the Damned*, que recaudó 1,3 millones de dólares con un presupuesto de 300.000, desenmbocó en *Children of the Damned* (Anton M. Leader, 1963), y en un notable *remake*, *El pueblo de los malditos* (*Village of the Damned*, John Carpenter, 1995). ■

 **1962** La jetée
Chris Marker

La jetée. Francia. **Dir.:** Chris Marker. **Producción:** Argos Films. **Prod.:** Chris Marker. **Guión:** Chris Marker. **Fot.:** Jean Chiabaud (blanco y negro). **Mont.:** Jean Ravel. **Duración:** 28 minutos. **Int.:** Jean Négroni (narrador), Hélène Chatelain (la mujer), Davos Hanich (el hombre), Jacques Ledoux (el experimentador), Ligia Branice (mujer del futuro), William Klein (hombre del futuro).

> *La única obra de ficción de Chris Marker es una preciosa colección de fotos fijas iluminada por un solo parpadeo, una sofisticada reflexión sobre el tiempo y la memoria.*

Hechizado por una imagen de su niñez, la de una mujer en el aeropuerto de Orly antes de que estalle la Tercera Guerra Mundial, H. es capturado por la policía de los sueños, que vive en los subterráneos de un París desolado. Allí sirve como voluntario de un experimento de viaje en el tiempo, que le brinda la oportunidad de buscar y habitar esa imagen de su pasado, y así recuperar a esa desconocida mujer que le obsesiona.

Memorias del porvenir

Cuando alguien le pide una foto a Chris Marker, siempre envía la de su gato. Lo que puede parecer una broma es, en realidad, la declaración de intenciones de un genio mercurial que escapa a toda clasificación. Escritor y videoartista, fotógrafo y viajero, Chris Marker no es ni siquiera su nombre auténtico (en su carné de identidad le llaman Christian François Bouche-Villeneuve). Marker es, junto a Alain Resnais, el gran cineasta de la memoria, y *La jetée* es su única película de ficción, articulada alrededor de una concepción del tiempo en espiral. Marker retrata un futuro donde los hombres ya no pueden habitar el espacio. Confinados en los sótanos de un París en ruinas, el tiempo es la única dimensión en la que

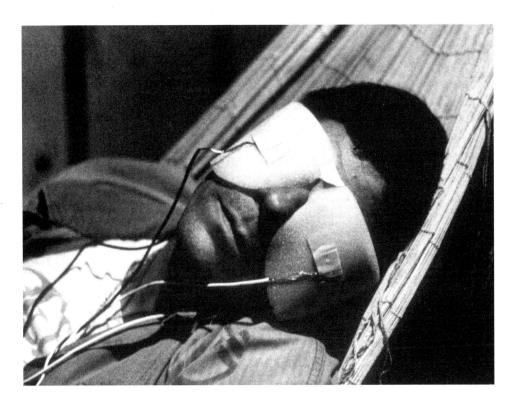

pueden sobrevivir. Cobaya viviente en manos de una horda de científicos, H. regresa a su pasado con el propósito de proyectar hacia el futuro una posibilidad de esperanza para la humanidad. Rebusca entre las imágenes de su memoria (una mañana apacible, una habitación verdadera) hasta encontrar a la mujer que marcó su infancia. En sucesivos viajes, reedita la belleza de su recuerdo, la corporeiza, puede pasear con ella, incluso visitar un museo de Historia Natural en uno de los momentos más hermosos de la película. Pero su misión ha terminado, ahora debe viajar hacia el futuro, convencer a sus nuevos habitantes de que a una humanidad que quiere reconstruirse no se le pueden denegar los medios para su supervivencia. De vuelta al presente con la fuente de energía necesaria para esa reconstrucción, la función de H. ya ha dejado de tener sentido. Lo que no sabe es que en esa imagen primigenia, fundacional, de su infancia, estaba integrada su propia muerte.

A excepción de un parpadeo de ojos, sublime homenaje a la emoción suscitada por la memoria, *La jetée* está contada en una sucesión de fotos fijas. Parece que Antoine Bonfanti, ingeniero de sonido de Marker en *Le joli mai* (1962), le prestó el primer modelo de cámara Pentax 24 x 36 y, cuatro meses después, el cineasta se la devolvió ya con *La jetée* bajo el brazo. Definida desde los créditos como "una fotonovela de Chris Marker", la película, que apenas llega a la media hora de duración, parece remitir al universo abstracto de *El año pasado en Marienbad* (*L'année dernière à Marienbad*, Alain Resnais, 1961) y, al mismo tiempo, revisitar el fetichismo necrófilo y ferozmente romántico de *De entre los muertos* (*Vertigo*, Alfred Hitchcock, 1958), que se convertirá en la génesis de *Sans soleil* (Chris Marker, 1982). El tiempo congelado, detenido, es el del instante que recordamos, la fotografía de nuestro pasado. Y la suma de esos instantes, un pasado posible, una película que, toda ella, se recuerda a sí misma siguiendo una estrategia narrativa que no hubiera disgustado al Jorge Luis Borges de *El libro de arena*. Única en su especie, *La jetée* fue objeto de un afortunado *remake*, *Doce Monos* (*Twelve Monkeys*, Terry Gilliam, 1995). Marker se limitó a cobrar los derechos, dinero que posiblemente le sirvió para realizar *Level Five* (1997), en la que quiso, según sus palabras, poner a prueba la interacción de las nuevas tecnologías con propósitos históricos o documentales. ■

El hombre con rayos X en los ojos
1963
Roger Corman

The Man With the X-Ray Eyes. USA. **Dir.:** Roger Corman. **Producción:** Alta Vista Productions, American International Pictures. **Prod.:** Roger Corman. **Guión:** Robert Dillon y Ray Russell, según un argumento de Ray Russell. **Fot.:** Floyd Crosby (Eastmancolor). **Mús.:** Les Baxter. **Mont.:** Anthony Carras. **Efectos especiales:** Butler-Grover Inc. **Dur.:** 79 minutos. **Int.:** Ray Milland (Dr. James Xavier), Diana Van der Vlis (Dra. Diane Fairfax),

Harold J. Stone (Dr. Sam Brant), John Hoyt (Dr. Willard Benson), Don Rickles (Crane), Morris Ankrum (Bowhead), John Dierkes (predicador).

> ## Roger Corman acompaña a su visionario personaje en esta joya de la serie B que confronta al ser humano con los peligros de lo invisible.

El doctor Xavier descubre una fórmula para aumentar la sensibilidad del ojo humano. Su objetivo es poder ver el interior de las personas para no equivocarse en los diagnósticos. Pero a pesar de los informes favorables del doctor Brant y la doctora Fairfax, esta última administradora de la fundación que subvenciona su programa de investigación, le retiran toda ayuda económica. Sin embargo, Xavier sigue administrándose la droga, que empieza a alterar su estado mental.

Delirios místicos

Realizada entre *The Haunted Palace* (1963) y *La máscara de la muerte roja* (*The Masque of the Red Death*, 1964), con un ajustado presupuesto de 200.000 dólares, *El hombre con rayos X en los ojos* supone un excéntrico paréntesis en la prolífica trayectoria de Roger Corman en el cine fantástico. Si en *El increíble hombre menguante* (*The Incredible Shrinking Man*, Jack Arnold, 1957), el protagonista descubría la existencia del alma enfrentado a un mundo cotidiano que resultaba tan ignoto como el propio cosmos, el doctor James Xavier, encarnado con convicción por Ray Milland, explora los misterios de la vida perforando la materia visible con su mirada. Acceder a lo invisible, a todo aquello que la realidad enmascara, sólo puede llevarnos a la locura. Corman muestra el amplio arco evolutivo de su personaje con la impaciencia que le caracteriza: el inicial altruismo del científico pronto se transforma en aparente frivolidad –la divertida escena de la fiesta, en la que ve a los invitados bailando desnudos– para dejar paso a una mezcla de egoísmo, amargura y demencia mística. Es en el último tercio de la película cuando compartimos las visiones cada vez más alucinógenas de Xavier, plasmadas en un sistema óptico llamado Spectorama, inventado por el espléndido director de fotografía Floyd Crosby, ganador de un Oscar por *Tabú* (*Tabu: A Story of the South Seas*, F. W. Murnau y Robert Flaherty, 1931) y asiduo colaborador de las producciones de Corman. Este método, que separa los componentes cromáticos de una imagen como lo hace un prisma, prefigura los efectos psicodélicos de futuros títulos de su filmografía como *The Trip* (1967), y prueba, al contrario que su ciclo sobre Poe, su voluntad de hacer cine acorde con la sociedad de su tiempo (los experimentos con LSD empezaban a ser de dominio público). Corman saca un insólito provecho de esas visiones y de los escenarios en que se desarrollan, especialmente de la inquietante feria donde Xavier ejerce como vidente bajo el nombre de Mentalo y, sobre todo, de la carpa del predicador, donde se sitúa el estremecedor clímax de la película. Es entonces cuando comprendemos la trascendencia de su mensaje: con su visión cósmica, Xavier ha desafiado a Dios

mirándole directamente a los ojos, y ha descubierto el horror. El predicador pregunta: "¿Eres un pecador? ¿Quieres salvarte?". Y Xavier responde: "¿Salvarme? ¡No! Tan sólo pretendo decir lo que veo... Una tiniebla fría... Más allá del mismo tiempo y más allá de los humanos... Una luz que alumbra y abrasa... Y en el centro del universo, el Ojo... que nos ve a todos". No es extraño que, como un Edipo moderno en el desierto de Nevada, el científico iluminado termine arrancándose los ojos. ▪

¿Teléfono rojo?
Volamos hacia Moscú
Stanley Kubrick

Dr. Strangelove, or How I Learned to Stop Worrying and Love the Bomb. Gran Bretaña. **Dir.:** Stanley Kubrick. **Producción:** Hawk Films. **Prod.:** Stanley Kubrick. **Guión:** Stanley Kubrick, Terry Southern y Peter George, según una novela de Peter George. **Fot.:** Gilbert

Taylor (blanco y negro). **Mús.:** Laurie Johnson, **Mont.:** Anthony Harvey. **Duración:** 96 minutos. **Int.:** Peter Sellers (Lionel Mandrake/presidente Muffley/Dr. Strangelove), George C. Scott (general *Buck* Turgidson), Sterling Hayden (general Jack D. Ripper), Keenan Wynn (coronel *Bat* Guano), Slim Pickens (comandante T. J. *King* Kong), Peter Bull (embajador De Sadesky), Tracy Reed (Sra. Scott).

> ***La triple interpretación de Peter Sellers monopoliza el tono paródico de esta cínica sátira sobre la incompetencia de las fuerzas vivas frente a una crisis nuclear.***

El general Jack D. Ripper odia a los comunistas. Convencido de que han fluorizado el agua, pone en marcha un ataque nuclear aéreo contra la Unión Soviética y hace oídos sordos a las órdenes de los altos cargos del Pentágono, que quieren que detenga la operación. Todos los bombarderos B-52 han sido interceptados por la flota rusa, excepto uno, que está dispuesto a cumplir su misión. El presidente de Estados Unidos reúne a un gabinete de crisis para resolver una situación que se anuncia peliaguda...

La guerra fría se calienta

El preestreno de *¿Teléfono rojo? Volamos hacia Moscú* data del 13 de diciembre de 1963. Pocos días después del asesinato de Kennedy, Kubrick se atrevía a cuestionar no sólo los sistemas de seguridad nuclear de la primera potencia económica del mundo, sino también a ridiculizar los mecanismos de un poder fácilmente sometido a los designios de la locura o el fascismo. En tiempos en que la guerra fría ocupaba un lugar preferente en la agenda del gobierno estadounidense, la mejor manera de llamar la atención era parodiar la severidad con que el cine y la literatura se estaban enfrentando al conflicto. No obstante, Kubrick tardó un poco en encontrar el tono adecuado. De hecho, el primer guión de la película, escrito al alimón con Peter George a partir de su novela *Two Hours to Doom*, no difería demasiado del rigor, petrificado y convencional, que exigía un tema tan serio. Sin embargo, las situaciones cómicas que se le ocurrían al pensar en una guerra nuclear iniciada por accidente, las posibilidades de esta mortal comedia de equívocos llevaron a Kubrick a contratar a Terry Southern, escritor satírico que supo sacar partido de una premisa argumental cuya excentricidad resultaba escalofriante. Mientras Peter George terminaba su relato con un tranquilizador acuerdo entre rusos y norteamericanos, Kubrick clausuraba su feroz burla antisistema con una apología de la destrucción, desatada por un militar-*cowboy* (Slim Pickens) cabalgando sobre la bomba atómica mientras en la banda sonora Vera Lynn canta *We'll Meet Again*.

Nadie se salva de la quema en *¿Teléfono rojo? Volamos hacia Moscú*. Los militares son unos psicópatas, los políticos unos ineptos, los científicos unos nazis. Tres profesionales en un solo actor, un esquizofrénico Peter Sellers poniéndose en la piel del capitán Lionel Mandrake, que intenta detener con poca fortuna al demente general Ripper; del presidente Merkin Muffley, incapaz de resolver la crisis desde el enorme santuario de la sala de mandos; y al doctor Strangelove, hilarante hombre-máquina que tiene un brazo que se le dispara involuntariamente en un saludo hitleriano. El sangrante escepticismo de Kubrick tira a matar: en el universo de esta corrosiva sátira la humanidad ha sido desterrada para siempre. Sólo sobrevivirán los locos y los burócratas, las ratas de la sociedad, las únicas capaces de empezar desde cero. ■

1965 El juego de la guerra
Peter Watkins

The War Game. Gran Bretaña. **Dir.:** Peter Watkins. **Producción:** BBC. **Prod.:** Peter Watkins. **Guión:** Peter Watkins. **Fot.:** Peter Barlett y Peter Suschitzky (blanco y negro). **Mont.:** Michael Bradsell. **Duración:** 48 minutos. **Narradores:** Michael Aspel y Dick Graham.

> *Ganador de un Oscar, este falso documental, descarnado retrato de las consecuencias de una guerra nuclear, fue prohibido por la BBC por poner en evidencia la hipocresía del gobierno británico.*

La película plantea la posibilidad de una Tercera Guerra Mundial entre la OTAN y la Unión Soviética y los efectos devastadores que tendría un ataque nuclear sobre un pueblo del condado de Kent, Inglaterra.

El día después

Parece mentira que una televisión pública como la BBC se atreviera a financiar una película como *El juego de la guerra* en tiempos en que el debate sobre una posible guerra nuclear y el papel del gobierno británico en la carrera armamentística estaba especialmente encendido. No es extraño, pues, que tras las presiones del Ministerio del Interior y los cambios en la jefatura del Departamento de Documentales, la cadena pública prohibiera la emisión del falso documental de Peter Watkins amparándose en su fracaso artístico. La BBC cedió a las peticiones de prensa y público organizando una serie de pases en el National Film Theatre en febrero de 1966, pero escogió selectivamente a los invitados para que, después de las sesiones, reafirmaran la decisión de enterrar para siempre la película. El canal no contaba, por supuesto, con que *El juego de la guerra* ganaría el Oscar al mejor documental en 1967. La BBC no la emitió hasta 1985.

Buena parte de la eficacia de *El juego de la guerra* proviene de la verosimilitud con que Watkins vehicula su nada imparcial discurso ideológico mediante el formato del noticiario cinematográfico. Entre noviembre de 1964 y febrero de 1965, Watkins entrevistó a expertos en temas de defensa, físicos, biólogos y radiólogos que le dieran información fidedigna sobre lo que podía ocurrir si se desataba un ataque nuclear, información que completó con los datos que logró del Instituto Americano de Estudios Estratégicos. Combinando entrevistas con las fuerzas vivas de los más representativos poderes fácticos, interpretados por actores que ponían voz a declaraciones auténticas en favor de la guerra nuclear, y brutales imágenes de caos y muerte, protagonizadas por actores no profesionales y filmadas con la urgencia de un reportaje televisivo, Watkins cuestionaba el concepto de verdad. "¿Dónde está la realidad", se preguntaba Watkins, "en la locura de las afirmaciones de esas figuras de la clase dirigente artificialmente iluminadas y que repetían la doctrina oficial del momento, o en la locura de las escenas de ficción elaboradas en un decorado (...) que presentaban las consecuencias de las declaraciones de esos personajes?".[7] La contundencia de esas escenas, inspiradas en testimonios de los bombardeos de Hiroshima, Nagasaki, Dresde y Hamburgo, no deja lugar a dudas de cuál es la opinión de Watkins al respecto. Los anillos de matrimonio sirven para contar a los muertos y la policía británica fusila a los desahuciados. La reputación de Watkins como agitador político no pararía de crecer hasta llegar a su cenit con

Punishment Park (1970), agresiva alegoría contra la intervención de Estados Unidos en Vietnam que anticipaba la existencia de un lugar tan temible como la prisión de Guantánamo. ▄█

1965 Lemmy contra Alphaville
Jean-Luc Godard

Alphaville, une étrange aventure de Lemmy Caution. Francia-Italia, 1965. **Dir:** Jean-Luc Godard. **Producción:** Athos Films, Chaumiane y Filmstudio. **Prod.:** André Michelin. **Guión:** Jean-Luc Godard. **Fot.:** Raoul Coutard (blanco y negro). **Mús.:** Paul Misraki. **Mont.:** Agnès Guillemot. **Duración:** 99 minutos. **Int.:** Eddie Constantine (Lemmy Caution), Anna Karina (Natacha von Braun), Akim Tamiroff (Henri Dickson), Jean Louis-Comolli (profesor Jeckell), Michel Delahaye (ayudante de Von Braun), Jean-André Fieschi (profesor Heckell), Howard Vernon (Dr. Von Braun/profesor Leonard Nosferatu).

> *Mezclando cine negro, cine de espías y cine de ciencia-ficción, Jean-Luc Godard consiguió realizar una memorable fábula futurista con vocación realista, una de las cumbres europeas del género.*

El detective intergaláctico Lemmy Caution llega a Alphaville para localizar al doctor Von Braun, creador del Alpha 60, ordenador central que gobierna la ciudad y que sólo puede entender hechos, no emociones. Natacha, la hija de Von Braun, es designada como guía oficial de Caution. Después de ser testigo de la muerte de su contacto y predecesor, Henry Dickson, el detective sólo tiene un propósito: neutralizar el Alpha 60.

El lenguaje y sus fronteras

Jean Luc-Godard nunca fue totalmente ajeno a la ciencia-ficción. En el corto *El nuevo mundo* (*Le nouveau monde*), incluido en *Rogopag* (*Id.*, 1962), y más tarde en *Anticipación* (*Anticipation*), su episodio de *El oficio más viejo del mundo* (*Le plus vieux métier du monde*, 1967), ensayó lo que Susan Sontag denominaba "la esquizofrenia de la carne y alma" como "amenaza que inspira su preocupación (de Godard) por el lenguaje".[8] No por casualidad, el cineasta francés pensó en contratar al semiólogo Roland Barthes para que interpretara al profesor Von Braun de *Lemmy contra Alphaville*, personaje inspirado en la figura de Werner Von Braun, físico estadounidense de origen alemán que acabó diseñando algunas de las armas secretas de Hitler. El tema de la película, cuyo primer título era el iró-

nico *Tarzán contra la IBM*, es, en cierto modo, el lenguaje y sus limitaciones. El primer aforismo del film ("La realidad es demasiado compleja para la comunicación oral") nos sitúa en una sociedad totalitaria en la que no existen palabras para hablar de las emociones. En este contexto, Lemmy Caution es un hombre doblemente desubicado: por una parte, se define como ser libre en un entorno opresivo, y por otra, el arquetipo al que encarna, escapado de una serie de películas policíacas francesas de serie B, lucha por hacerse un hueco en la gramática anarquista e imprevisible de una película de la *nouvelle vague*. La estupenda y autoparódica interpretación de Eddie Constantine se adapta como un guante de seda al propósito de Godard, que no es otro que convertir *Lemmy contra Alphaville* en un cóctel de citas que buscan un nuevo significado. Las referencias explícitas a *La capital del dolor* de Paul Éluard y las implícitas a *Un mundo feliz* de Aldous Huxley y *1984* de George Orwell se alían con los neones de la fórmula de la teoría de la relatividad, el idioma seco y cortante de la literatura de Dashiell Hammett o Jim Thompson, las alusiones a la estética del cine de espías de bajo presupuesto y las digresiones semióticas de Barthes para acabar identificando, en una conmovedora declaración final, libertad con amor. No es de extrañar, pues, que *Lemmy contra Alphaville*, una de las cumbres del cine de su autor –rodada el mismo año que *Pierrot el loco* (*Pierrot le fou*, 1965), ganó el Oso de Oro en el Festival de Berlín)–, anticipe al Godard más reivindicativo: la decisión de rodar una película de cien-

Godard o Truffaut no fueron los únicos en darse cuenta de las posibilidades alegóricas de la ciencia-ficción. El género encontró un cierto eco en los autores de nuevo cuño de los años sesenta. Producida por la Hammer, Joseph Losey dirigió *Estos son los condenados* (*The Damned*, 1961), en la que un siniestro proyecto científico, protagonizado por unos niños que viven aislados a la espera de un hipotético desastre nuclear, alimenta el tono apocalíptico de una fábula más abstracta que amenazante. Elio Petri realizó *La víctima nº 10* (*La decima vittima*, 1965), en la que Marcello Mastroianni y Ursula Andress se paseaban por la distópica Roma del siglo XXI, mientras Pasolini y De Sica, en sus respectivos episodios de *Las brujas* (*Le streghe*, 1967), pellizcaban al género sin excesiva vitalidad. En España, si exceptuamos la críptica *Fata Morgana* (1967), de Vicente Aranda, el único que pareció prestarle atención a la ciencia-ficción fue Jesús Franco, con sus ya clásicos *Gritos en la noche* (1961) y *Miss Muerte* (1965).

cia-ficción respetando los escenarios parisinos de la época es casi un gesto político, que enlaza con su intención de retratar, desde una vocación realista, una Europa aún sometida a las tensiones ideológicas de la posguerra. Una secuencia como la de las ejecuciones de ciudadanos sospechosos en la piscina podría pertenecer perfectamente a *Week-end* (1967) o *La chinoise* (1967). ■

1965 Terror en el espacio
Mario Bava

Terrore nello spazio. España-Italia. **Dir.:** Mario Bava. **Producción:** Italian International Film, Castilla Cinematografica. **Prod.:** Fulvio Lucisano. **Guión:** Mario Bava, Callisto Cosulich, Antonio Román, Alberto Bevilacqua y Rafael J. Salvia, según un relato de Renato Pestriniero. **Fot.:** Antonio Rinaldi y Antonio Pérez Olea (Technicolor). **Mús.:** Gino Marinuzzi, jr. **Mont.:** Romana Fortini y Antonio Gimeno. **Duración:** 86 minutos. **Int.:** Barry Sullivan (capitán Mark Markary), Norma Bengell (Sanya), Ángel Aranda (Wess), Evi Marandi (Tiona), Stelio Candelli (Brad/Mud), Franco Andrei (Bert/Garr), Fernando Villena (Dr. Karan).

> *Catorce años antes de 'Alien', Mario Bava consiguió fusionar terror y ciencia-ficción en una película de bajo presupuesto pero de magnética y extravagante atmósfera visual.*

Los tripulantes de la nave *Argos* tienen una misión: averiguar qué ha ocurrido con la nave hermana *Galeón*. Acaban atrapados por la fuerza gravitatoria del planeta Aura. Parte de la tripulación empieza a comportarse de manera violenta. Ya pisando terreno áurico, descubren que los astronautas de la nave *Galeón* están muertos. El planeta está habitado por presencias incorpóreas que quieren poseer los cadáveres para escapar y conquistar nuevos mundos. Quizá la Tierra...

Vampiros siderales

El oportuno reestreno español de *Terror en el espacio* a principios de los ochenta no perdió la ocasión de transparentar los parecidos razonables de su argumento con el de *Alien, el octavo pasajero* (*Alien*, Ridley Scott, 1979). Pero ¿era posible que una superproducción de tal calibre hubiera tenido en cuenta una película que reivindicaba el espíritu de la literatura *pulp* en su más esencial e ingenua manifestación? Salvando las distancias presupuestarias, las coincidencias entre ambos films hablan por sí solas: el aterrizaje de la nave *Argos* atrapado por la fuerza gravitatoria de un planeta siniestro y el descubrimiento por parte de sus tripulantes de un gigantesco esqueleto evocan las imágenes iniciales de la obra maestra de Ridley Scott. Sin embargo, la película de Mario Bava, basada en el cuento de Renato Pestriniero

Una notte di 21 hore, tiene suficiente entidad visual para defenderse de odiosas comparaciones. Por una parte, el decorado lisérgico del planeta Aura, que el cineasta italiano admitía haber concebido a partir de un par de rocas de plástico que le habían sobrado a Cinecittà del rodaje de una película mitológica, demuestra la maestría de Bava como creador de atmósferas. Por otra, su fructífera trayectoria como director de fotografía se nota en el creativo tratamiento del color de una película que saca provecho de evidentes limitaciones de producción. Bava no hizo otra cosa que contar una historia de vampiros enmarcada en un género en las antípodas del relato gótico. Y, a pesar de las deficiencias en el guión y la dirección de actores, logró imágenes de intensa formulación poética, como la de resurrección de los cuerpos, envueltos en bolsas de plástico, de los tripulantes de la nave *Galeón*. ■

1966 Fahrenheit 451
François Truffaut

Fahrenheit 451. Gran Bretaña. **Dir.:** François Truffaut. **Producción:** Anglo Enterprises, Rank, Vineyard Film Ltd. **Prod.:** Lewis M. Allen. **Guión:** Jean-Louis Richard y François Truffaut, según la novela de Ray Bradbury. **Fot.:** Nicolas Roeg (Technicolor). **Mús.:** Bernard Herrmann. **Mont.:** Thom Noble. **Duración:** 112 minutos. **Int.:** Oskar Werner (Guy Montag), Julie Christie (Clarisse/Linda Montag), Cyril Cusack (el capitán), Anton Diffring (Fabian), Jeremy Spenser (hombre con la manzana), Bee Duffell (la mujer del libro).

> *Truffaut se estrenaba en el cine en color y hablado en inglés con esta adaptación de la novela de Ray Bradbury que es, sobre todo, un hermoso tributo a la literatura.*

Fahrenheit 451 es la temperatura a la que arde el papel. Bien lo sabe Guy Montag, uno de los miembros del cuerpo de bomberos que se dedica a la quema de libros en una sociedad que no tolera la literatura por considerarla vehículo de ideas subversivas. Una tarde conoce a Clarisse, que empieza a hacerle preguntas sobre su trabajo. La voluntad de Montag no tarda en resquebrajarse: pronto pasará de ser perseguidor a perseguido.

La Inquisición literaria

El primer libro que lee Guy Montag es *David Copperfield*, de Charles Dickens, la historia de un hombre que quiere ser el héroe de su propia vida. Precisamente eso es lo que quiere ser Montag, bombero-censor cuya existencia emocional e intelectual ha sido condenada a la anestesia por una sociedad que busca la igualdad a través de la ignorancia. Truffaut veía al protagonista de la primera novela de Ray Bradbury como un ser vulnerable, al contrario de

cómo lo veía Werner, que deseaba potenciar el lado fascista y violento del personaje. Las tensiones entre el actor de *Jules y Jim* (*Jules et Jim*, François Truffaut, 1962) y el cineasta francés no fueron el único problema surgido en el rodaje de *Fahrenheit 451*. Truffaut, que había comprado los derechos del libro por 25.000 dólares y los había revendido al productor neoyorquino Lewis W. Allen, se enfrentaba a su primera película hablada en inglés (sin hablar el idioma) y rodada en color. Truffaut, que había considerado a Charles Aznavour y a Terence Stamp para el papel protagonista, se encontró con un actor que llegó a negarse a interpretar algunas de sus secuencias, tuvo que ser sustituido por un doble de luces. Los retrasos se acumulaban, los problemas de comunicación se agravaban. En cierto modo, Truffaut se había convertido en Montag, un extranjero en su propio entorno.

En *Fahrenheit 451*, la intención de Truffaut era filmar lo fantástico como lo ordinario y lo ordinario como lo fantástico. De ahí que la película combine con acierto un monorraíl futurista con los anacrónicos trajes de los bomberos, una pantalla de plasma con un buzón de correos londinense. El tiempo es único y continuo, un presente conjugado a la vez en pasado y futuro. La excelente fotografía de Nicolas Roeg, operador de Corman en *La máscara de la muerte roja* (*Masque of the Red Death*, 1964) y futuro director de cine, potencia los contrastes cromáticos para definir aquello que pertenece al universo deshumanizado de la casa de Montag y aquello que pertenece a la cálida dimensión de los lectores. Aunque es una idea que Truffaut atribuía al productor, la duplicación de Julie Christie interpretando a Linda, la esposa de Montag, y a Clarisse, la rebelde, parece un homenaje a la presencia especular de Kim Novak en *De entre los muertos* (*Vertigo*, Alfred Hitchcock, 1958). No es el único homenaje en una película que es, por entero, un poema de amor dedicado a la literatura, una de las grandes pasiones de Truffaut. Así lo atestiguan dos hermosas secuencias: la quema de libros en casa de la anciana, que termina con su voluntaria inmolación, y el final, con los Hombres-Libro recitando entre los árboles pasajes de las novelas que han memorizado. ■

1966 Plan diabólico
John Frankenheimer

Seconds. USA. **Dir.:** John Frankenheimer. **Producción:** Gibraltar Productions, Joel Productions, John Frankenheimer Productions, Paramount Pictures. **Prod.:** Edward Lewis. **Guión:** Lewis John Carlino, según la novela de David Ely. **Fot.:** James Wong Howe (blanco y negro). **Mús.:** Jerry Goldsmith. **Mont.:** David Newhouse y Ferris Webster. **Duración:** 106 minutos. **Int.:** Rock Hudson (Antiochus *Tony* Wilson), Salome Jens (Nora Marcus), John Randolph (Arthur Hamilton), Will Geer (Viejo), Jeff Corey (Mr. Ruby), Richard Anderson (Dr. Innes), Murray Hamilton (Charlie Evans).

> *Paranoia y crisis de identidad en una de las más opresivas y fatalistas películas de ciencia-ficción de los sesenta, feroz denuncia de la indefensión del individuo ante el sistema.*

Arthur Hamilton, banquero en crisis, es captado por una siniestra corporación que le devuelve su juventud falseando su muerte y proporcionándole una nueva identidad después de una compleja operación de cirugía estética. Transformado en un artista bohemio, pronto se arrepentirá de su metamorfosis, pero será tarde para volver atrás.

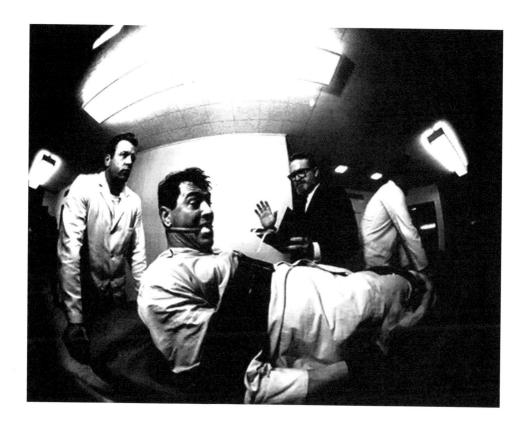

Abajo las máscaras

John Frankenheimer fue un especialista en desenmascarar los mecanismos conspirativos de la sociedad de su época. En películas como *El mensajero del miedo* (*The Manchurian Candidate*, 1962) o *Siete días de mayo* (*Seven Days in May*, 1964) denunció la pérdida de identidad del individuo enfrentado a un sistema que sólo quiere manipularlo a su antojo, anulando su voluntad. *Plan diabólico* lleva aún más lejos la investigación de esa línea dramática al instalarnos, desde una propuesta estética definitivamente adelantada a su tiempo, en la mente de un ser humano que ha perdido todos los referentes de la realidad. De ahí que la excelente fotografía de James Wong Howe, nominada al Oscar, abuse del gran angular y las lentes distorsionadas. Según Frankenheimer, ésa es la visión del mundo del norteamericano medio, primero aplastado por el tedio de la sociedad del bienestar y luego por una abstracta corporación que le empuja a firmar un contrato fáustico, un billete de ida hacia la locura. Quizá algo ingenua en su retrato de la vida bohemia de un pintor en la Norteamérica pre-contracultural, la película fracasó en taquilla por su tono pesimista y claustrofóbico, que, camuflado tras los ropajes de la ciencia-ficción realista, se avanzaba unos años al sentimiento de paranoia que invadiría el cine americano de la siguiente década en títulos tan emblemáticos como *El último testigo* (*The Parallax View*, Alan J. Pakula, 1974). ■

1966 Viaje alucinante
Richard Fleischer

Fantastic Voyage. USA. **Dir.:** Richard Fleischer. **Producción:** 20th Century Fox. **Prod.:** Saul David. **Guión:** Harry Kleiner, según la adaptación de David Duncan del relato de Jerome Bixby y Otto Klement. **Fot.:** Ernest Laszlo (Color DeLuxe). **Mús.:** Leonard Rosenman. **Mont.:** William B. Murphy. **Efectos especiales:** Art Cruickshank. **Dur.:** 100 minutos. **Int.:** Stephen Boyd (Grant), Raquel Welch (Cora), Edmond O'Brien (general Carter), Donald Pleasence (Dr. Michaels), Arthur O'Connell (coronel Donald Reid), Arthur Kennedy (Dr. Duval), William Redfield (capitán Bill Owens).

> *Oscar a los mejores efectos especiales y a la mejor dirección artística para una visita guiada por el cuerpo humano tan ingenua como creativa.*

El submarino *Proteus*, con su tripulación de médicos y científicos, es miniaturizado para introducirse en el cuerpo del doctor Bennett, llegar hasta su cerebro y operar un hematoma que, de otro modo, sería incurable. El equipo deberá enfrentarse a todo tipo de peligros, y además descubrir a un saboteador que intenta abortar la misión..

Érase una vez el cuerpo humano

Acostumbrado a trabajar a un ritmo frenético, Richard Fleischer tuvo que ralentizar su impaciencia para rodar esta irresistible película didáctica, realizada, según él, con el fin de que el público joven tomara conciencia de la complejidad de la máquina del cuerpo humano. Fleischer llamó a dos de sus colaboradores en *20.000 leguas de viaje submarino* (*20.000 Leagues Under the Sea*, 1954), Harper Goff y Fred Zenbar, para que se ocuparan respectivamente de la concepción del submarino *Proteus* y de la asesoría técnica de la película. Los actores tenían que interpretar sus escenas submarinas sin agua, colgados de unos hilos muy frágiles y a menudo frente a un fondo azul; los decorados eran copias gigantescas del corazón, los pulmones y el cerebro, iluminados ingeniosamente por una luz intermitente por el director de fotografía, Ernest Laszlo; y un equipo de médicos se dedicó a supervisar la verosimilitud de todas las reproducciones de los órganos. No fue un rodaje fácil, pero seis millones de dólares y un año de filmación fueron suficientes para convertir a *Viaje alucinante* en un éxito arrollador, aunque Fleischer sólo quedó satisfecho de su resultado visual. Algunos de los momentos de esta odisea del espacio interior –en especial, el ataque de los anticuerpos– es cine de aventuras electrizante, y compensa la banalidad con que están caracterizados sus personajes. Isaac Asimov escribió una novelización de la película que salió publicada antes de su estreno y Joe Dante retomó su idea central en *El chip prodigioso* (*Innerspace*, 1987). ■

1967 Barbarella
Roger Vadim

Barbarella. Francia-Italia. **Dir.:** Roger Vadim. **Producción:** Dino de Laurentiis Cinematografica, Marianne Productions. **Prod.:** Dino de Laurentiis. **Guión:** Terry Southern, Roger Vadim, Vittorio Bonicelli, Clement Biddle Wood, Brian Degas, Tudor Gates y Jean-Claude Forest, según el cómic de Forest. **Fot.:** Claude Renoir (Technicolor). **Mús.:** Michel Magne. **Mont.:** Victoria Mercanton. **Efectos especiales:** August Lohman. **Duración:** 98 minutos. **Int.:** Jane Fonda (Barbarella), John Phillip Law (Pygar), Anita Pallenberg (La Gran Tirana), Milo O'Shea (conserje/Duran), Marcel Marceau (profesor Ping), David Hemmings (Dildano), Claude Dauphin (presidente de la Tierra).

> *Jane Fonda se convierte en 'sex-symbol' de la mano de su marido en este cómic de estética pop con momentos de gran ingenuidad surrealista.*

Siglo XLI. Barbarella tiene que cumplir una importante misión: encontrar a Duran Duran, un malvado científico que desapareció hace años con el secreto del arma definitiva que destruirá el mundo, el rayo positrónico. Las aventuras que correrá durante su viaje interestelar la convertirán en una diosa del sexo.

Y Vadim creó a Jane Fonda

Vestida de un metálico Paco Rabanne, Jane Fonda es la Brigitte Bardot del futuro. En cierto modo, *Barbarella*, inspirada en un cómic de Jean-Claude Forest, es el acto de amor de un Pigmalión del sexo que quiere compartir a su objeto de deseo con el público. Pocos años antes de convertirse en el paradigma de la estrella comprometida con causas políticas de izquierda, Fonda se comportaba como un *sex-symbol* que hace el amor y no la guerra contradiciendo las teorías feministas que defendería en su etapa más reivindicativa. El *striptease* flotante que se marca durante los títulos de crédito, desprendiéndose inocentemente de su traje de astronauta, es el preludio de un viaje iniciático a lo *Cándido* de Voltaire durante el que descubre los placeres del sexo. Vadim juega a mostrar y no mostrar el cuerpo de su querida esposa, moviéndose entre el pudor celoso y el orgullo masculino. Ya sea en manos de un viril Ugo Tognazzi, que la aparta de sus coitos virtuales para desvirgarla, o en brazos de un asexuado ángel ciego, interpretado por un andrógino John Phillip Law, Jane Fonda aprende a gozar. Su periplo está preñado de imágenes inquietantes (el ataque de las muñecas vampiras) y delirantes (¡esa máquina del orgasmo!), aunque la película nunca consigue superar su condición de vehículo para lucimiento de Jane Fonda. Su entrañable encanto *camp* la emparenta con *Modesty Blaise* (Joseph Losey, 1966), adaptación de la tira cómica de Jim Holdaway protagonizada por una irresistible Monica Vitti. ■

1968 2001: Una odisea del espacio
Stanley Kubrick

2001: A Space Odyssey. USA. **Dir.:** Stanley Kubrick. **Producción:** Metro Goldwyn Mayer. **Prod.:** Stanley Kubrick. **Guión:** Stanley Kubrick y Arthur C. Clarke. **Fot.:** Geoffrey Unsworth y John Alcott (Metrocolor). **Música:** Temas de Gyorgy Ligeti, Johann Strauss, Richard Strauss y Aram Katchaturian. **Mont.:** Ray Lovejoy. **Efectos especiales:** Douglas Trumbull, Wally Weevers, Con Peterson, Tom Howard, Colin J. Cantwell, Bryan Loftus, Frederick Martin, Bruce Logan, John Jack Malin y John Osborne. **Duración:** 141 minutos. **Int.:** Keir Dullea (David Bowman), Gary Lockwood (Frank Poole), William Sylvester (Heywood Floyd), Daniel Richter (el simio *Moonwatcher*), Douglas Rain (la voz de HAL 9000), Leonard Rossiter (Smyslov), Margaret Tyzak (Elena).

> *En esta obra capital del género, Stanley Kubrick reflexiona sobre las relaciones entre hombre y tecnología en un futuro cósmico, aún preocupado por una pregunta que sigue moviendo al mundo: ¿Dios existe?*

Allá en la prehistoria, un extraño monolito aparece en medio del desierto. Adorado por una tribu de hombres primitivos, despierta la agresividad de uno de ellos, que empieza a golpear violentamente el esqueleto de un tapir. Cuatro millones de años más tarde, el doctor Heywood Floyd se dirige a la estación lunar Clavius para examinar el descubrimiento de un monolito similar en uno de los cráteres del satélite. El monolito envía una señal a otro monolito en la órbita de Júpiter. Dieciocho meses después, la nave *Discovery* se dirige hacia Júpiter para investigarlo, pero HAL 9000, la computadora que controla la expedición, la sabotea. Uno de los astronautas, Bowman, sobrevive para contactar con el monolito y atravesar la puerta estelar que le conduce al último estadio de la evolución humana.

Más allá de Dios

¿Qué ocurre cuando un hueso lanzado al cielo por un enfurecido homínido se convierte en una nave espacial? ¿Qué significa la elipsis más devastadora de la historia del cine? ¿Qué implica que un cineasta devore en un cambio de plano la evolución de nuestra especie? Un año antes de que el hombre llegara a la Luna, Stanley Kubrick parecía decirnos que la carrera espacial es la lógica consecuencia de la capacidad de destrucción del ser humano. Esa elipsis encierra todas las contradicciones de una película que, en definitiva, cambió el curso de la ciencia-ficción cinematográfica. Ahí está la fascinación por la belleza de la tecnología pero también los peligros que conlleva confiar ciegamente en ella. Ahí está la fragilidad del hombre frente a la inmensidad del cosmos pero también su capacidad para trascender los límites de su finitud. Ahí está el imponente monolito, enigma geométrico que sobrevive a todo intento de interpretación, imagen de Dios que escapa a nuestro entendimiento.

2001: Una odisea del espacio nació como un "documental mitológico" sobre la vida extraterrestre y los viajes intergalácticos. El éxito de *La conquista del Oeste* (*How the West Was Won*, Hathaway, Ford y Marshall, 1962), *macrowestern* de cinco episodios rodado en formato Cinerama, había despertado el interés de la Metro Goldwyn Mayer por explotar el invento. No es casual, pues, que el primer título de *2001* fuera *Cómo se conquistó el sistema solar*. Kubrick contrató al escritor Arthur C. Clarke para escribir, a la vez y al alimón, el guión y la novelización de la película. Kubrick se había mostrado interesado en hacer una libre adaptación de *El centinela*, relato de Clarke publicado en 1958, matizándola con influencias de una novela del escritor británico que admiraba especialmente, *El fin de la infancia*. En líneas

generales, *2001*, que por aquel entonces ya se titulaba *Viaje más allá de las estrellas*, iba a responder a esas intenciones. Kubrick se había propuesto reinventar el género de la ciencia-ficción alejándose de los parámetros paranoicos o ingenuos que la habían caracterizado en la década de los cincuenta. Como él mismo admitió con ironía, había convencido a la Metro Goldwyn Mayer para que invirtiera seis millones de dólares (luego ampliados a 11) en una película religiosa cuyo proceso de producción duraría cuatro años.

La acostumbrada minuciosidad de Kubrick alcanzó cotas neuróticas en su obsesión por recrear una vida en el cosmos que resultara plausible. En este sentido, compañías como Whirlpool, la NASA, IBM y Pan Am colaboraron en la confección de un siglo XXI más verosímil al revelar algunos de sus futuros productos, logrando a cambio publicidad gratis para sus marcas. Los efectos especiales, que incluían decorados rotatorios para simular la falta de gravedad en el espacio, estrellas pintadas mediante cepillos de dientes cargados de pigmento blanco y maquetas de las naves de 2,70 metros de ancho, eran absolutamente artesanales: de hecho, Kubrick prefirió trabajar según técnicas del cine mudo, aplicadas generalmente a películas de animación. El resultado fue poco menos que espectacular: nadie hasta *2001* había conseguido tal sensación de realidad al retratar la inmensidad de la galaxia.

Dividida en cuatro capítulos, titulados *El amanecer del hombre*, *Misión Júpiter*, *Júpiter 18 meses después* y *Júpiter, más allá del infinito*, *2001* no puede evitar quedarse absorta en su flotante belleza. Muchos de sus detractores han criticado su perfecta frialdad y su desprecio por los personajes de carne y hueso, olvidando tal vez que Kubrick quiere explicar la Historia del Hombre con mayúsculas, entendiendo a éste como un concepto abstracto más que como un cuerpo con nombre y apellidos. Kubrick, que insistía en considerar a la película como una experiencia subjetiva, que tenía que desplegarse ante el espectador con la fluidez de una pieza musical, hizo que las naves bailaran con los planetas al son de *El Danubio azul* de Strauss y el sol saliera empujado por *Así habló Zaratustra*, después de eliminar la banda sonora de Alex North sin avisarle de que había trabajado para nada. La cadencia ingrávida de la película potencia su dimensión metafísica, que va tomando fuerza a medida que avanza el metraje, como si toda ella girara alrededor de la energía que emana el monolito. En ese sentido, Bowman y Poole, los astronautas en misión a Júpiter –misión que será retomada en la secuela *2010: Odisea dos* (*2010*, Peter Hyams, 1984)–, tienen la misma entidad dramática que HAL 9000, ordenador en busca de sus propias emociones que prefiere matar a aquellos que lo controlan antes que reconocer que ha mentido para esconder sus errores. A pesar de que el conflicto entre Bowman y HAL 9000 es electrizante, Kubrick no está interesado en la noción de suspense: lo que quiere mostrarnos es la soledad de ambos frente a la muerte. El hipnótico viaje astral de Bowman, diseñado por Douglas Trumbull a partir de la lisérgica obra de varios autores de cine experimental, le conduce a las puertas de la transmigración. En cierto modo, el monolito, que podemos identificar con Dios o con una cierta idea de Absoluto, provoca la conversión de Bowman, o el Hombre, en un Niño Estrella, una nueva forma de humanidad que expande las fronteras de lo físico más allá de lo infinito, más allá de lo que nuestro conocimiento puede aprehender. Kubrick, el director más cerebral de la historia del cine, quiso probar, como Carl Theodor Dreyer en *La palabra* (*Ordet*, 1955), la existencia de Dios. Y lo consiguió. ▆

1968 El planeta de los simios
Franklin J. Schaffner

Planet of the Apes. USA. **Dir.:** Franklin J. Schaffner. **Producción:** 20th Century Fox, APJAC Productions. **Prod.:** Arthur P. Jacobs. **Guión:** Michael Wilson y Rod Serling, según la novela de Pierre Boulle. **Fot.:** Leon Shamroy (Color DeLuxe). **Mús.:** Jerry Goldsmith. **Mont.:** Hugh S. Fowler. **Duración:** 102 minutos. **Int.:** Charlton Heston (George Taylor), Roddy McDowall (Cornelius), Kin Hunter (Zira), Maurice Evans (Dr. Zaius), James Whitmore (presidente de la asamblea), James Daly (Dr. Honorious), Linda Harrison (Nova).

> *Sobre todo no se pierdan el final de esta espléndida fábula sobre la decadencia de la civilización. Incluye un excepcional trabajo de maquillaje.*

Una nave espacial que salió de la Tierra en 1972 choca contra un planeta extraño en el año 3978. Los tres supervivientes de la expedición, liderados por el capitán Taylor, cruzan un inhóspito desierto hasta encontrarse con una civilización compuesta por simios que tratan a los humanos como esclavos. Taylor se convertirá en un ejemplar en cautiverio, una cobaya para dos científicos de la comunidad y una amenaza para los cimientos morales de la sociedad simiesca.

Darwin tenía razón
El 25 de marzo de 1960 Rod Serling estrenaba en la CBS *People Are Alike All Over*, memorable episodio de la serie televisiva *The Twilight Zone* en el que un astronauta (Roddy McDowall) llegaba a un planeta habitado por alienígenas con aspecto humano que lo encerraban en una casa-jaula, condenándolo de por vida a ser mono de feria a la vez que espectáculo de masas. No es difícil ver en esa invertida imagen especular, que nos devuelve el reflejo de una civilización avanzada que trata a las razas inferiores como animales salvajes, el germen de *El planeta de los simios*, adaptación de la novela de Pierre Boulle que Serling, guionista junto a Michael Wilson, llevó a su terreno rematándola con el más sorprendente final de la historia del cine de ciencia-ficción. Además de su enorme poder conceptual, el plano de la estatua de la Libertad enterrada en la playa, que demuestra que Taylor no se ha movido de la Tierra, no sólo abofetea la conciencia del espectador, sino que multiplica la

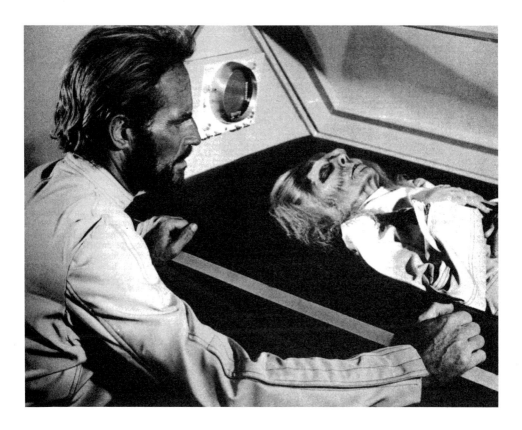

dimensión de parábola sociopolítica de una fábula que pretende enfrentar al hombre moderno con su lado más violento y primitivo. De este modo, la secuencia en que los simios cazan a los humanos y muestran orgullosos sus trofeos ensangrentados adquiere un sentido revelador comparándola con las imágenes de las atrocidades cometidas por los norteamericanos durante la guerra del Vietnam.

El planeta de los simios no existiría sin Charlton Heston. Gracias a que el Judah de *Ben-Hur* (*Id.*, William Wyler, 1959) apoyó el proyecto, que iba dando tumbos de estudio en estudio desde que Arthur P. Jacobs comprara los derechos de la novela en 1963, el presidente de la Fox, Richard Zanuck, accedió a invertir 50.000 dólares en una prueba de maquillaje, talón de Aquiles de una producción que no se adivinaba fácil. Las máscaras de los primates, concebidas por John Chambers (ganador de una mención especial de los Oscar antes de que existiera un premio específico para la categoría de maquillaje) estaban compuestas por dos piezas de látex, material por aquel entonces innovador que se adaptaba a los gestos y expresiones de los actores. Punto clave de una película cuyo principal atractivo está en la credibilidad de unos personajes que, al principio, nos producen tanto rechazo como al propio Taylor, acusado de herejía por una sociedad de castas que invierte los valores de la nuestra. Lo humano es lo monstruoso, lo punible, lo aniquilable: ahí radica la fuerza de la premisa de *El planeta de los simios*.

Gracias a la excelente fotografía de Leon Shamroy y a su majestuoso aprovechamiento del desértico paisaje de Arizona y Utah, la salida de los astronautas a un planeta desolado y su largo y silencioso paseo en busca de vida inteligente son lo mejor de la película, cuyo éxito desembocó en cuatro secuelas, con Heston repitiendo sólo en la primera: *Regreso al planeta de los simios* (*Beneath the Planet of the Apes*, Ted Post, 1969), *Huida del planeta de los simios* (*Escape from the Planet of the Apes*, Don Taylor, 1971), *La rebelión de los simios* (*Conquest of the Planet of the Apes*, J. Lee Thompson, 1972) y *Battle for the Planet of the Apes* (J. Lee Thompson, 1973). Tim Burton dirigió un desafortunado *remake* en 2001, protagonizado por Mark Wahlberg, Tim Roth y Helena Bonham-Carter. ■

1968 Te amo, te amo
Alain Resnais

Je t'aime, je t'aime. Francia. **Dir.:** Alain Resnais. **Producción:** Parc Film/Fox Europa. **Prod.:** Mag Bodard. **Guión:** Alain Resnais y Jacques Sternberg. **Fot.:** Jean Boffety (Eastmancolor). **Mús.:** Jean Dandeny y Jean-Claude Pelletier. **Mont.:** Albert Jurgenson y Colette Leloup. **Duración:** 91 minutos. **Int.:** Claude Rich (Claude Ridder), Olga Georges-Picot (Catrine), Anouk Ferjac (Wiana Lust), Bernard Fresson (Bernard Hannecart), Claire Duhamel (Jane Swolfs), Irène Tunc (Marcelle Hannecart), Gérard Lorin (el dentista).

Alain Resnais investiga la naturaleza del amor y la memoria en un atrevido y deslumbrante juego narrativo que fue subestimado en su época.

Aún convaleciente de su intento de suicidio, Claude Ridder se convierte en cobaya humano de un experimento que le hará regresar a un momento concreto de su pasado. Cuando la máquina del tiempo en la que viaja empieza a funcionar mal, se verá atrapado en un bucle de recuerdos del que no puede escapar.

El amor congelado
Aunque no fue la primera vez que Alain Resnais profundizó en los mecanismos del amor, el tiempo y la memoria, sí es la única que lo hizo en el contexto del género de ciencia-ficción. Sin embargo, el resultado no está tan lejos de la narrativa evocadora de *Hiroshima mon amour* (1959), fragmentada de *Muriel* (*Muriel ou le temps d'un retour*, 1963) o críptica de *El año pasado en Marienbad* (*L'année dernière à Marienbad*, 1961). Todos los personajes de la primera etapa del cine de Resnais son supervivientes de la historia, y se niegan a vivirla en un tiempo presente y lineal para así cuestionarse su lugar en el mundo. Si Claude

Ridder se distingue de los demás héroes resnaisianos es por ser víctima de una máquina del tiempo en forma de calabaza que le enclaustra en el eterno retorno de una historia de amor que acabó mal y que le hace sentirse culpable. Por lo demás, el elemento de ciencia-ficción es un pretexto, probablemente procedente del coguionista Jacques Sternberg, escritor especializado en el género, que sirve de marco incomparable para que Resnais convierta la añoranza del amor en una pesadilla de recuerdos discontinuos, un fascinante puzle de tiempos muertos que parten de un instante congelado, la felicidad de Claude con su malograda pareja en una playa de la Riviera francesa. La modernidad de *Te amo, te amo* cayó en saco roto, despertando indiferencia entre crítica y público y obligando a Resnais a un paro forzoso que duró seis años. ■

1969 El semen del hombre
Marco Ferreri

Il seme dell'uomo. Italia. **Dir.:** Marco Ferreri. **Producción:** Polifilm. **Prod.:** Roberto Giussani. **Guión:** Marco Ferreri y Sergio Bazzini, según un argumento de Marco Ferreri. **Fot.:** Mario Vulpiani (Eastmancolor). **Mús.:** Teo Usuelli. **Mont.:** Enzo Micarelli. **Duración:** 113 minutos. **Int.:** Anne Wiazemsky (Dora), Marco Margine (Cino), Annie Girardot (la extranjera), Rada Rassimov, Maria Teresa Piaggio, Angela Pagano, Deanna Frosini.

> *La única película de ciencia-ficción firmada por Marco Ferreri es esta alegoría apocalíptica sobre el fin de la masculinidad en tiempos de rebelión.*

Cino y Dora sobreviven a un cataclismo que ha destruido a buena parte de la humanidad. Viven en una playa y recogen objetos para montar un museo de la civilización del pasado. Él quiere tener un hijo, ella se niega. La llegada a caballo de las autoridades, supervivientes que obligan a la procreación, y la aparición de una mujer extranjera potenciarán la crisis de la pareja.

Adiós al macho

Como dice el crítico Maurizio Grande,[9] en las películas que Ferreri rodó entre 1968 y 1973 –*Dillinger è morto* (1968), *El semen del hombre* (1969), *La audiencia* (*L'Udienza*, 1971), *Liza o la cagna* (1972) y *La gran comilona* (*La grande bouffe*, 1973)– predominan "los motivos de la negación, de la destrucción y de la muerte, que se manifiestan en los temas de la condición del hombre contemporáneo alienado y aislado en un mundo masificado, en las metas vulgares de la superficialidad y el reino de la apariencia". En particular, *El semen del hombre* es una alegoría de las dificultades de supervivencia de la masculinidad en un universo abocado al cambio, a la ruptura total con lo caduco. Ferreri es un misógino preñado de ambigüedad: por una parte, el hombre es el símbolo de la burguesía, encarcelada en una cierta regresión infantil y obsesionada por la perpetuación de la especie aunque sea a costa de violar a su pareja; por otra, la mujer representa la mutación, la fuerza de la resistencia y la revolución contra el sistema. Como película apocalíptica, *El semen del hombre* crece a la sombra del mayo del 68 y el auge de las ideologías de izquierda. El impacto de algunas de sus imágenes –el cadáver de la ballena en la playa, antepasado del King Kong de *Adiós al macho* (*Addio Maschio*, Marco Ferreri, 1979)– compensa lo críptico de su mensaje. ■

1970 THX 1138
George Lucas

THX 1138. USA. **Dir.:** George Lucas. **Producción:** American Zoetrope/Warner Bros. **Prod.:** Lawrence Sturhahn. **Guión:** George Lucas y Walter Murch, según un argumento de Lucas. **Fot.:** Dave Meyers y Albert Kihn (Technicolor). **Mús.:** Lalo Schifrin. **Mont.:** George Lucas. **Duración:** 95 minutos. **Int.:** Robert Duvall (THX 1138), Donald Pleasence (SEN 5241), Don Pedro Colley (SRT, holograma), Maggie McOmie (LUH 3417), Ian Wolfe (PTO, viejo prisionero), Marshall Efron (TWA, prisionero), Sid Haig (NCH, prisionero).

> *Austera, abstracta y severa, la ópera prima de George Lucas, desarrollada a partir de un corto estudiantil, es la antítesis de 'La guerra de las galaxias'.*

Dentro de cinco siglos, las ciudades están controladas por los ordenadores, los policías son robots y los humanos toman drogas que inhiben sus deseos amorosos y sexuales. THX 1138 y LUH 3417 se saltan las normas, dejan de drogarse y descubren que están enamorados. El sistema no puede tolerar la que tal vez sea la mayor infracción contra sus rígidas estructuras.

Antonioni tiene futuro
Cuesta creer que el George Lucas de *THX 1138* sea el mismo director de *La guerra de las galaxias* (*Star Wars*, 1977). Allí donde había solemnidad y reflexión, habría ironía y sentido de la aventura. La gravedad de su ópera prima, versión extendida de *THX 2238 4EB*, corto que realizó mientras era estudiante de cine en la Universidad del Sur de California, es deudora de la ciencia-ficción metafísica patentada dos años antes por Kubrick. Si tuviéramos que juzgar la carrera de Lucas por este curioso experimento, tendríamos que aplaudir su elaborado formalismo, cimentado en un riguroso aprovechamiento de un espacio fílmico que separa, en plano

general, al ser humano de sus derechos fundamentales. Por poco menos de 800.000 dólares, Lucas pintó de blanco nuestro futuro, eliminando así toda posibilidad de diferencia en una cadena de pasillos, túneles, laboratorios y habitaciones cerradas, símbolos tridimensionales de una incomunicación que George Orwell había anticipado en su modélica e imitada novela *1984*. No obstante, más preocupado por la estética que por la moral de su historia, Lucas parecía contradecir la visión del género que, hasta entonces, había dado el cine norteamericano. No es de extrañar, pues, que la película, más cercana al cine de Antonioni que a las superproducciones que el propio Lucas pondría de moda a partir de 1977, se topara con la incomprensión de la Warner. Primera producción de la Zoetrope, compañía fundada por Coppola para patrocinar los proyectos de sus amigos más íntimos, fue masacrada por el estudio, que obligó a Lucas a cortar cinco minutos de su montaje original. Montaje que recuperó en una versión remasterizada de la película, editada en DVD en 2004. ■

1971 La amenaza de Andrómeda
Robert Wise

The Andromeda Strain. USA. **Dir.:** Robert Wise. **Producción:** Universal/Robert Wise Productions. **Prod.:** Robert Wise. **Guión:** Nelson Gidding, según la novela de Michael Crichton. **Fot.:** Richard H. Kline (Technicolor). **Mús.:** Gil Mellé. **Mont.:** Stuart Gilmore y

John W. Holmes. **Efectos especiales:** Douglas Trumbull y James Shourt. **Duración:** 131 minutos. **Int.:** Arthur Hill (Dr. Jeremy Stone), David Wayne (Dr. Charles Dutton), James Olson (Dr. Mark Hall), Kate Reid (Dr. Ruth Leavitt), Paula Kelly (Karen Anson), George Mitchell (Jackson), Ramón Bieri (comandante Manchek).

> *El miedo a la guerra bacteriológica duerme agazapado en la primera adaptación al cine de una novela de Michael Crichton, filmada con realismo por el veterano Robert Wise.*

Un satélite espacial cae en un pueblo de Nuevo México. Lleva con él un organismo microscópico y letal que mata a todos sus habitantes excepto a un bebé y un anciano. Un grupo de científicos de élite es convocado en reunión de urgencia para que investigue la naturaleza de esta bacteria mortal, capaz de replicarse a una velocidad de vértigo y de convertir la sangre humana en polvo.

El virus del espacio exterior

El arranque de *La amenaza de Andrómeda*, espléndido en su uso de espacios abiertos, completamente vacíos y a plena luz del día, para crear inquietud, es puro cine de terror. El aspecto fantasmagórico de un pueblo desierto, roto de repente por la surreal presencia de hombres con escafandra en busca de signos de vida humana, define las intenciones de una película que recoge con fidelidad los miedos a la guerra nuclear y bacteriológica que dominaron parte del cine de ciencia-ficción de los setenta. Un veterano Robert Wise dirigió la que fue la primera adaptación al cine de una novela de Michael Crichton con el propósito de hacer lo que él denominaba "science fact", o "ciencia de los hechos". De ahí que el cuerpo central de la película describa, a veces con demasiado detalle, las pesquisas de los científicos a la hora de entender el maléfico desarrollo del microorganismo. A Wise le interesaba, por encima de todo, mantenerse cerca de la realidad. Por eso invirtió más de 300.000 dólares de los 6,5 millones que tenía de presupuesto para construir el decorado del laboratorio secreto (llamado estación Wildfire) instalado bajo tierra en el desierto de Nevada. Lo que no significa que descuide la relación entre los personajes, a la que dota, gracias a las agudas intervenciones de la doctora Ruth Leavitt (que en la novela de Crichton era un hombre), de un sarcasmo liberador.

La relación entre color y espacio –las plantas que recorren los cuatro científicos en su proceso de esterilización son del mismo color que sus trajes, que van cambiándose a medida que pasan de una a otra– recuerdan a los experimentos cromáticos del director de fotografía Nicolas Roeg con Roger Corman y al visionario estudio de la arquitectura del futuro que realizó Kubrick en la aún reciente *2001: Una odisea del espacio* (*2001: A Space Odyssey*, 1968). No es casual que Wise contratara a Douglas Trumbull para diseñar los efectos especiales de la película. Tal como explica Ricardo Aldarondo[10] en su revelador libro sobre el

cineasta, Trumbull y el experto en ordenadores James Shout ensayaron una forma prehistó-rica de efectos digitales para reproducir la evolución del microorganismo Andrómeda. No fue ésta la última de las innovaciones de la película: su singular banda sonora, compuesta por Gil Mellé, es una de las primeras en utilizar el sintetizador. ■■

1971 La naranja mecánica
Stanley Kubrick

A Clockwork Orange. Gran Bretaña. **Dir.:** Stanley Kubrick. **Producción:** Warner Bros, Polaris Productions. **Prod.:** Stanley Kubrick. **Guión:** Stanley Kubrick, según la novela de Anthony Burgess. **Fot.:** John Alcott (Warnercolor). **Mús.:** Wendy Carlos. **Mont.:** Bill Butler. **Duración:** 136 minutos. **Int.:** Malcolm McDowell (Alex De Large), Patrick Magee (Mr. Alexander), Michael Bates (guardián jefe de la prisión), Warren Clarke (Dim), John Clive (Actor), Adrienne Corri (Mrs. Alexander), Carl Duering (Dr. Brodsky).

> *Kubrick equipara la violencia juvenil y la violencia de estado en una de las películas más icónicas y polémicas de los setenta.*

Alex y su pandilla de colegas se divierten cometiendo actos violentos. Fanático de la *Novena sinfonía* de Beethoven y con una serpiente como mascota, Alex no conoce el significado de la palabra *moral*. Golpea, viola y mata impunemente. Hasta que un día la policía le pilla, le condenan a 14 años por homicidio involuntario y en la cárcel empieza un brutal proceso de reeducación que le permitirá reinsertarse en la sociedad.

Violenta e impúdica

Fue el escritor Terry Southern quien le recomendó a Kubrick la lectura de *La naranja mecánica*, de Anthony Burgess. Tras su frustrado proyecto sobre la vida de Napoleón, con el que se sentía identificado hasta la médula, Kubrick se dio cuenta de que tenía que realizar una película que reflejara los gustos de una contracultura que estaba rejuveneciendo las raíces de Hollywood. Qué mejor material de partida que una novela protagonizada por un adolescente violento cuyos instintos son neutralizados por las instituciones sociales en una suerte de reedición del clásico "ojo por ojo". Con dos millones de dólares, ajustado presupuesto para los estándares de su autor, Kubrick concibió un futuro inmediato en el Londres de los setenta, inspirándose en el *pop art* para decorar el bar Korova, lugar de reunión de Alex y sus colegas *drugos*, y los apartamentos de sus víctimas, la familia

Alexander y Cat Lady. Reclutó a Malcolm McDowell, aún reciente su interpretación en *If...* (*Id.*, Lindsay Anderson, 1969), para encarnar a Alex, y decidió escribir el guión a medida que rodaba, algo insólito para alguien que no podía respirar sin controlarlo todo. La intención de Kubrick era entrar de una vez por todas en la era de la modernidad sin tener que recurrir a los efectos especiales que habían hecho de *2001: Una odisea del espacio* (*2001: A Space Odyssey*, 1968) una película visionaria. Y *La naranja mecánica*, con su brutal crítica a la violencia de estado, era el mejor modo de hacerlo. La polémica estaba servida. La clasificación X, también.

El tratamiento de la violencia por parte de Kubrick es tan distante como sarcástico. De ahí que la secuencia de sexo a tres esté filmada a cámara rápida, como en una vieja comedia *slapstick*, o que la paliza al mendigo sea amenizada por Alex tarareando *Cantando bajo la lluvia* (idea de McDowell que le costó a Kubrick 10.000 dólares en derechos de autor). La violencia practicada por Alex es estilizada, casi alegórica, distinta a la violencia realista de, por ejemplo, *Perros de paja* (*Straw Dogs*, Sam Peckinpah, 1971), título que, por aquella época, también despertó las iras de la censura británica. La estancia de Alex en el centro penitenciario, dominada por el extenuante método Ludovico, pone el acento en el tema que realmente interesa a Kubrick: la aniquilación del libre albedrío del individuo, sofocado por un sistema que no duda en convertirse en verdugo utilizando las mismas armas que condena. Condicionado por una lluvia de imágenes que tiene que consumir sin permitirse un solo parpadeo (y que le causó a McDowell una herida en la córnea), el método Ludovico es una metáfora del poder manipulador del cine hecha, paradójicamente, por uno de los grandes manipuladores de la historia del séptimo arte. Al contrario que en la edición británica del libro, que concluye con un rayo de optimismo, para el Alex de Kubrick no existen los finales felices. Su destino le convertirá en víctima de aquellos con los que actuó como verdugo. El ciclo de la violencia se cierra y vuelve a repetirse. ■

1971 Naves misteriosas
Douglas Trumbull

Silent Running. USA. **Dir.:** Douglas Trumbull. **Producción:** Universal/Michael Gruskoff Productions/Douglas Trumbull Productions. **Prod.:** Michael Gruskoff. **Guión:** Deric Washburn, Michael Cimino y Steven Bochco. **Fot.:** Charles F. Wheeler (Technicolor). **Mús.:** Peter Schickele. **Mont.:** Aaron Stell. **Efectos especiales:** Douglas Trumbull, John Dykstra, Richard Yuricich, Richard O. Helmer, James Rugg, Marlin Jones, R. L. Helmer y Vernon Archer. **Duración:** 89 minutos. **Int.:** Bruce Dern (Freeman Lowell), Cliff Potts (John Keenan), Ron Rifkin (Marty Barker), Jesse Vint (Andy Wolf), Mark Persons, Steve Brown, Cheryl Sparks.

> *Fábula ecológica con canciones de Joan Baez,*
> *la ópera prima de Douglas Trumbull es una 'rara avis'*
> *de la ciencia-ficción de los setenta.*

A principios del siglo XXI, la reserva de flora y fauna de nuestro planeta ha sido aniquilada. La nave *Valley Forge* flota en la órbita de Saturno llevando consigo un ecosistema que reproduce fielmente la naturaleza terrestre. Cuando el jefe de la expedición, Freeman Lowell, recibe la orden de destruir el paraíso que ha creado, mata a sus tres compañeros y pone rumbo a lo desconocido con la única compañía de sus plantas, sus animales y sus tres androides.

El planeta verde

Entusiasmados por el éxito de *Buscando mi destino* (*Easy Rider*, Dennis Hopper, 1969), los ejecutivos de la Universal financiaron cinco películas semiindependientes, de alrededor de un millón de dólares de presupuesto, comprometiéndose a no interferir en el rodaje y a respetar el montaje del director. Una de esas películas fue *Naves misteriosas*, realizada por el creador de efectos especiales de *2001: Una odisea del espacio* (*2001: A Space Odyssey*, Stanley Kubrick, 1968), Douglas Trumbull. En poco más de un mes y sin ninguna experiencia previa

como director, Trumbull filmó esta insólita fábula ecologista que se ha convertido, merecidamente, en film de culto. La serena belleza de sus efectos especiales, concebidos con la ayuda de becarios tan ilustres como John Dykstra y acompañados por la música *folk* de Joan Baez, discurre acorde con un mensaje tan utópico como desolador, sobre todo en tiempos en los que el calentamiento global es una amenaza más que temible. Dykstra no es el único nombre con proyección de futuro que aparece en los créditos de la película: como guionistas están Michael Cimino, luego famoso director de *El cazador* (*The Deer Hunter*, 1978), y Steven Bochco, creador de la serie *Canción triste de Hill Street* (*Hill Street Blues*).

No deja de ser curiosa la empatía que Trumbull siente hacia Freeman Lowell (un Bruce Dern formado en las trincheras del cine de Roger Corman), hombre libre que se revela como portavoz de una generación, la *hippy*, disconforme con las decisiones de un gobierno tan poco sensible a la conservación del planeta. Es curiosa, decimos, porque Lowell no es más que un iluminado con tendencias psicóticas, que prefiere matar a sus compañeros que sacrificar su sueño ecológico. Sin embargo, Trumbull lo retrata como un héroe, admira su desobediencia, y le regala el protagonismo absoluto de un viaje iniciático hacia la Nada que es, al mismo tiempo, monólogo interior y fábula contemplativa. Es significativo que Lowell únicamente se comunique con tres androides, abuelos del C3PO y el R2D2 de *La guerra de las galaxias* (*Star Wars*, George Lucas, 1977) interpretados por hombres mutilados. La existencia de estos androides, punto de partida del primer tratamiento de la película, potencia la dimensión humana de Lowell. Que, al final, decida destruir su paraíso para no ser capturado por las autoridades terrestres, puede interpretarse como el último gesto de un idealismo desafiante que, en su demencia, demuestra su esterilidad. ■

 ## 1971 Solaris
Andrei Tarkovski

Solyaris. URSS. **Dir.:** Andrei Tarkovski. **Producción:** Mosfilm. **Prod.:** Viacheslav Tarasov. **Guión:** Fridrikh Gorenshtein y Andrei Tarkovski, según la novela de Stanislaw Lem. **Fot.:** Vadim Yusov (Sovcolor). **Mús.:** Eduard Artemyev y Vyacheslav Ovchinnikov. **Mont.:** Lyudmila Feiginova y Nina Marcus. **Duración:** 167 minutos. **Int.:** Natalya Bondarchuk (Hari), Donatas Banionis (Kris Kelvin), Jüri Järvet (Dr. Snaut), Vladislav Dvorzhetsky (Henri Berton), Nikolai Grinko (padre de Kelvin), Anatoli Solonitsyn (Dr. Sartorius), Sos Sargsyan (Dr. Gibarian).

> *Tarkovski abre las compuertas de la ciencia-ficción metafísica en esta reflexión sobre la evolución moral del individuo en un mundo en permanente metamorfosis.*

El psicólogo Kris Kelvin viaja a la estación espacial que gravita sobre Solaris con el fin de desentrañar los extraños sucesos que allí acontecen. La superficie del planeta es un océano pensante que tiene la capacidad de sondear el cerebro de los humanos y materializar fragmentos de sus recuerdos. El propio Kelvin será víctima de los efectos de Solaris cuando su esposa, que se suicidó siete años antes, reaparece en escena, reactivando los sentimientos que tenía hacia ella.

La conciencia trágica

Entender *Solaris* (Premio Especial del Jurado en Cannes) como la respuesta soviética a *2001: Una odisea del espacio* (*2001: A Space Odyssey*, Stanley Kubrick, 1968) sería reducirla a cenizas. Eso sí, tanto la película de Tarkovski como la de Kubrick ven la ciencia-ficción como un medio para sublimar lo trascendental en una sociedad que está perdiendo el contacto con lo espiritual. De ahí que, a pesar de confesar su falta de interés por el género, Tarkovski decidiera adaptar la novela de Stanislaw Lem, que había leído cuando aún era estudiante, en 1961, y que trataba de una cuestión que le preocupaba, a saber: el problema de la lucha y de la afirmación de las propias convicciones, el problema de la transformación moral del individuo en el curso de su vida, el reconocimiento de la existencia de una conciencia trágica. La primera versión del guión que escribió junto a Fridikh Gorenhstein no satisfizo en absoluto a Lem, que creía que Tarkovski estaba traicionando las reflexiones metafísicas de su obra. Al contrario que en la novela, que se desarrollaba por entero en el espacio, un tercio de la acción ocurría en la Tierra, y estaba centrada en la relación que Kelvin mantiene con dos mujeres, la que tuvo en su vida terrestre y la que aparece en Solaris. El cineasta ruso acabó reduciendo la proporción de su aportación personal a la estructura de la historia, pero no renunció a incluir un largo prólogo y un hermoso epílogo situados respectivamente en nuestro planeta y en su construcción ilusoria. Esas codas narrativas le sirven a Tarkovski para, por un lado, explicar el misterio de Solaris sin tener que recurrir al *flash back* y, por otro, para cerrar su discurso sobre el amor loco y la reconciliación del hombre con su memoria con un bellísimo y ambiguo punto y aparte.

Solaris enfrenta dos posturas clásicas ante aquello que escapa a los dominios de la lógica: la del psicólogo Kelvin, cada vez más entregado a sentir las influencias psíquicas del planeta a través de la resurrección de su esposa muerta, y la de Sartorius, uno de los científicos de la estación espacial, que identifica los fantasmas que la pueblan con sueños o alucinaciones cuya naturaleza no respeta porque no es verdadera. Tarkovski se identifica plenamente con Kelvin, y experimenta el reencuentro de su héroe con la idea de amor absoluto con la misma dolorosa intensidad con que Hari, la mujer de su vida, sufre al no reconocerse ante el espejo. La de Tarkovski es una ciencia-ficción interior: le interesa mucho menos la parafernalia del género que construir un espacio de abstracción tan infinito como el propio océano pensante del planeta Solaris. Nada que ver con la versión de la novela que Steven Soderbergh dirigió en el año 2000, puro deleite visual a medio camino entre el vehículo de lucimiento de su protagonista, George Clooney, y la exquisitez *arty*. ■

El último hombre vivo

Boris Sagal

The Omega Man. USA. **Dir.:** Boris Sagal. **Producción:** Walter Seltzer Productions. **Prod.:** Walter Seltzer. **Guión:** John William Corrington y Joyce H. Corrington, según la novela de Richard Matheson. **Fot.:** Russell Metty (Technicolor). **Mús.:** Ron Grainer. **Mont.:** William H. Ziegler. **Duración:** 98 minutos. **Int.:** Charlton Heston (Robert Neville), Anthony Zerbe (Matthias), Rosalind Cash (Lisa), Paul Koslo (Dutch), Lincoln Kilpatrick (Zachary), Eric Laneuville (Richie), Jill Giraldi (niña).

> *Adaptación de la célebre 'Soy leyenda' de Richard Matheson, que materializa una de las pesadillas recurrentes del hombre moderno: quedarse (literalmente) solo en el mundo.*

Los Ángeles, 1975. El mundo ha sido aniquilado tras una guerra bacteriológica entre Rusia y China. Gracias a una vacuna experimental, el científico Robert Neville ha podido sobrevivir al cataclismo. No es el único: una horda de criaturas albinas, nocturnas y violentas quieren acabar con él porque lo consideran un símbolo del antiguo régimen social, culpable de su desgracia. Neville no tarda en encontrar a otro grupo de supervivientes, a los que puede salvar ayudando a perpetuar la raza humana.

Paseo por la ciudad muerta

El escritor Richard Matheson nunca quedó satisfecho de las dos adaptaciones al cine de una de sus novelas más celebradas, *Soy leyenda*. Escribió el guión para la primera de ellas, que en un principio tenía que producir la Hammer en 1957, pero la compañía británica vendió el proyecto a Robert L. Lippert, que contrató a otro guionista para que reescribiera la versión de Matheson. El resultado fue *El último hombre vivo en la Tierra* (*L'ultimo uomo della Terra*, Sidney Salkow y Ubalda Ragona, 1964), protagonizada por Vincent Price y denostada por el escritor, que aparecía en los créditos bajo el seudónimo de Logan Swanson. No es de extrañar que, tras esta nefasta experiencia, ni siquiera quisiera pronunciarse sobre la segunda, a la que consideraba muy distinta de la novela. La incorporación al reparto de Charlton Heston, que después de *El planeta de los simios* (*Planet of the Apes*, Franklin J. Schaffner, 1968) parecía haberse convertido en el epítome del héroe del futuro, transformó un relato apocalíptico, mezclado con inventiva con el género de vampiros, en una película de acción.

Sin embargo, las imágenes de las calles vacías de Los Ángeles, rodadas en localizaciones reales durante los fines de semana, son lo bastante impactantes como para que *El último hombre vivo* pase a los anales del cine de ciencia-ficción. La deriva urbana de un superviviente, empe-

queñecida por la mortecina grandeza de los edificios abandonados, alcanza su clímax en la memorable escena en que el coronel Neville visiona *Woodstock* (*Id.*, Michael Wadleigh, 1970) en un cine solitario mientras recita sus diálogos y canciones. En esa reveladora secuencia la película parece decirnos que el movimiento *hippy* estaba condenado a morir en un futuro no muy lejano, convertido en un acto de nostalgia. De hecho, la aparición de los zombies albinos, alérgicos a la luz y enemigos acérrimos de Neville que se hacen denominar La Familia (en clara alusión a la familia Manson), no simbolizan otra cosa que los restos de una contracultura fanática y fundamentalista. El contrapunto a esta secta integrista de ojos blancos y aspecto franciscano está en el grupo de supervivientes que un mesiánico Neville intenta proteger, que representan la posibilidad de llevar a cabo los propósitos de amor comunal y solidario defendidos por los *hippies*. La novela de Matheson sirve, pues, como base conceptual para hacer un retrato de una época zarandeada por el cambio social. ■

1972 Matadero cinco
George Roy Hill

Slaughterhouse-Five. USA. **Dir.:** George Roy Hill. **Producción:** Universal/Vanadas Productions. **Prod.:** Paul Monash. **Guión:** Stephen Geller, según la novela de Kurt Vonnegut. **Fot.:** Miroslav Ondricek (Technicolor). **Mús.:** Glenn Gould. **Mont.:** Dede Allen.

Duración: 104 minutos. **Int.:** Michael Sacks (Billy Pilgrim), Ron Leibman (Paul Lazzaro), Eugene Roche (Edgar Derby), Valerie Perrine (Montana Wildhack), Sharon Gans (Valencia Merble Pilgrim), Holly Near (Barbara Pilgrim), Perry King (Robert Pilgrim).

> *Tres tiempos, tres mundos son los que cruza este peregrino de la condición humana en la que es, sin duda, la mejor adaptación al cine de una novela de Kurt Vonnegut Jr.*

Superviviente del bombardeo de Dresde, Billy Pilgrim vive entre tres tiempos verbales. En el pasado es prisionero de guerra de los nazis. En el presente es un optometrista que disfruta de una tediosa existencia en los suburbios. En el futuro es cautivo de los habitantes del planeta Tralfamadore.

Atrapado en el tiempo

Obsesionado con su traumática experiencia en la Segunda Guerra Mundial, Kurt Vonnegut siempre ha querido exorcizarla en su obra literaria. En *Matadero cinco*, Vonnegut, que fue hecho prisionero por los alemanes en la batalla de las Ardenas y que sobrevivió al terrible bombardeo de Dresde, cuya cifra de víctimas osciló entre 35.000 y 135.000 según las fuentes, utiliza su biografía para imaginar un personaje, el de Billy Pilgrim ('peregrino' en inglés), que sobrevuela tres espacios temporales secuestrado en un bucle donde, posiblemente, sólo existe presente. Como el *Cándido* de Voltaire o el *Orlando* de Virginia Woolf, Pilgrim parece encontrar el sentido de su existencia en ese viaje en el tiempo, corolado en su cautiverio en el planeta Tralfamadore, suerte de limbo en el que los conceptos de *moral*, *ley* y *libre albedrío* han desaparecido. La pasividad de Pilgrim, que se limita a observar su plana existencia como optometrista en los suburbios norteamericanos con la estupefacción con que contempla la ejecución de su amigo Edgar Derby, resuelta admirablemente por George Roy Hill, otorga al relato una extraña sensación de inevitabilidad. En cierto modo, Tralfamadore es una traslación *new age* de esa sombra de muerte que persigue a Pilgrim en todas sus fases vitales, y de la que escapa *in extremis* sin que el espectador sepa, exactamente, cuándo muere y cuándo resucita.

Con cuatro millones de dólares de presupuesto, un puñado de actores desconocidos entre los que destaca Michael Sacks, luego protagonista de *Loca evasión* (*The Sugarland Express*, Steven Spielberg, 1974), y una brillante reconstrucción de Dresde, la Florencia del Elba, en Praga, George Roy Hill abordó la adaptación de la célebre novela de Vonnegut, publicada en 1969, en un momento en que las protestas anti-Vietnam estaban desestabilizando el gobierno de Nixon. Pero, más allá de su oportunismo antibelicista, la película se distingue por su brillante uso del montaje para unir tres tiempos que constituyen un único trayecto vital. Cualquier elemento visual o sonoro sirve para establecer simetrías entre los distintos momentos de la vida de Pilgrim, logrando captar con gran elegancia el tono, entre irónico y fatalista, del libro de Vonnegut. Quizá sólo chirríe la representación de la celda-zoo del protagonista en el planeta Tralfamadore, con sus alfombras de dacha y su actriz porno (Valerie Perrine) recién llegada de la Tierra. ◼

1973 Almas de metal
Michael Crichton

Westworld. USA. **Dir.:** Michael Crichton. **Producción:** Metro Goldwyn Mayer. **Prod.:** Paul N. Lazarus. **Guión:** Michael Crichton. **Fot.:** Gene Polito (Metrocolor). **Mús.:** Fred Karlin. **Mont.:** David Bretherton. **Efectos especiales:** Charles Schulthies. **Duración:** 89 minutos. **Int.:** Yul Brynner (el pistolero), Richard Benjamin (Peter Martin), James Brolin (John Blane), Norman Bartold (el caballero medieval), Alan Oppenheimer (supervisor jefe), Victoria Shaw (reina medieval), Dick Van Patten (banquero), Linda Gaye Scott (Arlette).

> *En este angustioso 'thriller' antitecnológico, ópera prima del escritor Michael Crichton, un espléndido Yul Brynner retoma su papel de 'Los siete magníficos' en clave robótica.*

Por mil dólares la entrada, el parque temático Delos ofrece la recreación de tres microcosmos históricos (el mundo romano, el mundo medieval y el mundo del Oeste) habitados por androides idénticos a los humanos. Cuando algo falla en los circuitos internos de los robots y empiezan a comportarse de forma violenta, dos de los visitantes de Delos deberán enfrentarse a ellos para salir con vida.

Paraísos artificiales

Sabemos de lo mucho que le gustan a Michael Crichton los parques temáticos por *Parque jurásico*, su más exitoso *best seller*. Veinte años antes de la magnífica adaptación de Spielberg, el propio Crichton se estrenaba como director con un ingenioso borrador de aquella novela, en la que ya apuntaba uno de sus temas recurrentes, la desconfianza en la tecnología, a la vez que ponía en tela de juicio la validez de los géneros clásicos en el nuevo Hollywood. Inspirándose en la atracción de *Piratas del Caribe* de Disneylandia, por aquel entonces el último grito en parques temáticos, Crichton critica, de un modo oblicuo, el modo en que el *peplum*, el cine de aventuras y, sobre todo, el *western*, han adormecido los gustos del público. Así las cosas, los dos turistas interpretados por James Brolin y Richard Benjamin mimetizan las situaciones arquetípicas del género –la pelea en el *saloon*, el duelo entre pistoleros, la visita al burdel– sabiendo que el género, paraíso artificial donde los haya,

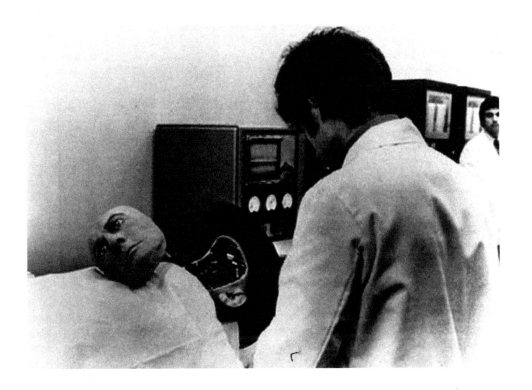

no decepcionará sus expectativas. En ese sentido, la presencia icónica de Yul Brynner, vestido como su personaje de *Los siete magníficos* (*The Seven Magnificent*, John Sturges, 1960), no hace sino reforzar la identificación del espectador con el desconcierto que muestran los protagonistas cuando los androides se rebelan. Es entonces cuando las constantes del género, reproducidas tanto en la película como en el parque temático, dejan de tener sentido, y *Almas de metal* alza el vuelo, sobre todo en una persecución final, casi muda, cuya fuerza dramática es potenciada por la inquietante interpretación de Brynner, de repente transformado en abuelo de Terminator. Fue la primera vez que se utilizaron efectos generados por ordenador, creados para representar la visión digitalizada por el pistolero. En 1976, Richard T. Heffron dirigió una secuela, *Mundo futuro* (*Futureworld*), y en 1980 la CBS emitió una serie de corta vida, *Beyond Westworld*, inspirada en el film de Crichton. ■

1973 Cuando el destino nos alcance
Richard Fleischer

Soylent Green. USA. **Dir.:** Richard Fleischer. **Producción:** Metro Goldwyn Mayer. **Prod.:** Walter Seltzer y Russell Thacher. **Guión:** Stanley R. Greenberg, según la novela de Harry Harrison. **Fot.:** Richard H. Kline (Metrocolor). **Mús.:** Fred Myrow. **Mont.:** Samuel E. Beetley. **Duración:** 97 minutos. **Int.:** Charlton Heston (detective Robert Thorn), Leigh

Taylor-Young (Shirl), Chuck Connors (Tab Fielding), Joseph Cotten (William R. Simonson), Edward G. Robinson (Sol Roth), Stephen Young (Gilbert), Brock Peters (teniente Hatcher).

La degradación de nuestro planeta monopoliza el alcance de esta fábula distópica en la que destaca la última interpretación del gran Edward G. Robinson.

Planeta Tierra, año 2022. Nueva York tiene 40 millones de habitantes. La comida es un bien escaso. Los ricos comen carne; los pobres, productos sintéticos. William Simonson, presidente de la multinacional Alimentos Soylent, ha sido asesinado en su apartamento. Thorn es el policía encargado de la investigación, pero sus superiores quieren echar tierra sobre el asunto. Quizá la muerte de Simonson esconda el secreto de las galletas Soylent Green...

Comida rápida

Harry Harrison, el autor de *Hagan sitio, hagan sitio*, novela en que se basa *Cuando el destino nos alcance*, cuenta que la película logró hacerse gracias al interés que Charlton Heston, por aquel entonces uno de los iconos del género, puso en ella. Le había encantado el libro, logró involucrar al productor Walter Seltzer y juntos llamaron a las puertas de la Metro Goldwyn Mayer, que se mostró reticente a invertir cuatro millones de dólares en

una siniestra fábula sobre una Tierra superpoblada. Sólo su insistencia y el feliz hallazgo de una morbosa sorpresa para clausurar el relato pudo convencer finalmente al estudio. En efecto, si hay algo que el público recuerda de este film es su perversa resolución: una vez agotados los vegetales del planeta, las grandes corporaciones usan cadáveres como nutriente básico de la comida sintética que suministran a una hambrienta humanidad. La secuencia en la que Thorn alarma a sus conciudadanos acerca del terrible secreto que les mantiene vivos recuerda a la del final de *La invasión de los ladrones de cuerpos* (*Invasion of the Body Snatchers*, Don Siegel, 1956). La paranoia norteamericana había cambiado de disfraz: si antes el problema eran los comunistas, ahora lo era la polución de la atmósfera y la falta de recursos naturales, con la crisis del petróleo en primera plana de todos los periódicos de 1973. De ahí que, aunque ambientada en el 2022, *Cuando el destino nos alcance* sea puro años setenta. A Fleischer no parece interesarle lo más mínimo proyectarse en el futuro porque quiere hablarnos de la posibilidad de un presente más o menos inmediato, cubierto por un cielo polvoriento, sexista hasta lo grotesco (a las mujeres se les llama "muebles") y poblado por una civilización que parece más del tercer mundo que del primero. En su última interpretación, Edward G. Robinson encarna a Sol, compañero de habitación de Thorn que protagoniza la secuencia más hermosa de la película, aquella en la que se suicida ante una pantalla con bellas imágenes proyectadas al son de Tchaikovski, Beethoven y Grieg. El cine como portal de otra dimensión, la de la inmortalidad del alma. Robinson murió nueve días después de acabar el rodaje. ■■

1973 Zardoz
John Boorman

Zardoz. USA. **Dir.:** John Boorman. **Producción:** John Boorman Productions, 20th Century Fox. **Prod.:** John Boorman. **Guión:** John Boorman. **Fot.:** Geoffrey Unsworth (Color DeLuxe). **Mús.:** David Munrow. **Mont.:** John Merritt. **Efectos especiales:** Gerry Johnston. **Duración:** 105 minutos. **Int.:** Sean Connery (Zed), Charlotte Rampling (Consuella), Sara Kestelman (May), John Alderton (amigo), Sally Anne Newton (Avalow), Niall Buggy (Arthur Frayn/Zardoz), Bosco Hogan (George Saden), Jessica Swift (Apathetic).

> *Única incursión del británico John Boorman en la ciencia-ficción, ofrece una particular visión de la rebelión de las masas trufada de imágenes poderosas.*

Año 2293. Los Eternos viven en el Vórtex, controlado por el Tabernáculo, una supercomputadora que les ha otorgado la vida eterna. Separados por la cabeza de piedra del dios

Zardoz, están los Brutales. Zed, un Exterminador, logra colarse en la boca de Zardoz, accediendo al mundo inmortal e impotente de los Eternos, que lo tomarán como prisionero para perpetuar su especie.

El ingenuo salvaje

Interesado en seguir explorando el conflicto entre civilización y barbarie después del éxito de *Deliverance* (*Id.*, 1972), John Boorman quiso averiguar cómo nos comportaríamos en una sociedad hipertecnificada, que privilegia el conocimiento intelectual frente a la experiencia de las emociones. Para ello, y por menos de dos millones de dólares, puso en práctica la densa metodología de la ciencia-ficción de pensamiento, implantada por Kubrick en *2001: Una odisea del espacio* (*2001: A Space Odyssey*, 1968), y construyó una fábula saturada de referencias cultas (de Nietzsche a la tragedia griega, del Arca de Noé a *El mago de Oz*) en un futuro claramente alegórico. Sin embargo, no hay que dejarse confundir por el aparente cripticismo de *Zardoz*: lo que hace Boorman, que había visitado varias comunas norteamericanas para reflejar su estilo de vida en la película, es retratar el clásico enfrentamiento entre opresores y oprimidos, reflejo directo de la sociedad convulsa de los setenta. La fuerza atávica de Zed, interpretado por un Sean Connery que acababa de librarse del personaje de James Bond, representa la rebeldía contra un sistema cuyo punto débil es, precisamente, la inmortalidad, o lo que es lo mismo, ser conscientes de la eternidad de sus defectos. La hermosa fotografía de Geoffrey Unsworth, que sabe sacar partido de los paisajes irlandeses rotos por la gran cabeza flotante del dios Zardoz, queda diluida ante un atrezo discutible (el

vestuario de Connery nació anacrónico) y una peligrosa afición por las grandes palabras y los eslóganes de dudoso gusto ("La pistola es el Bien. El pene es el Mal"). Capricho de autor en un sistema de estudios, el del nuevo Hollywood, demasiado complaciente con los proyectos personales, *Zardoz* supone el epítome metafísico de un género que, en cuatro años, se abandonaría a las aventuras siderales de Luke Skywalker y compañía. ◼

1974 Dark Star
John Carpenter

Dark Star. USA. **Dir.:** John Carpenter. **Producción:** Jack H. Harris Enterprises. **Prod.:** John Carpenter. **Guión:** John Carpenter y Dan O'Bannon. **Fot.:** Douglas Knapp (Metrocolor). **Mús.:** John Carpenter. **Mont.:** Dan O'Bannon. **Duración:** 83 minutos. **Int.:** Brian Narelle (Doolittle), Andreijah Pahich (Talby), Carl Kuniholm (Boiler), Dan O'Bannon (Pinback), Joe Sanders (Powell).

> **«'Dark Star' es el 'Trampa 22' del espacio exterior. El espíritu anárquico de la novela de Joseph Heller, con su lógica invertida y su humor de celda acolchada, preside la producción de John Carpenter» (J. G. Ballard)**

La tripulación del *Dark Star* ha viajado por galaxias muy, muy lejanas bombardeando planetas que pueden amenazar la futura colonización interestelar. Durante los veinte años de su misión han tenido mucho tiempo para perder la cabeza. El capitán de la nave está muerto en su cápsula criogénica y los demás miembros de la tripulación sueñan con hacer surf, se obsesionan con las armas o se quedan colgados de sus propias paranoias.

Howard Hawks en el espacio

En este proyecto de final de carrera, que Carpenter convirtió en largometraje gracias a los 60.000 dólares que invirtió el productor independiente Jack Harris, ya se nota la influencia de su cineasta favorito, Howard Hawks. La tripulación del *Dark Star* no es tan distinta al equipo de cazadores de *¡Hatari!* (*Hatari!*, Howard Hawks, 1961), obligados a sufrir un tiempo de espera en el que la camaradería y las derivas emocionales son el motor de la historia. El sentido del humor de Carpenter es acaso más negro que el de Hawks. Está infectado por una asfixiante sensación de claustrofobia. La nave es radiactiva, no hay complicidad entre sus tripulantes y su única mascota, un simpático alienígena que se parece mucho a una pelota de playa, se rebela contra sus dueños. Deliberadamente cutre, la carrera espacial según Carpenter se desarrolla en un diminuto manicomio cuyos avances tecnológicos se reducen a cuatro paneles luminosos y una bomba parlante. A Carpenter y O'Bannon, futuro guionista de *Alien, el octavo pasajero* (*Alien*, Ridley Scott, 1979), les quedaba poco tiempo para pasar a las grandes ligas de la ciencia-ficción, pero su adecuación a las exigencias estéticas del bajo presupuesto es modélica. Los mejores momentos de *Dark Star* tienen que ver precisamente con el ingenio generado por la falta de recursos: la hilarante pelea con el extraterrestre o el diálogo filosófico entablado entre un astronauta y una bomba son buena muestra de ello. Y tampoco faltan las referencias a Vietnam. ¿A qué nos evoca, si no, la imagen del superviviente de la explosión de la nave surfeando en el espacio? ¿No se adelanta Carpenter a Francis Ford Coppola en *Apocalypse Now* (*Id.*, 1979)?. ▪

1974 Sucesos en la cuarta fase
Saul Bass

Phase IV. USA. **Dir.:** Saul Bass. **Producción:** Alced Productions/Paramount Pictures/PBR Productions. **Productor:** Paul B. Radin. **Guión:** Mayo Simon. **Fot.:** Dick Bush (Technicolor). **Mús.:** Brian Gascoigne. **Mont.:** Willy Kemplen. **Efectos especiales:** John Richardson. **Duración:** 84 minutos. **Int.:** Michael Murphy (James R. Lesko), Nigel Davenport (Dr. Ernest D. Hobbs), Lynne Frederick (Kendra Eldridge), Alan Gifford (Sr. Eldridge), Robert Henderson (Clete), Helen Horton (Mildred Eldridge).

> *El único largometraje de Saul Bass describe la vida de una civilización mucho más avanzada que la nuestra, y que no proviene del espacio exterior: la de las hormigas.*

El doctor Hobbs y su ayudante, James R. Lesko, se instalan en un laboratorio en medio del desierto de Arizona con el propósito de investigar el extraño comportamiento de las hormigas. Debido a una sobreexposición de energía solar, los insectos parecen haber desarrollado una inteligencia muy avanzada, que les permite comunicarse para lograr un único objetivo: conquistar el territorio humano.

La política de los insectos

Saul Bass se labró una excelente reputación como diseñador gráfico durante los años cincuenta y sesenta. Sus logos, pósters y, sobre todo, sus títulos de crédito para Otto Preminger y Alfred Hitchcock, son obras de arte en miniatura. Sobre un concepto simple, de línea clara, y utilizando todos los recursos gráficos a su alcance (animación de recortes, juego de tipografías y colores), Bass conseguía condensar el espíritu de films como *El hombre del brazo de oro* (*The Man with the Golden Arm*, Otto Preminger, 1955) o *Psicosis* (*Psycho*, Alfred

Hitchcock, 1960) en breves pinturas en movimiento. No se conformó, claro, con trabajar para otros: en *Why Man Creates* (1968), Oscar al mejor corto documental, analizaba la evolución de la capacidad creativa de la humanidad en siete breves capítulos. En el último de ellos, unos cuantos científicos contaban sus trabajos de investigación con la intención de hacerlos más accesibles al público. Faltaba poco para que Bass se estrenara como director de largometrajes con *Sucesos en la cuarta fase*, extraña mezcla de documental entomológico y film de ciencia-ficción.

No por casualidad la película arranca con un pequeño documental sobre el mundo de las hormigas y su impacto en el ecosistema humano. Bass quiere alejarse a conciencia del cine que, por aquella época, explotaba el tema de la rebelión animal –*Bug* (Jeannot Szwarc, 1975), *Empire of the Ants* (Bert I. Gordon, 1977)–, agarrándose a un realismo que, en definitiva, ofrece resultados mucho más inquietantes que cualquier efecto especial. La minuciosa observación de los insectos devorando cables y estropeando conductos de aire acondicionado revela la posibilidad de un universo salvaje completamente desconocido para el hombre, una nueva civilización que, en su conciencia grupal, puede derrotar los esfuerzos individuales de dos científicos que no comprenden la extrema complejidad de su sistema organizativo. No hay veneno que destruya a las hormigas: desde su condición microscópica, establecen sofisticadas estrategias no sólo para sobrevivir sino también para perpetuar su especie, en este caso gracias a una reina con forma humana. El abstracto nihilismo de la película, que retrata a los hombres como una raza inferior incapaz de hacer frente a la implacable solidaridad de los insectos, se corresponde con la habilidad de Bass para concebir imágenes de una impactante plasticidad (las figuras geométricas creadas por las hormigas), a veces de filiación casi surrealista: la mano llena de hormigas, evocadora de *Un perro andaluz* (*Un chien andalou*, Luis Buñuel, 1929). ■

1975 Rollerball
Norman Jewison

Rollerball. USA. **Dir.:** Norman Jewison. **Producción:** United Artists/Algonquin. **Prod.:** Norman Jewison. **Guión:** William Harrison. **Fot.:** Douglas Slocombe (Technicolor). **Mont.:** Antony Gibbs. **Dur.:** 129 minutos. **Int.:** James Caan (Jonathan E.), John Houseman (Bartholomew), Maud Adams (Ella), John Beck (Moonpie), Moses Gunn (Cletus), Pamela Hensley (Mackie), Barbara Trentham (Daphne).

La violencia engendra violencia en esta película deportiva que pone en solfa a las grandes corporaciones del futuro.

Año 2018. Las corporaciones han substituido a los gobiernos. Ellas controlan la sociedad. Para neutralizar los comportamientos antisistema, crean un deporte, el *rollerball*, violenta mezcla de hockey, fútbol americano y carrera de motocicletas, que divierta a las masas. Jonathan E. es el mejor jugador de *rollerball*, pero en las altas esferas no interesa que nadie destaque y le piden que se retire. Cuando se niega, la brutalidad del juego aumenta...

El deporte como metáfora

Aficionado a maniqueas películas de denuncia –*En el calor de la noche* (*In the Heat of the Night*, 1967)– especialmente bien recibidas en los albores del nuevo Hollywood, el canadiense Norman Jewison invirtió seis millones de dólares en avisarnos de los peligros de la creciente fascinación por la violencia televisada. Para ello contrató a un arquitecto alemán para que diseñara la pista del *rollerball* en el Estadio Olímpico de baloncesto de Munich. Llamó también a un coordinador de especialistas noruego, 17 jugadores de hockey sobre ruedas británicos, doce *skaters* norteamericanos, 6 motociclistas y 11 especialistas, e instigó a los nativos de Munich a que oficiaran de extras para que disfrutaran así del espectáculo que la película pretendía denunciar. El éxito del *rollerball* entre ese improvisado público escandalizó a Jewison, aunque no hacía más que poner sobre la mesa la doble moral de un film cuya baza está en las magníficas secuencias de este deporte mortal, imaginado por primera vez en un relato del también guionista William Harrison publicado en la revista

Esquire. En cierto modo, *Rollerball* no es más que una fantasía distópica que funciona como reflejo de la sociedad norteamericana de los setenta, decepcionada con las instituciones después del caso Watergate y progresivamente controlada por el poder de las grandes empresas, encarnado en la película por un inquietante John Houseman. El carácter visionario de *Rollerball*, que retrata con sangriento realismo el pan y circo en que se han convertido algunos deportes en la actualidad, perdió energía en el desafortunado *remake* dirigido por John McTiernan en el 2002. ■

1976 La fuga de Logan
Michael Anderson

Logan's Run. USA. **Dir.:** Michael Anderson. **Producción:** Metro Goldwyn Mayer. **Prod.:** Saul David. **Guión:** David Zelag Goodman, según la novela de William F. Nolan y George Clayton Johnson. **Fot.:** Ernest Laszlo (Metrocolor). **Mús.:** Jerry Goldsmith. **Mont.:** Bob Wyman. **Efectos especiales:** L. B. Abbott y Glen Robinson. **Duración:** 118 minutos. **Int.:** Michael York (Logan 5), Richard Jordan (Francis 7), Jenny Agutter (Jessica 6), Roscoe Lee Browne (Box), Peter Ustinov (viejo), Farrah Fawcett-Majors (Holly 13), Michael Anderson jr. (Doc).

> *Fábula distópica y vehículo de lucimiento para un reparto de jóvenes promesas que se convirtió en éxito de taquilla gracias a su tono, ingenuo y vivaz, propio del más clásico cine de aventuras.*

Año 2274. Los supervivientes de un holocausto viven en una ciudad-cúpula cerca de Washington. Para controlar la superpoblación, los ordenadores que dirigen la metrópolis decretan la muerte de los ciudadanos que cumplan treinta años. Logan, uno de los policías encargados de perseguir a todos aquellos que huyen de su destino, empieza a cuestionar la validez del régimen establecido, y se fuga con Jessica en busca de un lugar mítico que nadie conoce llamado el Santuario.

Juventud, divino tesoro

A pesar de su origen literario, *La fuga de Logan* nació predestinada a convertirse en película. Los autores de la novela, William F. Nolan y George Clayton Johnson, la escribieron pensando en su adaptación cinematográfica, y en 1968, poco después de publicarla, vendieron sus derechos a la Metro Goldwyn Mayer por 100.000 dólares. El productor George Pal se encargó de desarrollar el guión durante dos años, hasta que un cambio de directivos en el

estudio le desplazó del proyecto, que durmió el sueño de los justos hasta que la Metro vislumbró el renacimiento de la ciencia-ficción con el éxito de *Almas de metal* (*Westworld*, Michael Crichton) y *Cuando el destino nos alcance* (*Soylent Green*, Richard Fleischer), ambas de 1973. Con nueve millones de dólares de presupuesto, *La fuga de Logan* recaudó tres en su primera semana de exhibición en Estados Unidos e inspiró una serie de televisión del mismo título, emitida por la CBS en 1977 y protagonizada por Gregory Harrison y Heather Menzies.

Una de las diferencias más significativas entre novela y película fue la edad a la que tenían que morir los hedonistas ciudadanos del siglo XXIII, que pasó de los 21 a los 30 años para facilitar la inclusión de estrellas de la época en el reparto. La ingenuidad de la premisa inicial, crítica a una sociedad que sobrevalora las virtudes de una juventud que no puede escuchar a sus mayores, quedaba eclipsada por una apuesta narrativa al más viejo estilo del cine de aventuras. Destaca su aprovechamiento de la arquitectura moderna y acristalada de Dallas, localización que ahorró a los productores tres millones de dólares en decorados, y la presencia de Peter Ustinov, que hizo de su personaje, el hombre más viejo del mundo, un festival de réplicas improvisadas, algunas entresacadas de poemas de T. S. Eliot. ■

1977 Encuentros en la tercera fase
Steven Spielberg

Close Encounters of the Third Kind. USA. **Dir.:** Steven Spielberg. **Producción:** Columbia, EMI. **Prod.:** Julia y Michael Phillips. **Guión:** Steven Spielberg. **Fot.:** Vilmos Zsigmond, William A. Fraker y Douglas Slocombe (Metrocolor). **Mús.:** John Williams. **Mont.:** Michael Kahn. **Efectos especiales:** Roy Arbogast, George Polkinghorne y Douglas Trumbull. **Duración:** 135 minutos. **Int.:** Richard Dreyfuss (Roy Neary), François Truffaut (Claude Lacombe), Teri Garr (Ronnie Neary), Melinda Dillon (Gillian Guiler), Bob Balaban (David Laughlin), J. Patrick McNamara (director del proyecto), Warren Kemmerling (Wild Bill).

> «'Encuentros en la tercera fase' es la película más importante de nuestro tiempo (...) Su religión no tiene denominación. Su nación es la del filósofo griego que nos dijo que todos éramos ciudadanos del Universo» (Ray Bradbury)

Varios fenómenos ufológicos ocurren simultáneamente en lugares tan dispares como la India, Mongolia y México. En una carretera del estado de Indiana, un operario del tendido eléctrico, Roy Neary, tiene una experiencia extraterrestre que le marca la vida. Abandonado por su mujer y sus hijos, y hechizado por la visión de una extraña montaña, se deja llevar por su obsesión hasta un remoto lugar de Wyoming, donde el ufólogo francés Claude Lacombe espera un anhelado encuentro con los alienígenas.

El cielo no puede esperar

En 1970, Spielberg escribió un relato corto titulado *Experiences*, que recogía su fascinación por las películas de platillos volantes y sus recuerdos de adolescencia en la colina de New Jersey, donde las lluvias de meteoritos congregaban a cientos de personas. Paul Schrader, cuya sensibilidad artística es muy distinta a la de Spielberg, tomó ese cuento como punto de partida para desarrollar un guión sobre fenómenos ufológicos. El resultado no satisfizo a Spielberg, que prefería a un héroe de la clase trabajadora como protagonista antes que a un agente del FBI con problemas de conciencia. Varios guionistas (John Milius, David Giler, Walter Hill, Hal Barwood y Matthew Robbins) le ayudaron a limar su versión de la historia, mucho menos paranoica que la de Schrader, y, probablemente, mucho más cara. El elevado presupuesto de la película (19 millones de dólares de la época) puso en peligro a la Columbia, pero el efecto dominó del éxito de *La guerra de las galaxias* (*Star Wars*, George Lucas, 1977) allanó el terreno a Spielberg, que, sin embargo, no contento con la versión que estrenó el 16 de noviembre de 1977 en Estados Unidos, la remontó en una edición especial que vio la luz en 1980.

Los tres protagonistas de *Encuentros en la tercera fase* –Roy Neary, Gillian, madre de un niño abducido, y Claude Lacombe, personaje inspirado en el ufólogo francés Jacques Vallée– actúan movidos por la obsesión, retratada como una forma extrema de la fe. En ese sentido, no es extraño que Spielberg filmara la cita a ciegas entre los 12 apóstoles de la humanidad y los extraterrestres como una experiencia religiosa. El largo clímax, rodado en un hangar de Mobile (Alabama) seis veces mayor que cualquier plató de Hollywood, desprende un misticismo luminoso, apoyado por el mantra musical de cinco notas compuesto por John Williams, la nave nodriza diseñada por Douglas Trumbull y los alienígenas concebidos por Carlo Rambaldi. De lo único que se podría acusar a la película, perfecta en todos sus apartados técnicos (Oscar a la mejor fotografía), es de suavizar el peligro de la intervención gubernamental, perdiendo así la oportunidad de hablar del consolidado escepticismo de la sociedad norteamericana respecto a sus instituciones. Pero Spielberg quería reivindicar la necesidad de creer en algo que está más allá de las estrellas, más allá de nuestro mundo visible, y lo consigue. No por azar, algunas de las copias de *Encuentros en la tercera fase* se cerraban con *When You Wish Upon a Star*, la canción de *Pinocho* (*Pinocchio*, Hamilton Huske y Ben Sharpsteen, 1940). Era el modo elegido por Spielberg para decirnos que los ángeles existen. ■

1977 La guerra de las galaxias
George Lucas

Star Wars. USA. **Dir.:** George Lucas. **Producción:** Lucasfilm Ltd./20th Century Fox. **Prod.:** Gary Kurtz. **Guión:** George Lucas. **Fot.:** Gilbert Taylor (Technicolor). **Mús.:** John Williams. **Mont.:** Richard Chew, Paul Hirsch y Marcia Lucas. **Efectos especiales:** John Dykstra, John

Stears, Richard Edlund, Grant McCune, Robert Blalack. **Duración:** 121 minutos. **Int.:** Mark Hamill (Luke Skywalker), Harrison Ford (Han Solo), Carrie Fisher (princesa Leia), Peter Cushing (Grand Moff Tarkin), Alec Guinness (Ben Obi-Wan Kenobi), Anthony Daniels (C3PO), David Prowse (Darth Vader).

> *Seis Oscar en categorías técnicas ganó esta película, hito de la ciencia-ficción que reeditaba la vitalidad del clásico cine de aventuras con unos efectos especiales que quitan el hipo.*

La princesa Leia, líder de las fuerzas rebeldes, es capturada por las tropas del Imperio, cuyo jefe militar es Darth Vader. Los consortes de Leia, los androides R2D2 y C3PO, aterrizan en el planeta Tatooine. Por azar se encuentran con Luke Skywalker, joven granjero que quiere unirse a los rebeldes. Cuando los soldados de Vader matan a sus tíos, Skywalker se pone en manos del maestro Obi-Wan Kenobi para llegar a ser un caballero Jedi, salvar a Leia y destruir la Estrella de la Muerte.

El camino del héroe

George Lucas fue el primero en desconfiar de las posibilidades de éxito de *La guerra de las galaxias*, que acabó salvando de la bancarrota a la Fox y se convirtió en una de las películas más taquilleras de todos los tiempos. En un primer momento, Lucas quiso hacer un *remake* de los seriales de *Flash Gordon* de los años treinta, pero el productor Dino de Laurentiis

LA HISTORIA INTERMINABLE

El 3 de octubre de 1994 George Lucas empezó a escribir las tres precuelas de *La guerra de las galaxias*. Quería echarle un pulso al mismísimo Frank Herbert (o, por qué no, a Tolkien), creando la saga interestelar más ambiciosa de la historia del cine. Mientras tanto, en 1997, preparó un entremés para *fans* impacientes, y reestrenó una edicion especial de la película original retocando digitalmente algunos efectos especiales y añadiendo cuatro minutos y medio de metraje. En 1999 llegó a las pantallas la decepcionante *La amenaza fantasma* (*The Phantom Menace*), que, junto a *El ataque de los clones* (*Attack of the Clones*, 2002) y, la mejor de las tres, *La venganza de los Sith* (*Revenge of the Sith*, 2005), contaban cómo el padre de Luke Skywalker, Anakin, se dejaba tentar por el Lado Oscuro de la Fuerza convirtiéndose en el temible Darth Vader. Un culebrón de aúpa.

ya había comprado los derechos. Un mes después del preestreno de *American Graffiti* (*Id.*, 1972), Lucas se puso manos a la obra. Flanqueado por libros de Carlos Castaneda y Joseph Campbell, el joven cineasta empezó a escribir con la intención de forjar una nueva mitología heroica para los niños de los setenta, que carecían de las películas de aventuras o de los *westerns* que él había disfrutado de pequeño. Tal como cuenta Peter Biskind,[11] tardó más de un año en redactar una sinopsis de 13 páginas que informaba al lector de que ésa era "la historia de Mace Windu, un venerado Jedi-bendu de Opuchi relacionado con Usby C. J. Thape, aprendiz padawaan del célebre Jedi". Además de evidenciar la filiación tolkieniana de la megalómana saga de *La guerra de las galaxias*, es obvio que la anécdota ridiculiza el trabajo como guionista de Lucas. No por azar el libreto pasó por decenas de reescrituras que acabaron finalmente en manos de Willard Huyck y Gloria Katz, encargados de un último pulido antes de someterlo al visto bueno de los ejecutivos de la Fox. ¿Cuáles son, por tanto, las bondades de una película que marcó un antes y un después en la historia del género, inventando el concepto de *merchandising*, otorgando protagonismo a los efectos especiales y convirtiendo a sus personajes en inmediatos fetiches de la cultura popular occidental?

Luke Skywalker representa la definición canónica del héroe según Campbell. Han Solo vendría a ser el equivalente de los antihéroes hawksianos, escéptico pero noble, un profesional como la copa de un pino. La princesa Leia parece recién salida de un cómic de *Flash Gordon*. R2D2 y C3P0 podrían haberse escapado de una versión futurista de *El mago de Oz* (*The Wizard of Oz*, Victor Fleming, 1939) o de una película de El Gordo y el Flaco. Darth Vader está modelado según el presidente Nixon. La gran virtud de Lucas es manejar todas esas referencias sin que se note demasiado su procedencia, e integrarlas en el esquema narrativo de un rito de iniciación heroico que tomará cuerpo en el mejor capítulo de la trilogía galáctica, *El imperio contraataca* (*The Empire Strikes Back*, Irvin Kershner, 1980). La lucha maniquea entre el Bien y el Mal predomina en una acción que supera el efecto *déjà vu* mediante un insólito vigor narrativo, que se materializa en un puñado de momentos inolvidables: las enseñanzas de Obi-Wan Kenobi a su alumno Skywalker; la secuencia de la cantina alienígena en el planeta Tatooine; la muerte del maestro Kenobi a manos de Darth Vader y su espada láser; la batalla galáctica... Lucas fundó la Industrial Light & Magic para desarrollar los sofisticados efectos especiales de la película y John Dykstra inventó una cámara controlada por ordenador para seguir los movimientos de las naves rebeldes en plena lucha contra las tropas del Imperio. La aventura continuó, por supuesto, en *El imperio contraataca* y *El retorno del Jedi* (*Return of the Jedi*, Richard Marquand, 1983). ■

1978 Capricornio Uno
Peter Hyams

Capricorn One. USA. **Dir.:** Peter Hyams. **Producción:** Capricorn One Associates/ Associated General Films/Incorporated Television Company (ITC), Lew Grade. **Prod.:** Paul N. Lazarus III. **Guión:** Peter Hyams. **Fot.:** Bill Butler. **Mús.:** Jerry Goldsmith. **Mont.:** James Mitchell. **Duración:** 123 minutos. **Int.:** Elliott Gould (Robert Caulfield), James Brolin (coronel Charles Brubaker), Brenda Vaccaro (Kay Brubaker), Sam Waterston (teniente coronel Peter Willis), O. J. Simpson (John Walker), Telly Savalas (Albain), Karen Black (Judy Drinkwater), Hal Holbrook (Dr. James Kelloway).

> *Peter Hyams cuestiona la política de la NASA en este 'thriller' conspiranoico alumbrado a la sombra del supuesto fraude del primer viaje a la Luna.*

Minutos antes de salir disparados hacia el planeta Marte, la NASA secuestra a los tripulantes de la cápsula espacial y los recluye en una base militar situada en pleno desierto. Allí se les informa de que la nave tenía un grave defecto técnico y de que se ha decidido falsear el lanzamiento para evitar la cancelación del programa. Necesitan su colaboración, a menos que quieran perder a sus familias. La cosa se complica para los astronautas cuando éstos mueren en la ficción que están protagonizando.

Misión a Marte
Antes que Clint Eastwood nos explicara que la famosa fotografía de la victoria yanqui en la batalla de Iwo Jima no era más que un fraude, Peter Hyams alimentó la teoría, defendida por el 11% de los norteamericanos, que sostiene que el hombre nunca ha pisado la Luna. En una

década en la que las conspiraciones estaban a la orden del día, Hyams utiliza un hipotético viaje a Marte para poner en duda las estrategias de la NASA, que curiosamente cooperó en la producción del film sin importarle que cuestionara duramente su reputación. El resultado es una película sorprendente, algo esclava de la brillantez de su planteamiento, pero que plantea temas interesantes –la manipulación de la verdad con la connivencia de los medios, la desprotección del individuo ante los intereses del sistema– en un género poco dado a la indagación realista. Más política-ficción que ciencia-ficción, *Capricornio Uno* pone bajo sospecha la veracidad de toda imagen producida desde las entrañas del poder, capaz de engañar al universo mundo para salvaguardar su pública notoriedad. En el momento en que los astronautas mueren en la ficción construida por las mentes enfermas de la NASA, la película se desvía hacia territorios más convencionales, convirtiéndose en la crónica de la persecución de su protagonista, Brubaker, y sus dificultades para sobrevivir en el lunar (o marciano) desierto de Nevada, lejos ya del plató donde se ha reproducido el segundo gran paso de la humanidad. ■

1979 Alien, el octavo pasajero
Ridley Scott

Alien. USA. **Dir.:** Ridley Scott. **Producción:** 20th Century Fox, Brandywine Productions. **Prod.:** Gordon Carroll, David Giler y Walter Hill. **Guión:** Dan O'Bannon, según un argumento de Dan O'Bannon y Ronald Shusett. **Fot.:** Derek Vanlint y Denys Ayling (Color DeLuxe). **Mús.:** Jerry Goldsmith. **Mont.:** Terry Rawlings y Peter Weatherley. **Efectos especiales:** H. R. Giger, Carlo Rambaldi, Brian Johnson, Nick Allder y Denys Ayling. **Duración:** 117 minutos. **Int.:** Tom Skerritt (Dallas), Sigourney Weaver (Ripley), Veronica Cartwright (Lambert), Harry Dean Stanton (Brett), John Hurt (Kane), Ian Holm (Ash), Yaphet Kotto (Parker).

> *En el espacio nadie pudo oír los gritos de las víctimas del monstruo creado por el artista H. R. Giger, protagonista absoluto de este cuento de horror gótico que creó escuela.*

De vuelta a la Tierra, el *Nostromo* capta una extraña señal desde un planeta cercano. En él la tripulación descubre una nave abandonada con un enorme esqueleto. Uno de los miembros de la expedición es atacado por un organismo corrosivo que se le pega literalmente al rostro y le deja en coma. Cuando se despierta, le explota el estómago, del que surge un depredador que, escondido en los más recónditos rincones del *Nostromo*, irá acabando con toda la tripulación.

El corazón de las tinieblas

Alien, el octavo pasajero es más una película de terror que de ciencia-ficción. Ridley Scott utiliza los códigos del género para disfrazar un cuento de horror gótico de la parafernalia propia del cine interestelar. Su originalidad estriba, por un lado, en la importancia que el escenario de la nave *Nostromo* (título de una novela de Joseph Conrad), diseñada con la ayuda de colaboradores de la revista *Heavy Metal* de la talla de Jean Giraud y Ron Cobb, adquiere en el desarrollo de la historia y, por otro, en la concepción de la criatura biomecánica creada por el artista suizo H. R. Giger. Como los castillos imaginados por Mary W. Shelley, Henry James o Bram Stoker, el *Nostromo* parece tener vida propia, latente en los oscuros pasillos que la cámara de Scott recorre con paciente curiosidad, y la naturaleza mutante y voraz de un monstruo escurridizo recuerda a las descripciones de lo *innombrable* que saturaban de carne babosa la literatura de H. P. Lovecraft. A medio camino entre *It! The Terror from Beyond the Space* (Edward L. Cahn, 1958) y los *Diez negritos* de Agatha Christie, ofrece la novedad de una contundente heroína femenina, Ripley (Weaver en su debut como protagonista), única superviviente de una pesadilla cuya génesis está en la omnipotencia de la tecnología. El verdadero villano de la película es el ordenador Madre, que, como el HAL 9000 de *2001: Una odisea del espacio* (*2001: A Space Odyssey*, Stanley Kubrick, 1968), está programado para ser tan cruel como el propio ser humano.

La saga de *Alien* es una de las más brillantes y fecundas del género. *Aliens* (*Id.*, James Cameron, 1986) es una excelente película de acción. Más mística, *Alien 3* (*Id.*, David Fincher, 1991) retrata a Ripley como a una Juana de Arco del futuro. Y en *Alien*

Resurrección (*Alien: Resurrection*, 1997), Jean-Pierre Jeunet la convierte, en un culebronesco giro de guión, en madre e infanticida del monstruo. La influencia del film de Ridley Scott se dejó notar durante toda la década de los ochenta, salpicando a subproductos que, de un modo u otro, exprimían todo el jugo de su punto de partida. Títulos como *Alien 2* (*Alien sulla terra... ora puo copiere anche te*, Ciro Ippolito, 1981), *La galaxia del terror* (*Galaxy of Terror*, Bruce D. Clark, 1981), *Deepstar Six* (Sean S. Cunningham, 1989) y *Leviathan, el demonio del abismo* (*Leviathan*, George Pan Cosmatos, 1989) no hacían más que explotar la proteica imaginería de una película sólo idéntica a sí misma. ▄■

1979 Mad Max, salvajes de autopista
George Miller

Mad Max. Australia. **Dir.:** George Miller. **Producción:** Crossroads/Kennedy Miller Productions/Mad Max Films. **Prod.:** Byron Kennedy. **Guión:** George Miller y James McCausland. **Fot.:** David Eggby (Eastmancolor). **Mús.:** Brian May. **Mont.:** Cliff Hayes y Tony Paterson. **Duración:** 91 minutos. **Int.:** Mel Gibson (Max Rockatansky), Hugh Keasy-Byrne (Cortauñas), Steve Bisle (Jim *Ganso*), Joanne Samuel (Jessie Rockatansky), Tim Burns (Johnny), Roger Ward (Fifi Macaffe).

> *«'Mad Max' se erige en un augurio definitivamente sombrío del porvenir que aguarda a nuestra civilización automovilística/industrial» (José Luis Guarner)*

En un futuro cercano, la violencia de las bandas motorizadas campa a sus anchas por las inhóspitas autopistas australianas. Uno de sus pandilleros más emblemáticos, el Jinete Nocturno, muere en el transcurso de una virulenta persecución con la policía. El brazo ejecutor pertenece al agente de la ley Max Rockatansky, casado y con hijo. El resto de la banda no tardará en vengar la muerte de su líder. Será entonces cuando Max, de repente viudo y solo, se transforme en *Mad* Max, el guerrero de la carretera.

La leyenda del indomable
Un grupo de moteros rabiosos, un policía con un estricto código de honor y una larga, larga autopista hacia ninguna parte. Con estos ingredientes básicos, George Miller, que había sido cirujano antes que cineasta, practicó la autopsia a las *road movies* (o películas de carretera) de los setenta para sacar de sus entrañas lo que el cineasta australiano convino en llamar un "western sobre ruedas" o, lo que es lo mismo, una abstracta odisea apocalíptica que desarrollase su discurso sobre esquemas genéricos preexistentes. Necesitó poco menos de 400.000

dólares para darle cuerpo y alma a un héroe sin más historia a sus espaldas que la de una venganza (la de la muerte de su esposa y su hijo, resuelta por Miller en un impecable fuera de campo) situada en un futuro tan próximo como indeterminado. El resultado fue el espléndido, impactante primer capítulo de una saga que se prolongaría en *Mad Max 2: El guerrero de la carretera* (*Mad Max 2*, George Miller, 1981) y *Mad Max: Más allá de la cúpula del trueno* (*Mad Max Beyond Thunderdome*, George Miller y George Ogilvie, 1985), ya con un Mel Gibson montado en el dólar, dispuesto a salvar a una humanidad que, después de quedarse sin petróleo, ha regresado a las tinieblas de una nueva Edad Media.

Inexplicablemente clasificada S en España (su violencia es a menudo seca y elíptica, nunca se regodea en la sangre derramada), *Mad Max* es una lección de cine, si entendemos a éste como un elogio del movimiento uniformemente acelerado. La película va perdiendo diálogos a medida que avanza su metraje, convirtiendo el ataque frontal entre nuestro estólido justiciero de la carretera, hermano del alma del Clint Eastwood de *Por un puñado de dólares* (*Per qualche dollare in più*, Sergio Leone, 1965) y de *Harry el sucio* (*Dirty Harry*, Donald Siegel, 1971) y del Charles Bronson de *El justiciero de la ciudad* (*Death Wish*, Michael Winner, 1974), y la pandilla de salvajes motorizados en un duelo visual en el que la fuerza del montaje evoca la pureza del cine primitivo. En ese sentido, el uso de frecuentes fundidos en negro, recurso expresivo bastante inhabitual en el cine de acción, no hace sino destacar la elegancia de la puesta en escena de una película que sabe que brutalidad y sofisticación pueden ser sinónimos.

De este modo, *Mad Max* abría un nuevo desvío en las tortuosas autopistas de la ciencia-ficción –el del cine futurista que explota una estética atávica pero posnuclear; el que, en definitiva, bebe de fuentes genéricas tan distintas como la del *western*, el *peplum* (cine de romanos) o las *road movies*– que iba a ser explorado por una gran cantidad de subproductos de principios de los ochenta –desde *Battletruck* (Harley Cokliss, 1982) hasta *Los nuevos bárbaros* (*I nuovi barbari*, Enzo G. Castellari, 1983), pasando por *Stryker-Mad Max 3* (*Stryker*, Cirio Santiago, 1983)–, y a la vez expedía el documento internacional de identidad de uno de los pocos héroes con nombre propio del cine reciente, suerte de Mesías apocalíptico vestido de cuero, nómada con motor de inyección que sólo se compromete con su sombra. ■

 # La muerte en directo
Bertrand Tavernier

La mort en direct. Francia-Alemania-Gran Bretaña. **Dir.:** Bertrand Tavernier. **Producción:** Selta Film, Little Bear, Sara Film, Gaumont, Antenne 2, Société Française de Production (SFP), TV 13 Munich. **Prod.:** Elie Kfouri y Bertrand Tavernier. **Guión:** Bertrand Tavernier y David Rayfiel, según la novela de David Compton. **Fot.:** Pierre-William Glenn (Eastmancolor). **Mús.:** Antoine Duhamel. **Mont.:** Michael Ellis y Armand Psenny. **Duración:** 128 minutos. **Int.:** Romy Schneider (Katherine), Harvey Keitel (Roddy), Harry Dean Stanton (Vincent Ferriman), Thérèse Liotard (Tracey), Max von Sydow (Gerald Mortenhoe), Caroline Langrishe (chica del bar), William Russel (Dr. Mason).

> *Tavernier homenajea a Michael Powell en esta tragedia que plantea la necesidad de una ética de la mirada frente a la crueldad de los medios de comunicación.*

En un futuro incierto la idea de enfermedad ha desaparecido. Katherine, escritora a quien han diagnosticado un mal incurable, despierta el interés de las cadenas de televisión, que quieren comprar los derechos de retransmisión de su muerte. Huyendo de su involuntario impacto mediático, se esconde en un lugar remoto del campo. Allí conoce a Roddy, un reportero de televisión del que se enamora sin saber que, en realidad, lleva cámaras implantadas en los ojos.

Amar, filmar, morir
La muerte en directo está dedicada a Jacques Tourneur "por su forma de contemplar el cine fantástico (...), su manera de diluirlo en lo cotidiano" y a Delmer Daves "por los paisajes".[12] Sin ánimo de enmendarle la plana al mismísimo Bertrand Tavernier, habría que añadir el

nombre de su admirado Michael Powell. El director británico no habría dudado ni un segundo en reconocer a Roddy (un contenido Harvey Keitel) como hermano gemelo del Mark Lewis de *El fotógrafo del pánico* (*Peeping Tom*, 1960), hombres que sólo entienden el mundo cuando lo filman. Si el traumatizado cineasta *amateur* de Powell, obsesionado por secuestrar la muerte como acto supremo de la mirada cinematográfica, hubiera nacido en un futuro próximo, ¿no se habría dejado implantar cámaras en los ojos? ¿No habría considerado esa operación como un regalo del destino? Roddy no es sólo un espía de las grandes corporaciones televisivas, un *voyeur* privilegiado que graba el *reality show* de la agonía de Katherine con el propósito de satisfacer a la audiencia hambrienta de morbo. Es, también, un *alter ego* del propio cineasta, fascinado por este hombre-cámara "que se vende al sistema con objeto de poder espiar mejor los sentimientos, de obtener una verdad absoluta sobre las emociones".[13] Por eso cuando descubre esa verdad prefiere quedarse ciego. Es preferible amar que filmar.

Rodada entre *Los inquilinos* (*Les enfants gâtés*, 1977) y *Une semaine de vacances* (1980), *La muerte en directo* es la única incursión de Tavernier en la ciencia-ficción y la primera película que rodó en inglés. Trabajó con el guionista David Rayfiel, cuya colaboración con Sydney Pollack en *Las aventuras de Jeremiah Johnson* (*Jeremiah Johnson*, 1972) y *Los tres días del Cóndor* (*The Three Days of the Condor*, 1975) le había impresionado, e intentó apartarse por completo del modelo de película de género practicado en la época por Spielberg y Lucas. El futuro de Tavernier es nuestro presente. De hecho, el autor de la novela original, David Compton, la había imaginado ambientada en la década de los noventa, convencido de la implantación de la dictadura de los medios tras varios años de democracias de derechas, idea que compartía con Paddy Chayefsky, guionista de *Network: Un mundo implacable* (*Network*, Sidney Lumet, 1975). De ahí que las alusiones al futuro en la película se puedan contar con los dedos de una mano. Trascendiendo las normas no escritas de la ciencia-ficción, *La muerte en directo* es, al mismo tiempo, una tenebrosa historia de amor y un ensayo sobre el sentido moral de filmar. ■

1979 Stalker
Andrei Tarkovski

Stalker. URSS. **Dir.:** Andrei Tarkovski. **Producción:** Mosfilm. **Prod.:** Aleksandra Demidova. **Guión:** Arkadi y Boris Strugatsky. **Fot.:** Aleksandr Knyazhinsky (blanco y negro y Eastmancolor). **Mús.:** Eduard Artemyev. **Mont.:** Lyudmila Feiginova. **Duración:** 161 minutos. **Int.:** Aleksandr Kajdanovsky (el *stalker*), Alisa Frejndlikh (la mujer del *stalker*), Anatoli Solonitsyn (el escritor), Nikolai Grinko (el científico), Natasha Abramova (Martha, la hija del *stalker*), Faime Jurno, Ye. Kostin, R. Rendi.

> *Tarkovski dibuja una escarpada topografía del alma sin hacer ni una sola concesión al espectador, obligándole a buscar respuestas en sus propias incertidumbres.*

El *stalker* se encarga de guiar a las personas que quieren internarse en la Zona, lugar misterioso, cercado por los militares, donde se cree que cayó un meteorito, y que ejerce extraños poderes sobre los que lo visitan. Sus nuevos compañeros de viaje son el escritor y el científico, con los que iniciará un periplo al fondo de la conciencia humana.

El espacio sin límites
"A menudo se me ha preguntado qué simboliza exactamente la Zona (...) La Zona es sencillamente la Zona. Es la vida que el hombre debe atravesar y en la que sucumbe o aguanta. Y que resista depende tan sólo de la conciencia que tenga en su propio valor, de su capacidad de distinguir lo sustancial de lo accidental".[14] La Zona de *Stalker* es la versión realista del planeta hipnótico de *Solaris* (*Solyaris*, Andrei Tarkovski, 1972). Por segunda vez Tarkovski utilizaba el marco de un género que consideraba menor para establecer las coordenadas de un viaje interior que se produce en función de una relación con el exterior. No debe extrañarnos que definiera *Stalker* como un *western* que transcurre en el cerebro. El respeto por la linealidad narrativa, extraña viniendo del carácter aleatorio e irracional de *El espejo* (*Zerkalo*, Andrei Tarkovski, 1974), se desarrolla en un paisaje desolado, situado en

las ruinas de una planta hidroeléctrica a las afueras de Tallin (Estonia). Ésa es la Zona, espacio que, como la vida, cambia de un día a otro, reparte sus trampas sin avisar e impide volver atrás y desandar lo andado, obligando a los que se adentran en ella a buscar otra salida. Es, claro, la geografía de la introspección, un lugar mental donde los tres protagonistas, símbolos del conflicto entre fe y razón, entre pureza y escepticismo, entre alma y materia, se ven impulsados a cuestionar el sentido de su existencia.

Partiendo de *Picnic junto al camino*, relato publicado por los hermanos Strugatsky en la revista infantil *Aurora* en 1973, Tarkovski elabora una fábula moral donde las digresiones filosóficas y el carácter enigmático de la naturaleza –las dunas en la Habitación de los Deseos; la lluvia repentina que empieza a caer dentro de la estancia– conforman una atmósfera quieta y misteriosa, apenas sin acción. El proceso de reelaboración de una segunda versión del guión –Tarkovski aprovechó la oportunidad que le dio un accidente en los laboratorios de revelado que echó a perder prácticamente todo el material rodado– reforzó el carácter metafórico de los personajes. El *stalker* o guía, que representa la fe y la esperanza; el escritor, cuya arrogancia oculta una profunda fragilidad espiritual; y el científico, cuyo silencio disfraza el anhelo de la ciencia por reducir el misterio del mundo a su formulación lógica. El viaje en sí no ofrece conclusiones definitivas, aunque Tarkovski lo cierra con un epílogo inolvidable, en el que la hija del *stalker* mueve un vaso con la mirada hasta romperlo. Los milagros no se explican con palabras, sino con hechos. O con imágenes. ■

1979 Star Trek: La película
Robert Wise

Star Trek: The Motion Picture. USA. **Dir.:** Robert Wise. **Producción:** Century Associates, Paramount Pictures. **Prod.:** Gene Roddenberry. **Guión:** Harold Livingston, según un argumento de Alan Dean Foster. **Fot.:** Richard H. Kline (Metrocolor). **Mús.:** Jerry Goldsmith. **Mont.:** Todd Ramsay. **Efectos especiales:** Richard Yuricich, Douglas Trumbull, John Dykstra, Dave Stewart, Don Baker, Robert Swarthe, Harry Moreau. **Duración:** 132 minutos. **Int.:** William Shatner (capitán James T. Kirk), Leonard Nimoy (Mr. Spock). DeForest Kelley (Dr. Leonard *Bones* McCoy), James Doohan (Montgomery *Scotty* Scott), George Takei (teniente Cmdr. Hikaru Sulu), Majel Barrett (Dr. Christine Chapel), Walter Koenig (teniente Pavel Chekov).

> *Infinitas reescrituras de guión y problemas de producción retrasaron la llegada al cine de la serie creada por Gene Roddenberry, luego convertida en franquicia imprescindible del género.*

El capitán James Kirk reúne a la antigua tripulación del *Enterprise* para interceptar una gran nube de hidrógeno que se dirige hacia la Tierra destruyendo todo lo que encuentra a su paso. La nube está controlada por una entidad superior, el V-ger, que en realidad es una

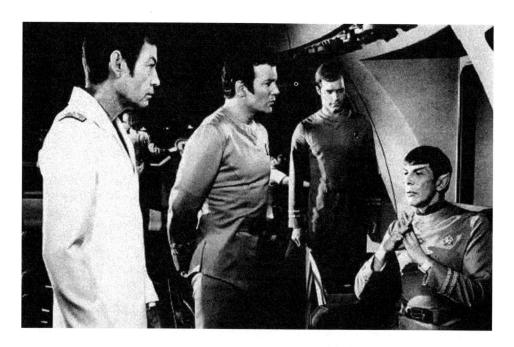

La ciencia-ficción no sólo colonizó el espacio cósmico de la pantalla grande. También se aprovechó del tubo catódico para irradiar ondas expansivas desde galaxias muy, muy lejanas. Antes de que Gene Roddenberry propagara su visión humanista de la vida desde la mesa de mandos del *Enterprise*, Rod Serling creó *The Twilight Zone* (1959-1964) para darle otra vuelta de tuerca a los problemas de conciencia del ser humano a base de argumentos imprevisibles que con frecuencia coqueteaban con el género. En las dos décadas sucesivas, series como *Viaje al fondo del mar* (*Voyage to the Bottom of the Sea*, 1964-1968), *Rumbo a lo desconocido* (*The Outer Limits*, 1963-1965), *Perdidos en el espacio* (*Lost in Space*, 1965-1968) o, ya desde la televisión británica, *Doctor Who* (1963-1989) y *Espacio 1999* (*Space 1999*, 1975-1977), cautivaron a los espectadores de medio mundo. Desde entonces, *Galáctica* (*Battlestar Galactica*, 1978-80), los *spin offs* de *Star Trek*, *V* (*Id.*, 1984-1985), *Babylon 5* (*Id.*, 1994-1998), *Expediente X* (*The X-Files*, 1993-2002) y *Millennium* (*Id.*, 1996-1999), entre otros títulos, han hecho de la televisión una dimensión desconocida que nadie se cansa de explorar.

nave del siglo XX, la *Voyager 6*, que fue reparada por inteligencias alienígenas y que ahora intenta adivinar las intenciones del *Enterprise*.

Un mensaje humanista

Después de que la cadena NBC recibiera un millón de cartas para que no se cancelara la serie y de que la primera convención de *trekkies* superara los 3.000 asistentes (en 1976 la cifra ascendió a 50.000), la Paramount no dudó ni un segundo: había que producir un largometraje para satisfacer a los fans de *Star Trek*. Entre 1975 y 1977, lo más florido de la literatura de ciencia-ficción (el creador de la serie Gene Roddenberry, Harlan Ellison, Theodore Sturgeon, Ray Bradbury) puso manos a la obra para sacar un buen argumento de debajo de las piedras. Titulado *Star Trek: Planet of Titans*, el guión, de Chris Bryant y Allan Scott, fue reescrito por Philip Kaufman. También fue rechazado. Se volvió a la idea de revitalizar un *spin off* de la serie, *Star Trek: Phase II*. El éxito de *La guerra de las galaxias* (*Star Wars*, George Lucas, 1977) acabó de decidir a la Paramount: aun sin un guión aprobado, *Star Trek* entraba en fase de preproducción. Los efectos especiales debían estar a la altura de los del film de Lucas, y el estudio no estaba nada contento con el trabajo de la empresa que los estaba diseñando. Douglas Trumbull se apuntó al carro: en nueve meses debía tenerlos listos para el estreno, en Navidades de 1979. Las prisas estrangularon a Robert Wise, que tuvo que esperar hasta 2001, año en que dio luz verde al montaje del director, para estar satisfecho con el resultado.

La serie, que Roddenberry definía como un *western* del espacio, daba más importancia a los personajes, siempre protagonistas de aventuras que ponían a prueba su talla moral, que a los efectos. Tal vez por eso, el primer tercio del largometraje se dedica a presentar a la tripulación del *Enterprise* (incluidas las discusiones entre el capitán Kirk y su rival, el comandante Decker), demostrando que la película no había sido concebida para satisfacer a los *trekkies*, sino para atraer a un público joven que no estaba familiarizado con la serie; en fin, el público que había disfrutado con *La guerra de las galaxias*. El hermoso viaje de la nave al interior de la nube debió colmar sus expectativas, aunque lo esotérico de su argumento, monopolizado por una sonda que quiere acumular todo el conocimiento del mundo, resultaba insuficiente para dinamizar el ritmo interno de la película, algo apelmazado. La gran virtud de *Star Trek: La película* fue resucitar el interés de los viejos *trekkies*, reclutar nuevos fans y revitalizar la saga de Roddenberry. Cinco secuelas y cuatro nuevas series –entre ellas, *Star Trek: La Nueva Generación* (*Star Trek: The Next Generation*, 1987-94), que a su vez ha derivado en cuatro largometrajes– demuestran la buena salud de una leyenda del género que amenaza con seguir dando guerra. ■

1981 Atmósfera cero
Peter Hyams

Outland. Gran Bretaña. **Dir.:** Peter Hyams. **Producción:** The Ladd Company, Outland Productions. **Prod.:** Richard A. Roth. **Guión:** Peter Hyams. **Fot.:** Stephen Goldblatt (Technicolor). **Mús.:** Jerry Goldsmith. **Mont.:** Stuart Baird. **Efectos especiales:** Roy Field, John Stears y Bob Harman. **Duración:** 109 minutos. **Int.:** Sean Connery (O'Niel), Peter Boyle (Sheppard), Frances Sternhagen (Lazarus), James Sikking (Montone), Kika Markham (Carol), Clarke Peters (Ballard), Steven Berkoff (Sagan).

> *En este 'remake' apócrifo de 'Solo ante el peligro',*
> *Sean Connery resucita sin esfuerzo*
> *la nobleza del personaje de Gary Cooper.*

El *sheriff* O'Niel es destinado a trabajar en Io, la tercera luna de Júpiter. Algunos de los 2.144 mineros que componen el censo de la colonia han muerto en extrañas circunstancias. Sus autopsias revelan la presencia de anfetamina en la sangre, droga que aumenta su productividad. Lo más probable es que el director de la colonia minera esté implicado en el caso...

Un 'western' galáctico
Honesta traducción de *Solo ante el peligro* (*High Noon*, Fred Zinnemann, 1952) a las coordenadas antigravitatorias de la ciencia-ficción, *Atmósfera cero* resulta interesante por su

habilidad para congeniar los escenarios del género con una trama típica del *western* clásico. Interpretado con convicción por Sean Connery, capaz de inyectar a su personaje la misma dignidad y el mismo coraje de Gary Cooper, el *sheriff* O'Niel es un idealista que, dispuesto a destapar la podredumbre del sistema, es abandonado a su suerte por aquellos a los que intenta defender. El aliento pacifista y la interpretación política del original quedan sustituidos por el análisis pesimista de un gobierno corrupto, tal vez aún recogiendo tardíamente los ecos del Watergate. Eso sí, Hyams respeta con reverencia la estructura narrativa de *Solo ante el peligro*: aunque no ocurre en tiempo real, la espera que separa a O'Niel del transbordador espacial en el que viajan los asesinos a sueldo que acabarán con él es idéntica a la espera que separa a Kane de la llegada del ferrocarril donde viaja Miller, su más acérrimo enemigo, en el film de Zinnemann. Hyams saca provecho del espacio claustrofóbico donde se desarrolla la acción, un satélite oscuro y minúsculo, a 70 horas del planeta más cercano, una isla sideral donde los mineros duermen, hacinados, en pequeños compartimentos. Atención a las violentas escenas de despresurización y a la larga y angustiosa persecución final. En 1982 Jim Steranko publicó la adaptación al cómic de *Atmósfera cero* en la revista *Heavy Metal*. ▄

1981 1997: Rescate en Nueva York
John Carpenter

Escape from New York. USA. **Dir.:** John Carpenter. **Producción:** Avco Embassy, International Film Investors, Goldcrest Films International, City Films. **Prod.:** Larry Franco y Debra Hill. **Guión:** John Carpenter y Nick Castle. **Fot.:** Dean Cundey (Metrocolor). **Mús.:** John Carpenter y Alan Howarth. **Mont.:** Todd Ramsay. **Duración:** 99 minutos. **Int.:** Kurt Russell (Snake Plissken), Lee Van Cleef (Bob Hauk), Ernest Borgnine (Cabbie), Donald Pleasence (presidente de Estados Unidos), Isaac Hayes (el Duque de Nueva York), Season Hubley (la chica en Chock Full O'Nuts), Harry Dean Stanton (Harold *Brain* Helman).

> *Carpenter dio a luz a Snake Plissken, uno de los antihéroes más cínicos de los ochenta, en un futuro apocalíptico, dominado por la corrupción política y la delincuencia.*

En 1988, Norteamérica es un hervidero de criminales y Manhattan se ha convertido en una isla-prisión. En 1997, el Frente de Liberación Nacional de Estados Unidos secuestra el avión del presidente con el propósito de abandonarle en la enorme cárcel que él mismo ha creado. Bob Hauk, el jefe de la policía de la ciudad, recluta a un veterano de guerra y también atracador de bancos llamado Snake Plissken para que rescate al presidente, que tiene que asistir a una reunión en la cumbre con el gobierno chino veinticuatro horas después. Si no cumple su misión en el tiempo acordado, Plissken morirá: le explotarán dos cápsulas que Hauk le ha inyectado en sus arterias.

Plissken es la justicia

No es extraño que la productora Avco/Embassy quisiera a Charles Bronson o Tommy Lee Jones para interpretar a Snake Plissken. De hecho, Carpenter, que había escrito el guión de *1997: Rescate en Nueva York* en 1976 impulsado por el caso Watergate, se confesaba influenciado por la estética salvaje de *El justiciero de la ciudad* (*Death Wish*, Michael Winner, 1974), donde Bronson interpretaba a Paul Kersey, arquitecto de día, vengador urbano de noche. Sin embargo, Carpenter insistió en que prefería a Kurt Russell, con el que había trabajado en *Elvis* (*Id.*, 1978), antes que a Bronson, al que consideraba demasiado viejo para el papel. Russell rompió con su imagen de niño prodigio de la factoría Disney construyendo un personaje inolvidable, un mercenario cínico que, con su media melena, su vestimenta militar y su parche en el ojo, parecía haberse escapado de un *spaghetti-western* de Sergio Leone situado en un futuro apocalíptico. En cierto modo, Plissken no está tan lejos de la figura del antihéroe escéptico y nihilista creada por Clint Eastwood en sus inicios como actor, en la medida en que simboliza la fuerza del individualismo para combatir la corrupción del sistema. No hay tanta diferencia entre Plissken y el William Munny de *Sin perdón* (*Unforgiven*, Clint Eastwood, 1992): ambos son hombres (auto)marginados, que han decidido no casarse con nadie y que no ocultan su deuda con un pasado que no es precisamente ejemplar.

Huelga decir que el descreimiento de Plissken es el de la mirada de un Carpenter que desconfía en la bondad de las instituciones, como volverá a demostrar en la secuela, *2013: Rescate en L.A.* (*Escape from L.A.*, 1995), reedición de los logros del original salpicada de casposos efectos digitales. Su visión del futuro es profundamente pesimista: mientras las fuerzas vivas vigilan la prisión de Manhattan desde una privilegiada atalaya (la estatua de la Libertad), los delincuentes campan a sus anchas por las calles, iluminadas por hogueras y tapizadas de basura. Especialmente siniestra resulta la aparición de los habitantes de los túneles del metro, que, de noche, salen a la superficie desde las alcantarillas dispuestos a alimentarse de carne humana. Carpenter saca provecho de su limitado presupuesto (siete millones de dólares) convirtiendo la ciudad de St. Louis, donde la rodó, en una Nueva York desolada, escenario postapocalíptico que parece dibujado por los artistas de la revista *Metal Hurlant*. No faltan, eso sí, los toques de humor grotesco, a menudo relacionados con el personaje del Duque, padrino de las nuevas etnias urbanas, y situaciones propias de una divertida película de serie Z (el combate de lucha libre entre dos armarios). ■

1982 **Blade Runner**
Ridley Scott

Blade Runner. USA. **Dir.:** Ridley Scott. **Producción:** Blade Runner Partnership, Run Run Shaw, Shaw Brothers, The Ladd Company. **Prod.:** Michael Deeley. **Guión:** Hampton Fancher y David Peoples, según una novela de Philip K. Dick. **Fot.:** Jordan Cronenweth (Technicolor). **Mús.:** Vangelis. **Mont.:** Terry Rawlings y Marsha Nakashima. **Efectos especiales:** Douglas Trumbull, Richard Yuricich, David Dryer. **Duración:** 114 minutos. **Int.:** Harrison Ford (Rick Deckard), Rutger Hauer (Roy Batty), Sean Young (Rachael), Edward James Olmos (Gaff), M. Emmet Walsh (Bryant), Daryl Hannah (Pris), William Sanderson (J. F. Sebastian).

> *«La más excitante y perfecta de las películas de fantaciencia (...) desde '2001', muestra no un futuro promisorio sino, empeorando lo presente, un mañana peor: polvo eres y terminarás comiendo polvo» (Guillermo Cabrera Infante)*

Los Ángeles, año 2019, Rick Deckard es un ex *blade runner*, un ex cazador de replicantes, androides casi idénticos a los humanos que sólo delatan su verdadera naturaleza cuando tienen que reaccionar a cuestiones emocionales. Cuatro replicantes han escapado de su exilio en el Mundo Exterior, y la policía le exige a Deckard que los localice y elimine. Mientras tanto, Roy Batty, el jefe de los prófugos, visita a su creador, J. F. Sebastian, para que prolongue su longevidad. Cuatro años son demasiado cortos para vivir toda una vida...

El sentido de la vida

Concebida con habilidad como cruce genético entre la ciencia-ficción filosófica y el cine de gran espectáculo, *Blade Runner* supuso la revitalización y reciclaje de todas las claves de un género que, tras *La guerra de las galaxias* (*Star Wars*, George Lucas, 1977), estaba empezando a sobrevalorar el atractivo de los efectos especiales. Lo primero que llama la atención en *Blade Runner* es que la sofisticada puesta en escena de Ridley Scott no conduzca al manierismo: la música, los decorados y el vestuario enaltecen el escenario hermoso y apocalíptico en que se desarrolla la historia, y, por perfecta ósmosis, sus protagonistas quedan infectados por la podredumbre y la ambigüedad moral de la futura ciudad de Los Ángeles. Pocas películas de ciencia-ficción que hayan sido tan fríamente calculadas han conseguido que su andamiaje visual se convirtiera, de forma tan perfecta y convincente, en su propio argumento. El *look* de *Blade Runner*, entre siniestro y melancólico, define el carácter triste y sombrío de sus personajes. Para diseñar esa imagen de un futuro húmedo, maloliente y superpoblado, Scott, que nunca se ha considerado cinéfilo, bebió de artes plásticas hermanadas con el cine: los cómics de Moebius y Jean Giraud; la pintura de William Hogarth, Edward Hopper o Jan Vermeer; *Sentynel*, el libro de arte futurista de Syd Mead; las revistas de moda de alta costura... A partir de todo este material, Scott configuró una ciudad del tercer mundo (los abigarrados puestos de comida) quebrada por la verticalidad (los rascacielos, la pirámide de la Corporación Tyrrell) de una ciudad del primer mundo, crisol de idiomas y nacionalidades donde la identidad humana ha dejado de tener espacio para pensar en sí misma.

Deckard encuentra ese espacio enfrentándose a los replicantes y enamorándose de una de ellos, Rachael. Lo que está en juego, como ocurría en la novela de Philip K. Dick, *¿Sueñan los androides con ovejas eléctricas?*, es qué significa ser humano. En cierto modo, Deckard y los replicantes se están haciendo la misma pregunta. Los androides le sacan ventaja porque tienen a un creador a quien formulársela. Batty y sus colegas únicamente quieren ser libres, desean independizarse del esclavismo al que les ha sometido un demiurgo tan oprimido como ellos. Es por eso que *Blade Runner* resulta una película lánguida, pensativa, sin personajes plenamente positivos, siempre sumidos en una oscuridad que compite con las humaredas de las cloacas. Es por eso que habla de la creación, de la búsqueda de la identidad y de la crisis del héroe desde un registro unido por un grueso cordón umbilical al cine negro de los cuarenta. Es por eso que Philip K. Dick dio el visto bueno al trabajo de David Peoples después de que su novela hubiera pasado por distintas manos sin que nadie llegara a captar su tono existencialista. Sin ir más lejos, Martin Scorsese quiso comprar los derechos después de estrenarse en el largo con *Who's That Knocking At My Door?* (1969), pero los tenía una compañía llamada Herb Jaffe Associates que quería hacer de ella una comedia. Y Hampton Fancher, actor que quedó fascinado con la novela y adquirió los derechos al caducar los de Jaffe, la convirtió en un *thriller* que tampoco fue del agrado de Dick. A petición de Scott, Peoples rehízo el guión de Fancher e introdujo el término "replicantes", que no existía en el libro. Dick murió tres días antes del estreno de la película.

Blade Runner ofrece inolvidables momentos de cine puro, a menudo relacionados con Batty, el replicante interpretado por Rutger Hauer. La conversación con su creador, J. F. Sebastian, y, sobre todo, el duelo a muerte que mantiene con el vulnerable Rick Deckard en la azotea, clausurado con un precioso discurso de despedida ("Yo he visto cosas que vosotros no creeríais... Atacar naves en llamas más allá de Orión. He visto Rayos C brillar en la oscuridad cerca de la puerta de Tanhäuser... Todos esos momentos se perderán en el tiempo como lágrimas en la lluvia. Es hora de morir") pueden grabarse en letras de molde en cualquier memoria cinéfila. Y aunque es cierto lo que decía José Luis Guarner cuando afirmaba que Scott trabaja mucho más (y mejor) sobre ideas de diseño que sobre ideas de cine, es innegable el aliento visionario de esta oscura fábula. La muestra del rigor con que está concebida es el montaje del director que Scott estrenó en salas en 1993, versión definitiva que aligeraba la chandleriana voz en *off* de Rick Deckard y que borraba el final feliz del original, restaurando así el elocuente nihilismo de todos y cada uno de sus planos. ▪

1982 Cielo líquido
Slava Tsukerman

Liquid Sky. USA. **Dir.:** Slava Tsukerman. **Producción:** Z Films Inc. **Prod.:** Slava Tsukerman. **Guión:** Anne Carlisle, Nina Kerova y Slava Tsukerman. **Fot.:** Yuri Neyman

(TVC). **Mús.:** Slava Tsukerman, Brenda Hutchinson y Clive Smith. **Mont.:** Sharyn Leslie Ross. **Duración:** 118 minutos. **Int.:** Anne Carlisle (Margaret/Jimmy), Paula E. Sheppard (Adrian), Susan Doukas (Sylvia), Otto von Wernherr (Johann Hoffman), Bob Brady (Owen), Elaine C. Grove (Katherine), Stanley Knapp (Paul).

> *Película de culto que compendia todos los elementos de la estética 'new wave' neoyorquina: sexo promiscuo y ambiguo, música 'post-punk' y drogas a mansalva.*

Un platillo volante aterriza en la azotea de un edificio del Lower East Side. Allí vive Margaret, modelo y protagonista de la escena *new wave* neoyorquina. Su promiscuidad sexual siempre acaba con la muerte de sus amantes. Aunque ella se cree responsable, los culpables de esas muertes son los alienígenas, que matan a la gente que llega al orgasmo porque su cerebro segrega una sustancia parecida a la heroína, droga de la que se alimentan.

El tormento y el éxtasis

El cielo líquido significa, en argot anglófono, el éxtasis producido por el consumo de heroína. Esa nube fícticia de placer y transgresión sintetiza la atmósfera de una película muy condicionada por la estética de la *new wave* neoyorquina. Podría dar la sensación que Slava Tsukerman fuera uno de sus ideólogos, aunque lo cierto es que una de las virtudes de *Cielo líquido* es que ese mundo extraño, a medio camino entre la ciencia-ficción de Anthony Burgess y la escena *underground* norteamericana, es observado desde el extrañamiento de una mirada ajena a su idiosincrasia. No en vano Tsukerman y su mujer, Nina Kerova, llegaron a Nueva York escapando de Rusia, donde realizaron un documental, *Night of Decision* (1972), que no fue bien recibido por los censores. Su encuentro con Anne Carlisle, estudiante de pintura en la Escuela de Artes Visuales y una de las divas de la escena *post-punk* neoyorquina, fue decisivo. La participación de Carlisle en el guión de *Cielo líquido* marca el tono de la película: después de todo, ella cuenta desde dentro algo que Tsukerman y Kerova contemplan desde fuera. Es ese contraste el que hace del film un documento imprescindible para entender la *new wave* tanto como lo son los primeros títulos de Almodóvar para entender la movida madrileña. Su deliberado aspecto futurista, diseñado a partir de maquillajes extremos, luces de neón, sesiones de sexo ambiguo y adicción obsesiva, muestra la caída de un imperio efímero. Quizá por eso la película exhibe sin pudor su fecha de caducidad. Porque *Cielo líquido* nació con vocación de ser objeto de arqueología de una subcultura en extinción. ■

1982 E.T. El Extraterrestre
Steven Spielberg

E.T. The Extra-Terrestrial. USA, 1982. **Dir.:** Steven Spielberg. **Producción:** Universal. **Prod.:** Steven Spielberg y Kathleen Kennedy. **Guión:** Melissa Mathison. **Fot.:** Allen Daviau (Technicolor). **Mús.:** John Williams. **Mont.:** Carol Littleton. **Efectos especiales:** Carlo Rambaldi, Dennis Muren y Kenneth Smith. **Duración:** 110 minutos. **Int.:** Dee Wallace (Mary), Henry Thomas (Elliott), Peter Coyote (Keys), Robert MacNaughton (Michael), Drew Barrymore (Gertie), K. C. Martel (Greg), Sean Frye (Steve).

> *Un niño y un extraterrestre se hacen amigos y revientan taquillas en la película religiosa más conmovedora de todos los tiempos.*

Una pandilla de extraterrestres inspecciona la flora de un bosque terrestre. Uno de ellos se aleja del grupo. Cuando unos coches se acercan a la zona, los extraterrestres se asustan y huyen en su nave, abandonando al que se había apartado. El pequeño Elliott lo encuentra en el cobertizo de su casa y se hacen amigos del alma. Pero la atmósfera de la Tierra está perjudicando a E.T., que se pone gravemente enfermo.

Los dos huerfanitos

Steven Spielberg empezó a modelar *A Boy's Life*, primer título de *E.T. El Extraterrestre*, durante el rodaje de *En busca del arca perdida* (*Raiders of the Lost Ark*, 1981). Le contó a Melissa Mathison el argumento de *Night Skies*, que había ideado como secuela de *Encuentros en la tercera fase* (*Close Encounters of the Third Kind*, 1977), y lo mezcló con otro de sus proyectos, que había tenido varios titulos (*Clearwater*, *Growing Up* y *After School*), sobre la vida de un niño en los suburbios. Un año después el guión de una de las películas más rentables de la historia (10,5 millones de dólares de presupuesto frente a 800 en taquilla, cuatro Oscar) estaba listo. Tal como apunta John Baxter en su biografía no autorizada sobre el cineasta[15], no era difícil reconocer al Spielberg adolescente, aislado y solitario, en un Elliott que encuentra la salvación en un Mesías torpe y milagroso. La identificación entre el niño y el alienígena es absoluta: el primero tiene una familia que no le comprende y el segundo ha sido abandonado por ella en un planeta extraño. Ambos son, en cierto modo, huérfanos, y el gran hallazgo de la película es contar la historia de su amistad respetando a rajatabla su punto de vista en un mundo donde los adultos están ausentes o son una amenaza.

El diseño del pequeño extraterrestre era fundamental para garantizar el éxito de la empresa. Spielberg esbozó un retrato robot de la criatura con la fotografía de un bebé donde pegó los ojos del poeta Carl Sandburg, la frente de Ernest Hemingway y la nariz de Albert Einstein. Carlo Rambaldi se ocupó de convertir ese galimatías en un muñeco de mirada tan conmovedora como la de Bambi. Su dedo luminoso y curativo, su corazón encendido y su voz cavernosa gritando "Teléfono, mi casa" lo convirtieron en uno de los más incontestables iconos de nuestra cultura popular. En el tercio final de la película, la criatura pasa de ser un divertido compañero de juegos a un Jesucristo herido de muerte. La analogía religiosa toma carta de naturaleza cuando, en el último minuto, llamado por sus hermanos, el extraterrestre resucita. Castigado en su martirio por aquellos hombres que sólo creen en la lógica de la ciencia, es, también, la prueba viviente de un Spielberg que no tiene ningún pudor en defender la fe en la magia como método de supervivencia. Es, tal vez, la película de Spielberg que mejor demuestra su capacidad para tocar la fibra sensible del público con desarmante honestidad. ■

Tron
Steven Lisberger

Tron. USA. **Dirección:** Steven Lisberger. **Producción:** Walt Disney Productions, Lisberger-Kushner Productions. **Productor:** Donald Kushner. **Guión:** Steven Lisberger, según un argumento de Lisberger y Bonnie MacBird. **Fot.:** Bruce Logan (Technicolor). **Mús.:** Wendy Carlos. **Montaje:** Jeff Gourson. **Duración:** 96 minutos. **Int.:** Jeff Bridges (Kevin Flynn/Clu), Bruce Boxleitner (Alan Bradley/Tron), David Warner (Ed Dillinger/Sark/voz del Master), Cindy Morgan (Lora/Yori), Barnard Hughes (Dr. Walter Gibbs/Dumont), Dan Shor (Ram/trabajador de las palomitas), Peter Jurasik (Crom).

> *La Disney recrea la geografía interior de un ordenador en este film de aventuras cibernéticas, pionero en el uso de efectos digitales.*

Dillinger, el jefe de ENCOM Corporation, ha robado cuatro innovadores programas a Kevin Flynn con el propósito de hacerse millonario. Con la ayuda de su novia Lora, Flynn se infiltra en la compañía para acceder al ordenador central y demostrar la estafa. Lo que no sabe es que ese ordenador tiene vida propia y toma sus propias decisiones. De repente, convierte a Kevin en pura información binaria y lo introduce en sus circuitos, donde deberá enfrentarse a toda una serie de programas que son *alter egos* de sus creadores.

La prehistoria del videojuego
Un total de 36 tratamientos y 18 reescrituras fueron necesarios para que el guión de *Tron* satisficiera a sus artífices, el director Steven Lisberger y el productor Donald Kushner. Invirtieron 300.000 dólares de su propio bolsillo en armar un proyecto que, aparte del guión,

incluyera todos los *storyboards* y una bobina con una propuesta de efectos. La Disney, que conocía el trabajo de Lisberger como animador –había dirigido *Animalympics* (1980), que tenía que ser lanzado con motivo de las Olimpíadas de Moscú antes de que Estados Unidos boicoteara los Juegos– y quería abrir mercado desmarcándose de sus acostumbradas producciones familiares, aceptó el reto. El resultado en taquilla fue decepcionante, tal vez porque la estética de la película, que se avanzaba a los videojuegos en tres dimensiones y al concepto de realidad virtual en unos cuantos años, chocaba demasiado con la mirada de un público poco familiarizado con la iconografía informática. *Tron* pagó el pato por hablar un lenguaje que aún no era idioma universal.

La primera parte de la película es poco relevante, a no ser por la eficaz y divertida interpretación de David Warner (en un papel que rechazó Peter O'Toole) como Dillinger, arquetípico villano-que-quiere-controlar-el-mundo. Sin embargo, *Tron* pasará a la historia por los 40 minutos de metraje que se desarrollan dentro de los circuitos del ordenador. 40 minutos de animación digital que no se conforman con prefigurar los avances tecnológicos que, en cuestión de efectos, han cambiado el cine a partir de la década de los noventa del pasado siglo, sino que logran concebir la topografía interior de la computadora como si fuera un universo con sus propias reglas. Los humanos se convierten en puntos de luz fosforescente que se deslizan por un paisaje de asombrosa belleza. La acción, que fue rodada en blanco y negro y luego coloreada digitalmente, se despliega en un escenario imaginario que conserva el primitivo encanto de los trucos de magia de Méliès, adaptados a una época que anunciaba cambios radicales en nuestro concepto de realidad. Es inolvidable la carrera de motos sobre una rejilla digital, nuevo laberinto del Minotauro reproducido sobre el desierto intangible de la virtualidad. Es lógico que *Tron* haya envejecido prematuramente, pero la muestra de que ya forma parte de nuestra cultura popular es que en el 2003 se convirtió en un videojuego, *E3: Tron 2.0.* Incluso la prehistoria tiene un hueco reservado en la hipermodernidad. ■

1982 Videodrome
David Cronenberg

Videodrome. Canadá. **Dir.:** David Cronenberg. **Producción:** Canadian Film Development Corporation (CFDC), Famous Players, Filmplan International Inc., Guardian Trust Company, Universal Pictures, Victor Solnicki Productions. **Prod.:** Claude Héroux. **Guión:** David Cronenberg. **Fot.:** Mark Irwin (Eastmancolor). **Mús.:** Howard Shore. **Mont.:** Ronald Sanders. **Efectos especiales:** Rick Baker. **Duración:** 87 minutos. **Int.:** James Woods (Max Renn), Sonja Smits (Bianca O'Blivion), Deborah Harry (Nicki Brand), Peter Dvorsky (Harlan), Les Carlson (Barry Convex), Jack Creley (Brian O'Blivion), Lynne Gorman (Masha).

> *Cronenberg elabora su célebre concepto de la 'nueva carne' en esta rupturista obra maestra, calificada por Andy Warhol como 'La naranja mecánica' de los ochenta.*

Max Renn es el director de Civit TV, una televisión local. Por azar, se topa con un canal, Videodrome, que emite imágenes pornográficas y de violencia extrema. Fascinado y aterrorizado a partes iguales, no tarda en descubrir que esa señal televisiva produce un tumor cerebral en todos los que la ven. Tumor que elimina las fronteras que separan realidad e imaginación en el que lo sufre.

Larga vida a la 'nueva carne'

En *Videodrome*, la mutación, tema recurrente en la filmografía de su director, ya no es la simple transformación de un hombre en monstruo: es la creación de un nuevo ser mediático, un ser que no es otra cosa que la antena colectiva de la dictadura audiovisual, la perfecta manifestación de un famoso concepto creado por Cronenberg, la *nueva carne*. "La muerte no es el final (...) Tu cuerpo ha sufrido muchos cambios, pero sólo es el principio, el principio de la *nueva carne* (...) Para convertirte en carne nueva primero tienes que matar a la vieja. No temas, no temas dejar tu cuerpo morir". El discurso que concluye el sexto largometraje de Cronenberg, dirigido después del éxito comercial de *Scanners* (*Id.*, 1980), sintetiza su opinión sobre el estado de las cosas en la sociedad del espectáculo. La figura virtual de Brian O'Blivion, *alter ego* de filósofos contemporáneos como Guy Debord o Jean

Baudrillard, es su portavoz. *Videodrome* –que en una primera versión se titulaba *Network of Blood*– se salta toda convención genérica y, evocando la estructura narrativa de las novelas de William Burroughs, construye un discurso teórico denso, extraño y enfermizo, que bascula entre la reflexión sobre el incalculable poder de los medios de comunicación y el retrato de la frágil identidad del ser humano. Cronenberg viene a decirnos que nos hemos convertido en nuestra propia señal catódica. Somos medio y mensaje.

Una sesión sadomasoquista protagonizada por un televisor palpitante, una curiosa felación en la que la víctima es la cabeza-prepucio del confuso Max Renn, un *fist-fucking* realizado sin piedad en la vagina que se abre en un vientre hambriento, una pistola unida a una mano de aspecto viscoso... Imágenes inolvidables de una película que derrite la barrera entre las fantasías alucinatorias de su protagonista y su entorno real. Gracias al trabajo de Rick Baker, que sólo contaba con 50.000 dólares de presupuesto para diseñar los efectos, y a la precisión de una puesta en escena que obliga al espectador a identificarse con el descenso a los infiernos de su protagonista, la película deja muy pronto su apariencia de *thriller* de conspiraciones para convertirse en un delirio sin asideros narrativos. No es extraño, pues, que la primera versión de *Videodrome* que testó la Universal, de unos 75 minutos de duración, provocara encendidas reacciones de rechazo entre el público. Además de haber tenido que prescindir en rodaje de muchas ideas que costaban demasiado caras, a Cronenberg le jugó una mala pasada su amor por la elipsis brusca y la narración sintética. No le quedó más remedio que rehacer el montaje original, sufriendo molestas intromisiones del estudio, que quería evitar a toda costa la calificación X. Finalmente *Videodrome* se estrenó con 900 copias en Estados Unidos. Su estrepitoso fracaso comercial no hizo más que anticipar su éxito como fenómeno de culto. ■

1983 Proyecto: Brainstorm
Douglas Trumbull

Brainstorm. USA. **Dir.:** Douglas Trumbull. **Producción:** JF Productions, Metro Goldwyn Mayer, United Artists. **Prod.:** Douglas Trumbull. **Guión:** Philip Frank Messina y Robert Stitzel, según un argumento de Bruce Joel Rubin. **Fot.:** Richard Yuricich (Metrocolor). **Mús.:** James Horner. **Mont.:** Freeman A. Davies y Edward Warschilka. **Efectos especiales:** Robert Spurlock, Eric Allard, Margin Bresin. **Duración:** 106 minutos. **Int.:** Christopher Walken (Dr. Michael Anthony Brace), Natalie Wood (Karen Brace), Louise Fletcher (Dr. Lillian Reynolds), Cliff Robertson (Alex Terson), Jordan Christopher (Gordy Forbes), Donald Hotton (Landan Marks), Alan Fudge (Robert Jenkins).

> *Douglas Trumbull se adelantó a la envolvente experiencia IMAX con esta espectacular película, la última que protagonizó Natalie Wood.*

El doctor Brace y la doctora Reynolds inventan una máquina que puede leer y grabar en una cinta las emociones, las ideas y las sensaciones que experimenta una persona. A su vez esa cinta permitirá que otra persona viva esas experiencias ajenas como si fueran propias. El artefacto promete múltiples aplicaciones en el campo del ocio y la educación, pero el Pentágono quiere utilizarlo como arma de control psicológico.

Paseos virtuales

Esta es la historia de un efecto especial en busca de un argumento que lo justifique. Durante los setenta, Douglas Trumbull y su equipo desarrollaron el Showscan, un sistema cinematográfico de formato panorámico (70 mm) y alta definición (60 fotogramas por segundo) que estimulara el sentido perceptivo del espectador y cuya extrema nitidez fomentara la ilusión de la existencia de una imagen proyectada en tres dimensiones. El Showscan era el primogénito del sistema IMAX, cuya primera película, *Tiger Child* (Donald Brittain, 1970), había sido proyectada en la exposición universal de Osaka de 1970, y que fue la razón de ser de *Proyecto: Brainstorm*. No por casualidad sus mejores secuencias son los paseos virtuales por la mente humana que Trumbull imagina como un sofisticado ensayo de lo que luego aplicaría en atracciones de parques temáticos y hoteles de lujo. La parte dramática de la película –la crisis matrimonial de Brace y su esposa; las intrigas militares para manipular el invento– se resintió de la muerte accidental y prematura de Natalie Wood. La Metro Goldwyn Mayer estuvo a punto de cancelar el rodaje, aunque Trumbull fue capaz de salvar el proyecto a costa de descuidar su dimensión humana. Fue su último film como director.

Si las imágenes que vemos bajo los efectos de la máquina de realidad virtual están rodadas con el sistema Showscan, el resto de la película respeta el formato de 35 mm. El contraste delata los intereses del realizador, centrados en potenciar la graduación de intensidades que separan una experiencia subjetiva de una objetiva. Trumbull admira la apariencia de tridimensionalidad del Showscan tanto como desconfía de una narrativa cinematográfica clásica cuya forma considera chata y obsoleta. La espectacularidad del viaje en montaña rusa, del *loop* de orgasmos que experimenta uno de los ayudantes del doctor Grace o incluso de las alucinaciones de una mente psicótica, transferidas al hijo del científico, devuelven al cine su condición de barraca de feria, ahora convertida en la pantalla de nuestra visión del mundo. Cuando, al final, la doctora Reynolds muere de un infarto, dejando una cinta grabada de los momentos de su muerte, Trumbull se atreve a representar en primera persona su ingreso en el cielo. Apoyado por el trascendentalismo *new age* de Bruce Joel Rubin, que pocos años después firmaría los guiones de *Ghost* (*Id.*, Jerry Zucker, 1990) y *La escalera de Jacob* (*Jacob's Ladder*, Adrian Lyne, 1990), Trumbull demuestra estar convencido de que el Showscan es la llave que nos abrirá las puertas del paraíso. ■

 ## Dune
David Lynch

Dune. USA. **Dir.:** David Lynch. **Producción:** Dino de Laurentiis Productions/Universal Pictures. **Prod.:** Raffaella de Laurentiis. **Guión:** David Lynch, según la novela de Frank Herbert. **Fot.:** Freddie Francis (Technicolor). **Mús.:** Toto, Marty Paich y Brian Eno. **Mont.:** Antony Gibbs. **Efectos especiales:** Carlo Rambaldi y Barry Nolan. **Duración:** 140 minutos. **Int.:** Kyle MacLachlan (Paul Atreides), Francesca Annis (Lady Jessica), José Ferrer (emperador Shaddam IV), Sian Phillips (reverenda Madre Gaius Helen Mohiam), Kenneth McMillan (barón Vladimir Harkonnen), Max von Sydow (Dr. Kynes), Virginia Madsen (princesa Irulan), Sting (Feyd-Rautha).

Pese a un duro rodaje y los cortes realizados por su productor, David Lynch logró una sugerente adaptación del novelón de Frank Herbert, siempre moviéndose entre lo poético y lo bizarro.

En el año 10191 los Atreides y los Harkonnen luchan por controlar los yacimientos de *melange*, una sustancia que facilita los viajes interestelares y que sólo se encuentra en el planeta Arrakis. Cuando el duque Leto Atreides es asesinado por el barón Harkonnen, su esposa Jessica y su hijo Paul se instalan en Arrakis y se hacen amigos de los nativos. Paul descubre que está predestinado a ser el nuevo Mesías, líder de una guerra que destruirá el imperio de los Harkonnen.

Un ángel en el desierto

"¿Por qué *Dune* ha sido una novela tan popular?", se preguntaba el editor y crítico literario David Pringle. "Huele al peor Hollywood (...) Es una extraña mezcla de vulgaridad y ampulosidad genuina". Los motivos por los que David Lynch aceptó adaptar el *best seller* de Frank Herbert por encargo de Dino de Laurentiis son aún un misterio. Roger Corman, Ridley Scott y, sobre todo, Alejandro Jodorowsky habían estado implicados de un modo u otro en el proyecto, pero fue Lynch, que acababa de rechazar *El retorno del Jedi* (*Return of the Jedi*, Richard Marquand, 1983) y que nunca ha tenido ningún reparo en decir que la ciencia-ficción es un género que no le gusta, el que acabó dirigiéndola. Durante los tres años y medio que le costó prepararla, Lynch se dio cuenta de que quizá el resultado final no iba a tener mucho que ver con la película que le rondaba en la cabeza. No estaba acostumbrado a lidiar con grandes presupuestos (45 millones de dólares), el rodaje iba a transcurrir en México, debía sintetizar la complejidad argumental de la novela de Frank Herbert (que siempre se mantuvo colaborador) y no tenía derecho al montaje final. No es extraño que, cuando en 1987 De Laurentiis decidió añadir metraje a la versión de Lynch para emitirla en televisión, éste prefirió firmar su autoría con el pseudónimo de Alan Smithee, comodín para todos aquellos directores que no se hacen responsables del resultado del trabajo hecho. Tanto la crítica como los *fans* del libro se habían mostrado visiblemente decepcionados con su trabajo.

Dune ha resistido bien el paso del tiempo. Es obvio que a Lynch no le interesan ni las complejas intrigas políticas de la obra de Herbert ni las escenas de batallas, que resuelve con cierta desgana. No obstante, se implica a fondo en la recreación de un mundo de filiación surrealista que conecta con su imaginario onírico. Las secuencias que transcurren en el planeta Arrakis, con los gigantescos gusanos diseñados por Carlo Rambaldi sumergiéndose en la arena, tienen un enorme poder evocador. El barón Harkonnen, grotesco príncipe de lo bizarro, ocupa un lugar de honor en la galería de villanos viciosos y purulentos de su cine. El despertar mesiánico de Paul Atreides, a medio camino entre el viaje místico y el lisérgico (las recurrentes gotas de agua usadas como imágenes de transición), revela la existencia de un Lynch etéreo, casi angelical, lejos de las densas tinieblas que acostumbran a ocultar la luz de su filmografía. ●

1984 Terminator
James Cameron

The Terminator. USA. **Dir.:** James Cameron. **Producción:** Hemdale Film Corporation, Cinema 84, Euro Film Fund, Pacific Western. **Prod.:** Gale Anne Hurd. **Guión:** James Cameron y Gale Anne Hurd. **Fot.:** Adam Greenberg. **Mús.:** Brad Fiedel. **Mont.:** Mark Goldblatt. **Efectos especiales:** Fantasy II Film Effects. **Duración:** 108 minutos. **Int.:** Arnold Schwarzenegger (Terminator), Michael Biehn (Kyle Reese), Linda Hamilton (Sarah Connor), Paul Winfield (teniente Ed Traxler), Lance Henriksen (detective Hal Vukovich), Bess Motta (Ginger Ventura), Dick Miller (cajero de la casa de empeños).

> *Schwarzenegger encarna al villano definitivo de la ciencia-ficción de los ochenta, un 'cyborg' invencible que viene del futuro, en la película que lanzó la carrera de James Cameron.*

En el año 2029 la guerra enfrenta a humanos y a máquinas. Terminator, un androide sediento de sangre, viaja al presente para matar a Sarah Connor, cuyo futuro hijo cumplirá un papel decisivo en la unidad de las tropas rebeldes. Kyle Reese, uno de los miembros de la Resistencia contra las máquinas, le sigue para tratar de neutralizarlo y salvar a Sarah y, por extensión, a toda la humanidad.

Nacido para matar
Cuando se estrenó *Terminator*, el novelista de ciencia-ficción Harlan Ellison acusó de plagio a James Cameron, citando dos de los episodios que escribió para la serie *Más allá del límite* (*The Outer Limits,* 1963-1965), concretamente *Soldier* y *Demon with the Glass Hand,* como modelos inspiradores de la película. Cameron lo negó todo y la productora llegó a un acuerdo económico compensatorio con Ellison. La anécdota es significativa de hasta qué punto la presunta originalidad de *Terminator* reside en su habilidad para reciclar ideas de

fuentes ajenas. Cameron debió aprender de Roger Corman, con el que trabajó como director artístico en *Los siete magníficos del espacio* (*Battle Beyond the Stars*, Jimmy T.
Murakami, 1980). No por azar el autor de *Abyss* (*The Abyss*, 1989) plantó el germen de
Terminator cuando estaba rodando en Europa su ópera prima, *Piraña II: Los vampiros del
mar* (*Piranha II: Flying Killers*, 1981), subproducto de filiación cormaniana. La imagen de
un esqueleto de metal surgiendo de una ola de fuego fue la génesis de la película. A partir
de esa instantánea, Cameron escribió una historia de viajes en el tiempo sabiendo que no se
podía permitir situar al robot en su hábitat natural, un mundo futuro. Que *Terminator* trans-
curra en el presente es, por tanto, una cuestión de dinero, no de concepto.

Cameron fue lo suficientemente listo como para renovar la imagen del Schwarzennegger
actor, asociada al del héroe brutal pero positivo, ofreciéndole un personaje para el que
parecía predestinado, el de *cyborg* nacido para matar. Así las cosas, el rostro inexpresivo
y los andares mecánicos del ex mister Universo, controlados por un Cameron que ya
demostraba su obsesión por el detalle, son el corazón de una película que es pura velocidad narrativa. Ni siquiera deja espacio al espectador para plantearse los posibles agujeros
negros que suscita toda trama de viajes en el tiempo. La verosimilitud de los efectos de

Stan Winston, que despellejan a Terminator a medida que avanza el metraje, combina a la perfección con la contundencia de las secuencias de acción, en especial la de la comisaría de policía y el largo, electrizante clímax final. Terminator se convirtió en el bueno de la película en *Terminator 2: El juicio final* (*Terminator 2: Judgement Day*, James Cameron, 1991), superproducción donde acuñó su famoso "hasta la vista, *baby*" (*sic*) y luchó contra un memorable villano de metal líquido. Ya sin Cameron en la dirección, *Terminator 3: La rebelión de las máquinas* (*Terminator 3: Rise of the Machines*, Jonathan Mostow, 2003) cerró con dignidad la trilogía. ■

Brazil
Terry Gilliam

Brazil. Gran Bretaña. **Dir.:** Terry Gilliam. **Producción:** Embassy International Pictures. **Prod.:** Arnon Milchan. **Guión:** Terry Gilliam, Tom Stoppard y Charles McKeown. **Fot.:** Roger Pratt (Technicolor). **Mús.:** Michael Kamen. **Mont.:** Julian Doyle. **Duración:** 142 minutos. **Int.:** Jonathan Pryce (Sam Lowry), Robert De Niro (Archibald *Harry* Tuttle), Katherine Helmond (Sra. Ida Lowry), Ian Holm (Sr. Kurtzman), Kim Griest (Jill Layton), Bob Hoskins (Spoor), Michael Palin (Jack Lint).

> *«Lo que Gilliam presenta es una visión del futuro como una ruina del pasado, y esta visión se proyecta en la pantalla de un modo orgánico, lo que es un logro considerable» (Pauline Kael)*

Sam Lowry es funcionario del Ministerio de Información en una sociedad hiperburocratizada, situada en un futuro indeterminado. Intenta evadirse de la realidad a través de sus sueños, imaginándose como un caballero andante con alas de Ícaro. Cuando conoce a Jill Layton, idéntica a la mujer de su mundo onírico, se enamora de ella. Es entonces cuando el sistema al que había servido con sumisión se rebela en su contra.

Sueños de un burócrata
Puede parecer extraño, pero Terry Gilliam no había leído *1984* cuando realizó *Brazil*. Lejos de las coincidencias con la novela de George Orwell, que Michael Radford adaptó precisamente en 1984, la obra maestra de Gilliam nacía de una imagen que cautivó al cineasta mientras buscaba localizaciones para *Los héroes del tiempo* (*Time Bandits*, 1981): recortado sobre un paisaje industrial, sentado en una arena de color ceniza, un hombre escucha la famosa canción compuesta por Ary Barroso en 1939 desde su aparato radiofónico. Ese contraste

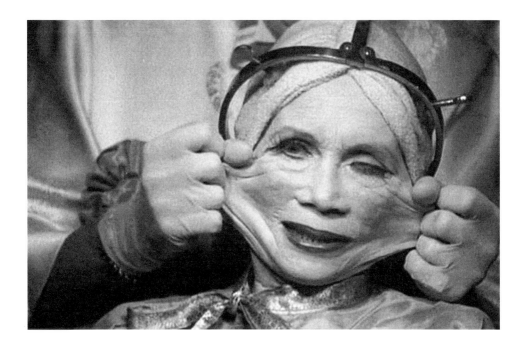

entre la grisura del progreso y la alegría de un universo imaginario están en el corazón de una película protagonizada por un débil administrativo que descubre su faceta de caballero andante gracias a su inmersión en el mundo de los sueños. Sam Lowry es a la vez el Joseph K de *El proceso* de Kafka y el *Don Quijote* de Cervantes, y *Brazil* es la crónica de su amor por Dulcinea, encarnada en la voz de Jill, camionera rebelde que protesta contra una sociedad totalitaria.

El guión, que inicialmente tuvo títulos como *The Ministry* o *1984 1/2*, pasó por las manos del dramaturgo inglés Tom Stoppard, con el que Gilliam nunca llegó a entenderse, y de Charles McKeown, que potenció la parte onírica de la historia. A Gilliam le interesaba retratar un futuro indeterminado, que pudiera situarse en cualquier momento del siglo XX. De ahí que la abigarrada dirección artística de la película tenga un aspecto oxidado, anacrónico e intestinal: el poder del sistema invade el ámbito doméstico con inmensas tuberías a la vista, los artilugios mecánicos de la burocracia parecen copiados de una película de Jacques Tati y la cirugía estética aplasta las arrugas de la burguesía a golpe de plástico. La mayor parte de *Brazil* está rodada con grandes angulares y en contrapicado, de modo que el descenso a los infiernos de Sam Lowry tenga el aspecto de una caricatura deforme, próxima a las pinturas de Daumier y Munch, sobreimpresionada en un orden arquitectónico de distorsionadas dimensiones. Es en los sueños donde Gilliam liberó toda su creatividad, aunque no pudo incluir todos los que imaginó por falta de presupuesto –en especial le costó renunciar a aquel en el que Sam Lowry sobrevuela un paisaje de globos oculares y es atacado por un monstruo volador. Las imágenes más impactantes de *Brazil* pertenecen al

¿CUÁNDO VAS A ESTRENAR MI PELÍCULA?

Así, a la brava, increpó Terry Gilliam al jefe de la Universal, Sidney Sheinberg, desde las páginas de *Variety*. Y esto es lo que obtuvo por respuesta: "A la venta. A mitad de precio. Una película de Terry Gilliam". Era el punto álgido de una batalla infernal que no sólo resume la mala suerte de Gilliam en Hollywood, sino la fascista actitud del sistema de estudios cuando se trata de defender una película que no entienden. Los 140 minutos del montaje original de *Brazil* se encontraron con la tupida terquedad de Sheinberg, que obligó a Gilliam a cortar nueve minutos. No contento con la nueva versión, el ejecutivo comunicó al cineasta que iba a hacer su propio *Brazil* con la ayuda de dos montadores de la casa. Fue entonces cuando Gilliam y su productor, Arnon Milchan, decidieron iniciar una guerra mediática, trufada de pases clandestinos y declaraciones a la prensa, que terminó con el premio a la mejor película concedido por la Asociación de Críticos de Los Ángeles. Consiguió estrenarse aunque, con el aura de film minoritario y de arte y ensayo, no fue precisamente un éxito de público.

universo onírico de su protagonista, convertido en un Ícaro de brillante armadura. Los edificios que nacen de la tierra, el samurái gigante cuya máscara esconde el rostro de Sam, la jaula que encierra a su amada... La imaginería gilliamesca adquiere tintes pesadillescos en el tramo final de la película, clausurada por el brillante *travelling* en retroceso que muestra a Lowry en la cámara de torturas, tarareando *Brazil*. Tal vez la locura sea el mejor antídoto contra la dictadura de lo real. ▬

 1985 # Regreso al futuro
Robert Zemeckis

Back to the Future. USA. **Dir.:** Robert Zemeckis. **Producción:** Amblin Entertainment, Universal Pictures. **Prod.:** Neil Canton y Bob Gale. **Guión:** Bob Gale y Robert Zemeckis. **Fot.:** Dean Cundey (Technicolor). **Mús.:** Alan Silvestri. **Mont.:** Harry Keramidas y Arthur Schmidt. **Duración:** 116 minutos. **Int.:** Michael J. Fox (Marty McFly), Christopher Lloyd (Dr. Emmett Brown), Lea Thompson (Lorraine Baines McFly), Crispin Glover (George McFly), Thomas F. Wilson (Biff Tannen), Claudia Wells (Jennifer Parker), Marc McClure (Dave McFly).

Esta estupenda comedia juvenil funde con acierto los viajes en el tiempo, el comentario irónico sobre la era Reagan y el análisis del nacimiento de la cultura adolescente.

Marty McFly es un típico adolescente de los ochenta. Adicto al monopatín, toca la guitarra en un grupo de música rock, sus padres son de lo más anodino y es amigo de un excéntrico inventor, Emmett Brown, que ha inventado una máquina del tiempo en forma de automóvil deportivo. Cuando ambos deciden probar el motorizado artilugio en busca de plutonio como combustible, un accidente los separa: Brown queda en manos de los terroristas libios y McFly viaja hasta 1955, donde deberá procurar que sus futuros padres se enamoren para no cambiar el curso de su propia vida.

El pasado no es lo que será

"Si vienes de 1985, ¿quién es entonces el presidente?", le pregunta el doctor Brown de 1955 al atribulado Marty McFly. "Ronald Reagan", responde. "¿El vaquero? ¡Ja! ¿Y quién es el vicepresidente, Jerry Lewis?". Esta ingeniosa réplica sintetiza el espíritu de *Regreso al futuro*, película juvenil que combina con astucia las posibilidades cómicas de las paradojas temporales con la reflexión sobre el nacimiento de la cultura adolescente estadounidense en los años cincuenta. Fanáticos de los cómics de Superman y los films de George Pal, el director Robert Zemeckis y el guionista Bob Gale, que se habían conocido como estudiantes de cine en la universidad, concibieron el primer borrador de *Regreso al futuro* haciéndose la siguiente pregunta: "Si hubiera ido al instituto con mi padre, ¿nos habríamos hecho amigos?". El padre de Marty McFly es un pusilánime y la madre está orgullosa de no haber besado a ninguno de sus pretendientes en la primera cita. En su viaje a 1955, Marty no sólo descubre que su madre miente, sino que tiene que desviar sus deseos de acostarse con él, asegurándose de que se enamora de su padre para que él pueda nacer. La comedia de equívocos está servida: por un lado está la mirada ajena de este mensajero del futuro sobre un pasado que es a la vez germen y espejo paródico de la cultura de los ochenta, y por otro está la posibilidad de la transgresión moral, un incesto que rompería los códigos éticos de la evolución natural de las cosas; que, en definitiva, asesinaría las normas de conducta de la civilización occidental. La inteligencia de la propuesta de Zemeckis reside en cultivar la fábula de filiación capriana, tan afín a los gustos de Spielberg –que, por tercera vez, confiaba en Zemeckis y Gale después de haber filmado su guión de *1941* (*Id.*, 1979)–, salpicándola de comentarios irónicos sobre su tradicional idiosincrasia. No es extraño, pues, que *Regreso al futuro* recorriera los despachos de varios estudios antes de caer en las manos de la Universal (cuyo jefe, Sid Sheinberg, insistió en cambiar el título por el de *El cosmonauta de Plutón* aduciendo que la palabra *futuro* era veneno para el público): para algunos, se trataba de una película demasiado familiar en una época en la que el cine adolescente era políticamente incorrecto; para otros, el tema del incesto en potencia era tabú. Bajo su apariencia de inofensivo divertimento, apoyada por la desenfadada interpretación de Michael J. Fox (que sustituyó a Eric Stoltz después de que éste hubiera rodado varias escenas), se escondía una sátira de la sociedad norteamericana que apenas necesitaba de unos cuantos efectos especiales para poner en la picota el estilo de vida en la era Reagan. Zemeckis remató la faena con dos secuelas filmadas a la vez, a cual más desconcertante: *Regreso al futuro II* (*Back to the Future II*, 1989) convertía las idas y venidas entre el pasado, el presente y el futuro en un laberinto de espejos borgiano, y *Regreso al futuro III* (*Back to the Future III*, 1990) jugaba con los clichés del *western* de un modo absolutamente frívolo. ▬

1986 Mala sangre
Leos Carax

Mauvais Sang. Francia. **Dir.:** Leos Carax. **Producción:** France 3 Cinéma, Les Films Plain Chant, Soprofilms, Unité Trois. **Prod.:** Denis Chateau, Alain Dahan y Philippe Diaz. **Guión:** Leos Carax. **Fot.:** Jean-Yves Escoffier (Fujicolor). **Mont.:** Nelly Quettier. **Duración:** 103 minutos. **Int.:** Denis Lavant (Alex), Juliette Binoche (Anna), Michel Piccoli (Marc), Hans Meyer (Hans), Julie Delpy (Lise), Hugo Pratt (Boris), Carroll Brooks (la americana).

> *En este cruce de 'film noir' y tragedia romántica situado en un futuro que puede ser nuestro presente, Leos Carax revisita el estilo de la 'nouvelle vague' sin sacrificar la originalidad de su punto de vista.*

Año 2058. La inminente llegada del cometa Halley extrema las condiciones climáticas en París y el virus STBO contagia a todos aquellos que practican sexo sin amor. No sin reticencias, Alex se une a la banda liderada por Hans y Marc para robar el virus, aislado por los laboratorios Darley Wilkinson para crear una vacuna. No tarda mucho en enamorarse de Anna, la novia de Marc.

La sonrisa de la velocidad
"Al principio fue el verbo", asegura uno de los personajes de *Chico conoce chica* (*Boy Meets Girl*, 1983), la ópera prima de Leos Carax. "No, al principio fue la emoción", le contesta otro. Esa réplica sintetiza la esencia de *Mala sangre*, una película sobre el nacimiento del amor en tiempos enfermos (el STBO es, claro, el SIDA) que utiliza la ciencia-ficción como punto de encuentro entre la tragedia estilizada y el cine negro. Las referencias a la *nouvelle vague* son, también, evidentes: el protagonista, Alex, es el *alter ego* del director del mismo modo que lo era Antoine Doinel para François Truffaut, y la sombra del Godard de *Lemmy contra Alphaville* (*Alphaville, une étrange aventure de Lemmy Caution*, 1965) planea sobre

toda la película. Carax hace una lectura posmoderna de sus modelos para entregarnos un poema desgarrado de amor adolescente, centrado en la fascinación mutua que sienten Alex y Anna, espléndidos Lavant y Binoche (por aquel entonces pareja del cineasta), situada en la irreal reconstrucción en estudio de una calle, una tienda y un hotel. El momento en que Alex arranca a correr, en un hermoso *travelling* lateral, al ritmo del *Modern Love* de David Bowie, o el romántico final de la película, en el que Alex se convierte en hermano gemelo del Jim Stark de *Rebelde sin causa* (*Rebel without a Cause*, Nicholas Ray, 1955) y del Michel Poiccard de *Al final de la escapada* (*À bout de souffle*, Jean-Luc Godard, 1959), demuestran la singularidad de la gran obra maestra de este cineasta maldito, que sólo ha realizado cuatro películas y un corto en 25 años de carrera. ■

1986 La mosca
David Cronenberg

The Fly. Gran Bretaña-Canadá-USA. **Dir.:** David Cronenberg. **Producción:** Brooksfilms. **Prod.:** Stuart Cornfeld. **Guión:** Charles Edward Pogue y David Cronenberg, según un relato de George Langelaan. **Fot.:** Mark Irwin (Color DeLuxe). **Mús.:** Howard Shore. **Mont.:** Ronald Sanders. **Duración:** 92 minutos. **Int.:** Jeff Goldblum (Seth Brundle), Geena Davis (Veronica Quaife), John Getz (Stathis Borans), Joy Boushel (Tawny), Les Carlson (Dr. Cheevers), George Chuvalo (Marky), David Cronenberg (ginecólogo).

> *Extraordinaria historia de amor de tintes trágicos, la película más comercial de Cronenberg es, sobre todo, la minuciosa crónica de una enfermedad degenerativa.*

El brillante científico Seth Brundle está investigando con éxito en el campo de la teletransportación de la materia. Le enseña su experimento a una periodista, Veronica Quaife, para que escriba sobre él. Se enamoran. Los celos del jefe y ex amante de ella, Stathis Borans, se interponen entre ambos. Brundle decide probar su descubrimiento sin darse cuenta de que una mosca se ha colado en la cabina de teletransportación. La metamorfosis de Brundle en un ser grotesco será lenta pero implacable.

Kafka en el laboratorio

A Mel Brooks le tenemos que agradecer el mecenazgo de dos David que han cambiado la fisonomía del cine contemporáneo. A David Lynch le encargó *El hombre elefante* (*The Elephant Man*, 1980) después de quedar impresionado por *Cabeza borradora* (*Eraserhead*, 1977). Y a David Cronenberg le encargó *La mosca*, convencido de que el guión de Charles

Edward Pogue, *remake* de la notable película que Kurt Neumann dirigió en 1958, podía adecuarse a las mil maravillas a las exigencias creativas del rey del horror venéreo. No se equivocaba: la adaptación de Pogue ponía el acento en la metamorfosis del cuerpo y la mente de Brundle, y en sus reacciones ante una enfermedad que debía ser mostrada en toda su desagradable crudeza. Cronenberg cambió todo lo demás, alterando la estructura dramática del guión, muy fiel al original, y centrándose en el proceso degenerativo del protagonista (espléndido maquillaje de Chris Wallas, ganador de un Oscar) y en su trágica historia de amor con Veronica.

"Soy un insecto que soñó con ser un hombre y le gustó. Pero ahora el sueño acabó y el insecto ha despertado". Esta preciosa declaración de principios, pronunciada por un Brundle en plena mutación, cita por una parte a *La metamorfosis* de Kafka y por otra a un proverbio chino de Jwang Zi que alude a la transformación de las mariposas. La coherencia de *La*

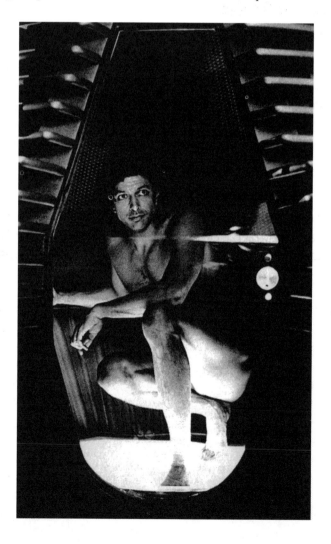

mosca, la película más comercial de Cronenberg hasta *Una historia de violencia* (*A History of Violence*, 2005), con el resto de su obra es incontestable: su preferencia por adaptar novelas imposibles y la prefiguración de los temas rectores de una película como *M Butterfly* (*Id.*, 1993) se unen en este análisis, preñado de melancolía, de los mecanismos de transfiguración de la naturaleza humana. Cronenberg elabora el concepto de la *nueva carne*, formulado en *Videodrome* (*Id.*, 1983), sintiendo empatía por el caos que produce un virus que se introduce en un sistema estructurado. Así las cosas, observa la invasión de la enfermedad en el organismo de Brundle (un Jeff Goldblum que integra de forma ejemplar en su interpretación los gestos y movimientos de una mosca) con una cierta complicidad, tan proclive a potenciar el humor negro (el Museo de Historia Natural compuesto por las orejas, las uñas y los trozos de piel del científico) como a fomentar la dimensión trágica del proceso. *La mosca* no habla, como se dijo en el momento de su estreno, del SIDA sino del miedo a la muerte. ■

1987 Depredador
John McTiernan

Predator. USA. **Dir.:** John McTiernan. **Producción:** Amercent Films, American Entertainment Partners L. P., 20th Century Fox. **Prod.:** Lawrence Gordon, Joel Silver y John Davis. **Guión:** Jim y John Thomas. **Fot.:** Donald McAlpine y León Sánchez (Color DeLuxe). **Mús.:** Alan Silvestri. **Mont.:** Mark Helfrich y John F. Link. **Efectos especiales:** R. Greenberg y Stan Winston. **Duración:** 107 minutos. **Int.:** Arnold Schwarzenegger (Dutch), Carl Weathers (Dillon), Elpidia Carrillo (Anna), Bill Duke (Mac), Jesse Ventura (Blain), Sonny Landham (Billy), Richard Chaves (Poncho), Kevin Peter Hall (Depredador).

> *Schwarzenegger se enfrenta a un alienígena camaleónico en plena jungla en este modélico cruce entre cine de ciencia-ficción y cine bélico.*

Un comando de élite del ejército es enviado a la jungla de un país sudamericano para rescatar a los supervivientes de un accidente de helicóptero en el que viajaba un alto mandatario del gobierno. Cuando llegan al lugar del siniestro, no encuentran más que restos de cadáveres. Ni rastro del político. Desde los árboles, algo o alguien les está vigilando, y poco a poco, acabará matándolos uno a uno.

Infierno en la jungla
A primera vista, nadie diría que John McTiernan educó sus gustos cinematográficos disfrutando de clásicos de Godard, Truffaut y Antonioni. Sin embargo, esos son los modelos que cita-

ría el director norteamericano si se le preguntara por sus cineastas favoritos. Tal vez de ahí proviene la singularidad de *Depredador*: lo que parece un cruce entre *Rambo* (*Rambo: First Blood, Part 2*, George Pan Cosmatos, 1985) y *Alien, el octavo pasajero* (*Alien*, Ridley Scott, 1979), concebido únicamente como vehículo de lucimiento para un Arnold Schwarzenegger en la cumbre de su musculosa carrera, no es más que una versión apócrifa de *El malvado Zaroff* (*The Most Dangerous Game*, Ernest B. Schoedsack, 1932). La lucha cuerpo a cuerpo entre Dutch y el alienígena (Peter Hall, sustituto de un ofendido Jean-Claude Van Damme, que abandonó el rodaje después de dos días de trabajo) ocupa el tercio final del metraje. La fisicidad de la batalla, desprovista de todo diálogo, demuestra el nervio de un cineasta tan capacitado para las escenas de acción como dispuesto a evitar los clichés de su puesta en escena.

McTiernan debutó en el cine con *Nomads* (1986), extraña película de fantasmas protagonizada por Pierce Brosnan cuya atmósfera visual llamó la atención de los ejecutivos de la Fox. Corre una leyenda urbana que dice que el proyecto surgió de un malvado comentario: la única criatura con quien aún no se había enfrentado Rocky Balboa después de los cinco capítulos de su atribulada vida como boxeador era el extraterrestre de Spielberg. De todos modos, sea o no cierto el rumor, el alienígena creado por Stan Winston no tiene precisamente el corazón de oro. No es difícil ver en él las cualidades estratégicas de los *vietcongs*, desplegadas en la única guerra que obligó a los norteamericanos a volver a su país con la cabeza gacha. Se conoce la selva al dedillo, tiene la capacidad de camuflarse como un camaleón entre los árboles y detecta a su enemigo con su visión infrarroja, perfecta para rastrear fuentes de calor en la húmeda jungla. De ahí que la contienda entre Schwarzenegger y el monstruo tenga mucho de duelo de titanes en los confines del cine bélico. El éxito de la batalla generó dos secuelas, a cual más desafortunada: *Depredador 2* (*Predator 2*, Stephen Hopkins, 1990) y *Alien vs. Predator* (*Id.*, Paul W. S. Anderson, 2004). ▄▄

RoboCop
Paul Verhoeven

RoboCop. USA. **Dir.:** Paul Verhoeven. **Producción:** Orion Pictures. **Prod.:** Arne Schmidt. **Guión:** Edward Neumeier y Michael Miner. **Fot.:** Jost Vacano (Color DeLuxe). **Mús.:** Basil Poledouris. **Mont.:** Frank J. Urioste. **Efectos especiales:** Rob Bottin. **Duración:** 103 minutos. **Int.:** Peter Weller (Alex J. Murphy/RoboCop), Nancy Allen (Anne Lewis), Daniel O'Herlihy (el viejo), Ronny Cox (Dick Jones), Kurtwood Smith (Clarence Boddicker), Miguel Ferrer (Bob Morton), Robert DoQui (sargento Warren Reed).

> *Verhoeven se estrena en el cine norteamericano con una feroz sátira, extremadamente violenta, del clima social de la era Reagan.*

En un futuro próximo, Detroit es una ciudad dominada por la criminalidad. La megacorporación OCP ha convertido a la policía en una empresa privada, pero, dada su ineficacia, empiezan a pensar en reforzarla con la intervención de un robot armado hasta los dientes. Mientras tanto, en su primer día de patrulla, Alex Murphy es masacrado en un tiroteo. Su cadáver es reclamado por un ejecutivo de la OCP para borrar su memoria, recomponer su cuerpo y transformarlo en un *cyborg*, el buque insignia de la nueva policía de Detroit.

El moderno Prometeo
"Parte hombre. Parte máquina. Todo policía". El eslogan de *RoboCop*, primera película del fructífero exilio norteamericano del holandés Paul Verhoeven, sintetiza a la perfección la idiosincrasia de un nuevo héroe de la ciencia-ficción de los ochenta, el *cyborg*. Acuñado por Manfred E. Clynes y Nathan S. Kline en 1960, el término resulta de una contracción de "organismo cibernético", o lo que es lo mismo, un hombre reconstruido artificialmente cuyo cuerpo es un rompecabezas de partes orgánicas e inorgánicas. El concepto de *cyborg* genera una interesante pregunta de orden ontológico. ¿Nos encontramos ante un hombre o ante una máquina? ¿Según qué moral juzgamos sus actos? RoboCop sigue el mismo camino que la criatura de Frankenstein de Shelley: pasa de ser una mera marioneta en manos de sus creadores, cumpliendo a rajatabla las normas que se le dictan ("servir al público, proteger a

los inocentes y defender la ley"), a asumir su parte humana y, por lo tanto, recuperar su sentido de la justicia. Por eso, en la última parte de la película, Verhoeven hace que su héroe castigue de forma idéntica a los delincuentes y a los ejecutivos de las grandes corporaciones. El doloroso proceso que atraviesa RoboCop para aceptar su pasado le lleva a entender la verdad sobre una sociedad que no tiene principios a la hora de defender sus intereses. Su armadura metálica, cuyo diseño enfrentó a Verhoeven y Rob Bottin, no le hace invulnerable a los abusos del sistema.

Ed Neumeier y Michael Miner escribieron una primera versión de *RoboCop* en 32 días. Verhoeven, que creía que el tratamiento de los guionistas era demasiado cómico, les encargó darle un toque más realista, pero pronto se dio cuenta que ese enfoque no funcionaba. De hecho, el humor es lo que convierte a la película en algo más que una eficaz película de vengadores urbanos. Los noticiarios que contrapuntean la acción; la torpeza del robot ED-209, rival de RoboCop cuya puesta de largo es poco menos que desastrosa; la irónica interpretación de Ronny Cox, trasunto del presidente Reagan a cargo de la OCP; y la desmesurada práctica de la violencia, que ofrece imágenes tan impactantes como la de un delincuente diluido en ácido sulfúrico, son propias del lenguaje del cómic, obvia fuente de inspiración de Verhoeven. No es casual que *RoboCop 2* (*Id.*, Irvin Kershner, 1990) y *RoboCop 3* (*Id.*, Fred Dekker, 1993), secuelas por otra parte decepcionantes, contaran con el prestigioso Frank Miller como guionista. ■

1988 Akira
Katsuhiro Ôtomo

Akira. Japón. **Dir.:** Katsuhiro Ôtomo. **Producción:** Akira Committee Company Ltd., Dragon Production, Nakamura Production, Telecom Animation Film Company Ltd., Tokyo Movie Shinsha Co. Ltd. **Prod.:** Haruyo Kanesaku, Shunzo Kato, Yutaka Maseba, Ryohei Suzuki, Hiroe Tsukamoto. **Guión:** Izô Hashimoto y Katsuhiro Ôtomo. **Fot.:** Katsuji Misawa. **Mús.:** Shoji Yamashiro. **Mont.:** Takeshi Seyama. **Duración:** 124 minutos. **Int.:** Mitsuo Iwata (Shôtaro Kaneda), Nozomu Sasaki (Tetsuo Shima), Mami Koyama (Kei), Tesshô Genda (Ryûsaku), Hiroshi Ôtake (Nezu), Kôichi Kitamura (Sacerdotisa Miyako), Yuriko Fuchizaki (Kaori).

> *«Ôtomo es un gran maestro de la puesta en escena cinematográfica (...) Y 'Akira' es el lamento de un joven poeta. No hay ninguna diferencia entre Ôtomo y Rimbaud» (Alejandro Jodorowsky)*

1988. Una bomba destruye la ciudad de Tokio. La explosión desencadena la Tercera Guerra Mundial. Treinta y un años después, Neo-Tokio está dominada por el caos. El mito de Akira, niño criogenizado por el gobierno japonés después del fracaso de las pruebas secretas que organizó para explotar las facultades telequinéticas de un grupo de jóvenes conejillos de indias, sigue alimentándose. Su resurrección puede significar el renacimiento de Japón...

La épica de la destrucción

Katsuhiro Ôtomo escribió el guión de *Akira* cuando ni siquiera había dado por finiquitado el *manga* que lo inspiró, publicado por la revista *Young Magazine* desde 1982 hasta 1990. Era imposible condensar las 15.000 páginas de su obra magna en una película de dos horas, por lo que decidió hacer borrón y cuenta nueva, siendo fiel al punto de partida del *manga* y potenciando en la forma su dimensión épica, que lo había convertido en uno de los mayores *best-sellers* de la historia del cómic, con más de tres millones de ejemplares vendidos sólo en Japón. No debe extrañar que la película esté compuesta de 2.212 planos distintos (tres veces más de lo habitual en un largometraje) y que Ôtomo empleara 327 colores para pintarlos, 50 de ellos creados especialmente para la ocasión. El dibujante nipón no reparó en gastos (10 millones de dólares de presupuesto) y utilizó técnicas propias de la Disney, gra-

"ANIMES" DEL FUTURO

En la década de los cincuenta, Osamu Tezuka quedó pasmado ante la vivacidad de la animación de la Disney y las caricaturas de Max Fleischer, y quiso imitar su expresividad en la definición gráfica de su personaje más caracteristico, Astroboy. Tezuka, autor del cómic que inspiró la excelente *Metrópolis* (*Meteoporisu*, Rintaro, 2001), fue uno de los padres del *manga* moderno. Sin Tezuka, Katsuhiro Ôtomo y Mamoru Oshii no habrían podido integrar la estética *cyberpunk* en sus excelentes *animes* (películas de animación japonesa), que, lentamente, han conseguido despegar de las estanterías de los videoclubs occidentales, donde cosecharon un éxito de culto, a los festivales internacionales –*Ghost in the Shell 2: Inocence* (*Inosensu: Kôkaku Kidotai*, Mamoru Oshii, 2004) fue el primer *anime* seleccionado a competición en Cannes–. Sea como director, guionista o asesor visual, Ôtomo sigue ocupando butaca preferente en la producción de *animes* de ciencia-ficción. Películas como *Rojin Z* (Hiroyuki Kitakubi, 1991), *Spriggan* (*Supurigan*, Hirotsugu Kawasaki, 1998) o la monumental *Steamboy* (2004), que le costó 17 años de trabajo, acreditan su genio.

bando las voces de los personajes antes de empezar a dibujarlos, para perfeccionar el diseño de un mundo que nace y se destruye cíclicamente.

Explicar el argumento de *Akira* escapa al alcance de este texto. Sólo decir que el protagonista absoluto de su alambicado desarrollo es Tetsuo, joven motorista que entra en contacto accidental con Akira (también llamado Número 26), es miembro de una banda juvenil liderada por Kaneda y posee poderes psíquicos extraordinariamente potentes. Los experimentos atómicos, aquí centralizados en el laboratorio secreto que experimenta con niños, siguen preocupando a la sociedad japonesa, que, al contrario que en la era Godzilla, ahora no culpabiliza a Estados Unidos. El enemigo es interior y el monstruo es el propio Tetsuo, que ha perdido el control y amenaza con destruir Neo-Tokio. A partir de ese momento, la película, que narra el duelo de titanes entre Tetsuo y Akira, es un impresionante encadenado de desastres que destaca por la plasticidad de su imaginería apocalíptica. Neo-Tokio es una ciudad, pero también un cuerpo. Edificios, calles, puentes, autopistas... conforman una geografía palpitante que estalla una y otra vez para renacer con una nueva piel. La fisicidad mutante de los dibujos aplasta al espectador en un clímax que parece reproducirse hasta el infinito. Ôtomo lleva al extremo la filosofía *cyberpunk* y convierte el mundo de *Akira* en un amasijo de cemento, metal, carne y materia cósmica. ■

1989 Abyss

James Cameron

The Abyss. USA. **Dir.:** James Cameron. **Producción:** 20th Century Fox, Lightstorm Entertainment, Pacific Western. **Prod.:** Gale Anne Hurd y Van Ling. **Guión:** James Cameron. **Fot.:** Mikael Salomon (Color DeLuxe). **Mús.:** Alan Silvestri. **Mont.:** Conrad Buff, Joel Goodman y Howard E. Smith. **Efectos especiales:** Dream Quest Images, Industrial Light & Magic y Fantasy II Film Effects. **Duración:** 146 minutos. **Int.:** Ed Harris (Virgil *Bud* Brigman), Mary Elizabeth Mastrantonio (Lindsey Brigman), Michael Biehn (teniente Hiram Coffey), Leo Burmester (Catfish De Vries), Todd Graff (Alan *Hippy* Carnes), John Bedford Lloyd (Jammer Willis), J. C. Quinn (Arliss *Sonny* Dawson), Kimberly Scott (Lisa Standing).

> *James Cameron puso en peligro la integridad física de su equipo durante el rodaje de este film de ciencia-ficción submarina, coronado por un encuentro en la cumbre (abisal) entre sus protagonistas y los bondadosos extraterrestres.*

Un submarino nuclear se hunde en una sima. La Marina envía al equipo de una plataforma petrolífera móvil para que lo rescaten. La llegada de un ciclón y el encuentro con lo que parece una forma de vida desconocida dificultan la misión. Uno de los oficiales de la tripulación, Coffey, que delira a causa de las altas presiones submarinas, cree percibir la presencia de los rusos en las profundidades del mar, y libera una cabeza nuclear. El comandante Brigman tendrá que recuperarla antes de que explote.

Epifanía bajo el agua

En *Abyss*, James Cameron empezó a contarnos quién quería ser de mayor: un Stanley Kubrick con el corazón de Steven Spielberg. Su perfeccionista megalomanía sólo tiene parangón con el sadismo que Kubrick ponía en práctica durante sus rodajes. La película se filmó en una antigua instalación nuclear transformada en dos platós submarinos insonorizados de una capacidad de 30.000 y 10.000 metros cúbicos de agua respectivamente. Casi todas las secuencias de acción fueron rodadas por los actores protagonistas, que pasaron bajo el agua buena parte de los 141 días que duró la filmación, y las exigencias de Cameron llegaron a poner en peligro sus vidas hasta tal punto que Ed Harris le retiró la palabra y se negó a promocionar la película. Es difícil discernir qué hay de verdad y qué hay de leyenda urbana en todas las anécdotas que rodean la concepción de *Abyss*. Lo que sí es cierto es que Cameron, pionero en el uso de la alta tecnología y vocacional Fitzcarraldo, necesitaba que este desmesurado despliegue de medios no devorara el lado emocional de una película urgentemente necesitada de buenos sentimientos. De ahí que los alienígenas que contactan con la pareja en crisis formada por Bud y Lindsey, respectivos *alter egos* de Cameron y su mujer y productora Gale Anne Hurd, tengan la forma benéfica de los ángeles extraterrestres de *Encuentros en la tercera fase* (*Close Encounters of the Third Kind*, Steven Spielberg, 1977) y se avancen a las presencias luminosas del final de *A.I.: Inteligencia Artificial* (*A.I.: Artificial Intelligence*, Steven Spielberg, 2001).

La belleza de *Abyss* radica en llegar allí donde nadie ha llegado. La aventura del rodaje coincide con la aventura de los protagonistas, y su viaje al fondo del mar es un viaje al corazón de lo desconocido. Durante el trayecto, Cameron se muestra mucho más fascinado por lo aparatoso del proceso –la grúa que se desprende matando a unos cuantos miembros de la tripulación; el rescate de la cabeza nuclear– que por el conflicto romántico entre Bud y Lindsey. Sólo en el epifánico clímax final logra aunar su pasión por el cine hipertecnológico con su pasión por el amor sacrificial, tan relevante en *Titanic* (*Id.*, 1997). La oportuna aparición de los alienígenas es casi un pretexto para llegar al *happy end* que premie a ambos enamorados. No obstante, la Edición Especial de *Abyss*, que Cameron estrenó en 1992 con 31 minutos de metraje añadido, demostraba que los extraterrestres tenían mucha más tela que cortar en una película que siempre está a un paso de ahogarse en sus propios excesos. ■

Tetsuo. El hombre de hierro
Shinya Tsukamoto

Tetsuo. Japón. **Dir.:** Shinya Tsukamoto. **Producción:** Kaiju Theatre. **Prod.:** Shinya Tsukamoto. **Guión:** Shinya Tsukamoto. **Fot.:** Shinya Tsukamoto y Kei Fujiwara (blanco y negro). **Mús.:** Chu Ishikawa. **Efectos especiales:** Shinya Tsukamoto. **Dur.:** 67 minutos. **Int.:** Tagucho Tomorowo (hombre), Kei Fujiwara (mujer), Shinya Tsukamoto (fetichista del metal), Renji Ishibashi (vagabundo), Musaka Naobasa (doctor), Nobu Tanaoka.

> *Manifiesto del movimiento 'cyberpunk', esta película defiende la idea de la fusión entre cuerpo y tecnología como modo de supervivencia posmoderna.*

En una nave industrial un hombre se introduce una barra de metal en su propia carne. Metal y carne empiezan a fundirse generando un organismo biomecánico hecho a partes iguales de dolor y heridas supurantes. El hombre sale a la calle gritando y es atropellado por un oficinista y su novia. Al día siguiente, el oficinista sufre la misma metamorfosis.

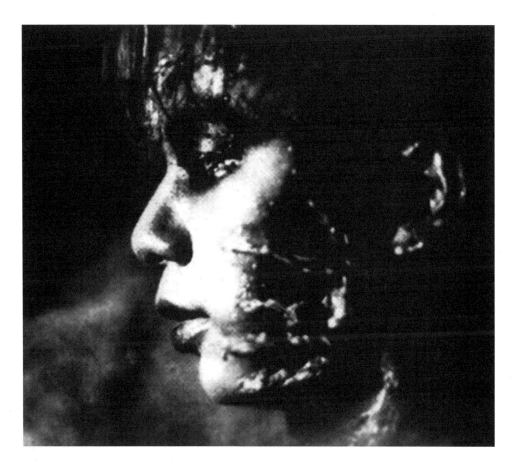

El futuro es metal

Tetsuo. El hombre de hierro parece representar a la perfección los presupuestos teóricos de la literatura *cyberpunk,* divulgados por el escritor William Gibson en su novela *Neuromante.* Igual que el Cronenberg de *Videodrome* (*Id.*, 1982), Tsukamoto piensa que la prolongación lógica del cuerpo humano es la máquina. De ahí surge un nuevo organismo, el *cyborg*, que podrá enfrentarse a las metamorfosis de un mundo que se ha doblegado a los avances de la tecnología. En ese sentido, si el *cyberpunk* propone un discurso alternativo a la cultura establecida, *Tetsuo* es su más significativo y coherente manifiesto. Rodada en 16 milímetros y con un presupuesto irrisorio, la película tiene la textura sucia y granulada del cine *underground*. No en vano, Tsukamoto se ocupó personalmente de distribuirla y, antes de convertirse en film de culto, sólo se estrenó en una sala de Tokio. Secuela inconfesa de un corto anterior de Tsukamoto, *Dencho Kozo no boken* (1987), el film, que utiliza la animación fotograma a fotograma para potenciar el ritmo sincopado y entrecortado de sus imágenes, se mueve entre su fascinación por la textura de las máquinas y la brutalidad de sus efectos. El vertiginoso desarrollo de *Tetsuo*, propio del más agresivo *manga* japonés, mezcla sadomasoquismo con fetichismo, mujeres pegadas a consoladores metálicos y violaciones anales, duelos alámbricos y besos de acero a ritmo de música industrial. Todo pertenece a un mismo universo sin causas ni efectos, completamente anarrativo, como si la propia película fuera una instalación artística, un amasijo de hierros convertido en un objeto al que admirar. Tsukamoto rodó, en color y mayor presupuesto, una segunda parte, *Tetsuo. El cuerpo de martillo* (*Tetsuo II. Body Hammer*, 1991). ◼

1990 Desafío total
Paul Verhoeven

Total Recall. USA. **Dir.:** Paul Verhoeven. **Producción:** Carolco Pictures. **Prod.:** Buzz Feitshans y Ronald Shusett. **Guión:** Ronald Shusett, Dan O'Bannon y Gary Goldman, según un relato de Philip K. Dick. **Fot.:** Jost Vacano (Technicolor). **Mús.:** Jerry Goldsmith. **Mont.:** Frank J. Urioste. **Efectos especiales:** Rob Bottin. **Duración:** 109 minutos. **Int.:** Arnold Schwarzenegger (Douglas Quaid/Hauser), Rachel Ticotin (Melina), Sharon Stone (Lori), Ronny Cox (Vilos Cohaagen), Michael Ironside (Richter), Marshall Bell (George/Kuato), Mel Johnson Jr. (Benny).

> *Verhoeven explota el lado más violento del relato de Philip K. Dick en este esquizofrénico paseo por la cuerda floja que separa realidad e imaginación.*

Obrero de la construcción felizmente casado, Douglas Quaid viviría la existencia de un hombre corriente en la Tierra de 2084 si no fuera por las pesadillas recurrentes que tiene con el planeta Marte, lugar donde nunca ha estado y que le atrae poderosamente. Por eso decide acudir a la agencia Recall, especializada en vacaciones virtuales, para que le implanten recuerdos de una visita a Marte. Algo va mal en el proceso, y se reactiva la verdadera identidad de Quaid, la de un agente secreto que debe viajar a Marte para saber quién es de una vez por todas.

Crónicas marcianas

Cuando Paul Verhoeven recibió en su casa las 45 versiones del guión de *Desafío total*, desarrolladas a lo largo y ancho de una década de infernales reescrituras, no imaginó que ésta sería la película que le convertiría en el director de moda en Hollywood. A esas alturas el proyecto había pasado al menos por las manos de seis cineastas (Russell Mulcahy, David Cronenberg, Fred Schepisi, Lewis Teague, Richard Rush y Bruce Beresford) y su protagonista principal había tenido las caras de Richard Dreyfuss, Christopher Reeve, Jeff Bridges y Patrick Swayze. Ronald Shusett, que había comprado en 1974 una opción de los derechos del relato de Philip K. Dick *Podemos recordarlo todo por usted* por 1.000 módicos dólares, empezaba a creer que el guión estaba maldito. Con el apoyo incondicional de Arnold Schwarzenegger, Verhoeven levantó la película hasta convertirla en un clásico moderno de la ciencia-ficción. Valieron la pena los 60 millones de dólares invertidos y los seis meses de rodaje plagados de obstáculos.

Desafío total no es en absoluto ajena al universo del cineasta holandés. No sólo por trabajar el género desde una perspectiva tan cruda y realista como la de *RoboCop* (*Id.*, 1987), sino porque está centrada, como *El cuarto hombre* (*De Vierde Man*, 1984), en un personaje que no sabe si lo que está ocurriendo sucede de verdad o sólo en su cabeza. La grandeza de *Desafío total* está en su capacidad para mantenerse fiel a los códigos del cine de acción –el tiroteo en la aduana interplanetaria es, en este sentido, ejemplar– sin dar respuestas definitivas sobre si lo que vemos es real o imaginario. Cuando, al final, Quaid salva al planeta Marte liberando la reserva de oxígeno, no sabremos si sólo lo consigue en sus sueños, atado a una camilla, preso de sus delirios.

La presencia de Schwarzenegger obligó a cambiar al protagonista del cuento original de Dick, un escuchimizado oficinista, por un albañil, justificando así la contundencia de un héroe que, más allá de sus conflictos de identidad, actúa antes que piensa. El ejercicio de la violencia, tan común a todo el cine de Verhoeven, adquiere carta de naturaleza en una película que acumula, según los amantes de la estadística, 110 muertes. Es obvio que el autor de *Showgirls* (*Id.*, 1995) piensa que la violencia es, además de innata, necesaria. Es el modo que tiene un revolucionario como Douglas Quaid, ya como el agente Hauser del pasado, de combatir al dictador que controla a los habitantes de Marte, convertidos en una horda de mutantes que potencian el aspecto feísta de la película. ▬

Acción mutante
Álex de la Iglesia

España. **Dir.:** Álex de la Iglesia. **Producción:** El Deseo, Cyby 2000. **Prod.:** Agustín y Pedro Almodóvar. **Guión:** Álex de la Iglesia y Jorge Guerricaechevarría. **Fot.:** Carles Gusi. **Mús.:** Def Con Dos. **Mont.:** Pablo Blanco. **Efectos especiales:** Jean-Baptiste Bonetto, Yves Domenjoud, Olivier Gleyze, Bernard André Le Boett, Emilio Ruiz del Río y Poli Cantero. **Duración:** 95 minutos. **Int.:** Antonio Resines (Ramón Yarritu), Álex Angulo (Alex Abadie), Frédérique Feder (Patricia Orujo), Juan Viadas (Juan Abadie), Karra Elejalde (José Óscar *Manitas* Tellería), Saturnino García (César *Quimicefa* Ravenstein), Fernando Guillén (Orujo).

> *La multirreferencial ópera prima de Álex de la Iglesia es, además de una 'rara avis' del cine fantástico español, una comedia negra con los dientes bien afilados.*

Bilbao, 2012. Acción Mutante, un grupo de terroristas compuesto de seres deformes, secuestra a Patricia Orujo, la hija de un conocido industrial, el día de su boda. El rescate deberá ser entregado en el planeta Axturias. A bordo de su nave espacial, Ramón, el jefe de la banda, mata a todos sus compañeros para quedarse con el botín. No cuenta con que uno de sus colegas ha sobrevivido y, menos aún, con que Patricia se ha enamorado de él.

Abajo los cuerpos Danone

"La ciencia-ficción era un referente para crear situaciones de comedia", explicaba Álex de la Iglesia. "Lo que queríamos hacer era una comedia salvaje de humor negro, muy sangrienta, con dosis de hiperviolencia excéntrica, pero con un *look* enloquecido y roñoso".[16] En este sentido, el debut del cineasta vasco en el largometraje quería parecerse más al cine de Berlanga

que a *Blade Runner* (*Id.*, Ridley Scott, 1982), lo que no significa que sus valores de producción no hicieran honor a sus 350 millones de pesetas de presupuesto. Gran parte del encanto de la película, nacida bajo el título de *Piratas del espacio*, reside en la eficacia de las escenas de acción (explosivo arranque en la boda) y en su corrosivo sarcasmo (el objetivo de los terroristas es convertir a los pijos en deformes). Una vez dinamitado el universo de la gente guapa, la fealdad campa a sus anchas en un universo delirante –léase la nave *Virgen del Carmen*, decorada por un monstruo de las cavernas que protagoniza una secuencia deudora de *Posesión infernal* (*The Evil Dead*, Sam Raimi, 1982)– liderado por el antihéroe Ramón Yarritu. Su desembarco en el planeta Axturias, rodado en el desierto navarro de las Bárdenas, aproxima el tono de la película a una mezcla entre los cómics de Frank Miller y la atmósfera sucia de *La matanza de Texas* (*The Texas Chainsaw Massacre*, Tobe Hooper, 1974), sobre todo en lo que se refiere a la familia de mineros. Tono siempre matizado por una autoconsciencia irónica –el síndrome de Estocolmo de Patricia provoca más de una situación hilarante– que distancia al film del ejercicio mimético. Así las cosas, no cabe duda de que *Acción mutante* es el mejor exponente de la historia de la ciencia-ficción española, a años luz de títulos tan olvidables como *Supernova* (Juan Miñón, 1992), *Atolladero* (Óscar Áibar, 1995) y *La lengua asesina* (Alberto Schiamma, 1996). ■

1995 Días extraños
Kathryn Bigelow

Strange Days. USA. **Dir.:** Kathryn Bigelow. **Producción:** Lightstorm Entertainment Production. **Prod.:** James Cameron y Steven-Charles Jaffe. **Guión:** James Cameron y Jay

Cocks, según un argumento de Cameron. **Fot.:** Matthew F. Leonetti (Color DeLuxe). **Mús.:** Graeme Revell. **Mont.:** Howard Smith. **Duración:** 145 minutos. **Int.:** Ralph Fiennes (Lenny Nero), Angela Bassett (Lornette *Mace* Mason), Juliette Lewis (Faith Justin), Tom Sizemore (Max Peltier), Michael Wincott (Philo Gant), Vincent D'Onofrio (Burton Steckler).

> **Kathryn Bigelow consigue hacernos partícipes de la naturaleza violenta de las imágenes con su envolvente puesta en escena, y a la vez critica nuestro papel de espectadores pasivos.**

Faltan dos días para el año 2000. Lenny Nero es un ex policía que trafica con imágenes grabadas a partir de recuerdos ajenos. Él mismo es adicto a los recuerdos de su vida compartida con Faith, ahora estrella del rock que le ha abandonado por su desquiciado mánager. Nero pronto descubre la existencia de un escuadrón de la muerte formado por policías que se toman la justicia por su mano. En el mercado negro circula una cinta que los enseña matando a un cantante de rap y activista político, que compartía agente con Faith. El amor de su vida está en peligro. Con la ayuda de Mace, conductora de limusinas que está en deuda con él, intentará salvarla.

Fin de año sangriento

El 3 de marzo de 1991, una cámara de videoaficionado estaba en el lugar y el momento oportunos, grabando la brutal agresión al delincuente afroamericano Rodney King a manos (o a porras) de cuatro policías de Los Ángeles. Cuando, más de un año después, los agentes de la ley (tres blancos y un latino) fueron absueltos por un jurado compuesto por blancos, las minorías raciales de la ciudad salieron a la calle, provocando el caos. Disturbios, pillaje, incendios... ¿Hablamos de la vida real o de *Días extraños*? Kathryn Bigelow no hizo más que aplicar la premisa de *Proyecto: Brainstorm* (*Brainstorm*, Douglas Trumbull, 1983) a un contexto social pre-fin del milenio. A Bigelow, que a esas alturas ya se había forjado un nombre realizando películas de acción de elegante puesta en escena –*Acero azul* (*Blue Steel*, 1990), *Le llaman Bodhi* (*Point Break*, 1991)–, le interesa sobre todo analizar la naturaleza violenta de las imágenes, no sólo en el cine de género sino también en una realidad cada vez más hambrienta de emociones fuertes. El cercanísimo futuro que retrata Bigelow, tan deudor de la estética de *Blade Runner* (*Id.*, Ridley Scott, 1982) como del cine negro de los años cuarenta, es un escenario dominado por la criminalidad y la existencia de una nueva droga, que consiste en vivir la experiencia ajena en carne (o mente) propia. Es una adicción que se manifiesta de muy diversas maneras: los hay, como Nero, que prefieren estar atados al pasado, reviviendo recuerdos felices (su amor con Faith), y los hay que la utilizan como deporte de riesgo para el córtex cerebral. En este sentido, el abrumador plano secuencia inicial, que muestra sin cortes un robo a mano armada hasta que el ladrón cae desde un tejado, es prodigioso. Y lo es no sólo por su impecable ejecución, sino porque obliga a reflexionar al espectador sobre su condición de consumidor de muerte filmada. En cierto modo, nos dice Bigelow, el público de cualquier film de acción de Hollywood es potencial consumidor de *snuff movies* (o películas clandestinas de muertes reales). Su denuncia es harto discutible toda vez que *Días extraños* parece explotar la espectacularización de la violencia –a veces hasta puntos ciertamente desagradables: la escena de la violación en la que la víctima es obligada a experimentar lo que será su muerte a través de los ojos del atacante– que pretende criticar, pero la innegable inteligencia de su discurso la convierte en una de las más notables películas sobre realidad virtual de la historia del género. Lástima de final, demasiado conciliador para tan oscuro desarrollo. ■

Doce Monos
Terry Gilliam

Twelve Monkeys. USA, 1995. **Dir.:** Terry Gilliam. **Producción:** Atlas Entertainment, Classico, Universal Pictures. **Productor:** Charles Roven. **Guión:** David y Janet Peoples, según *La jetée*, de Chris Marker. **Fot.:** Roger Pratt. **Mús.:** Paul Buckmaster. **Mont.:** Mick Audsley. **Duración:** 129 minutos. **Int.:** Bruce Willis (James Cole), Madeleine Stowe (Kathryn Railly), Brad Pitt (Jeffrey Goines), Christopher Plummer (Dr. Goines), Joseph Melito (joven Cole), Jon Seda (Jose), Vernon Campbell (Tiny).

> *En este excelente 'remake' de 'La jetée', Terry Gilliam incide en uno de los temas recurrentes de su filmografía: la frágil frontera entre locura y cordura.*

James Cole debe viajar desde el año 2035 hasta 1996 para averiguar el origen de un virus que ha acabado con la práctica totalidad de la humanidad. Cae por error en 1990, lo toman por loco y lo encierran en un manicomio. Allí conoce a Jeffrey Goines, que, seis años después, será el líder del ejército de los Doce Monos, organización presuntamente culpable de extender la plaga. Cole intentará detenerle, pero al final duda de sí mismo: tal vez no sea un viajero en el tiempo y sólo se está dejando llevar por su demencia...

Locura en tres tiempos

No es nada frecuente que un estudio recurra a una obra de carácter experimental como *La jeteé* (Chris Marker, 1962) para hacer un *remake*. Es tan poco frecuente como que un entusiasmado productor, Bob Kozburg, le enseñara a otro, Charles Roven, el libro que Chris Marker editó con las fotografías de la película, y que ambos decidieran contratar al guionista de *Sin perdón* (*Unforgiven*, Clint Eastwood, 1992) para que, inspirándose en ella, escribiera la que sería una de las obras maestras de Terry Gilliam, inactivo desde *El rey pescador* (*The Fisher King*, 1991). Inasequible al desaliento, el cineasta norteamericano vio en el jugoso mediometraje de Marker la posibilidad de desarrollar sus alucinantes viajes al fondo de mentes perturbadas a partir de un personaje, James Cole, atrapado en la inevitable circularidad del tiempo. Para ello contrató a tres estrellas y les obligó a contradecir los estereotipos que estaban acostumbrados a encarnar. Fue especialmente duro con Bruce Willis: elabo-

ró una lista con todos los tics del actor que no quería ver en pantalla y le empujó a potenciar su lado más vulnerable. El resultado fue una de las mejores interpretaciones de Willis y un Globo de Oro y una nominación al Oscar al mejor actor secundario para un irreconocible Brad Pitt como el lunático Jeffrey Goines.

Famoso por sus excesos, Terry Gilliam alcanzó a controlar los ajustados 30 millones de dólares de presupuesto sin que su elaborado diseño de producción, muy lejos de las fantasías hipertecnológicas de la ciencia-ficción de los noventa, se resintiera de ello. El futuro apocalíptico de *Doce Monos* estaba hecho con la piel de objetos del pasado y las ruinas de fábricas abandonadas. Lo que no significa que Gilliam abandonara su tendencia al abigarramiento. El barroquismo formal y argumental de *Doce Monos* no es más que la lógica prolongación del de *Brazil* (*Id.*, 1985), sólo que con un telón de fondo aún más oscuro. La locura sigue confundiéndose con la lucidez en un antihéroe que es, al mismo tiempo, salvador del mundo y víctima de un sistema desdeñoso con los discursos subversivos. James Cole se añade a la lista de personajes visionarios del cine de Gilliam, que en *Doce Monos* consigue que los tres tiempos (1990, 1996, 2035) en que se desarrolla la película no sólo sean los dos lados de un mismo espejo sino que también reflejen las obsesiones recurrentes de su filmografía. Con esta laberíntica cámara de ecos, que condensa referencias a *De entre los muertos* (*Vertigo*, Alfred Hitchcock, 1958), la desgarrada música de Astor Piazzola e imágenes tan poéticas como la de los animales del zoo invadiendo los restos de la civilización, Gilliam logró un sorprendente éxito de público (recaudó 100 millones de dólares) siendo fiel a su fatalista visión del futuro. ■■

1996 Independence Day
Roland Emmerich

Independence Day. USA. **Dir.:** Roland Emmerich. **Producción:** 20th Century Fox, Centropolis Entertainment. **Prod.:** Dean Devlin. **Guión:** Dean Devlin y Roland Emmerich. **Fot.:** Karl Walter Lindenlaub (Color DeLuxe). **Mús.:** David Arnold. **Mont.:** David Brenner. **Efectos especiales:** Volker Engel, Douglas Smith, Clay Pinney y Joe Viskocil. **Duración:** 145 minutos. **Int.:** Will Smith (capitán Steven Hiller), Bill Pullman (presidente Thomas J. Whitmore), Jeff Goldblum (David Levinson), Mary McDonnell (Marilyn Whitmore), Vivica A. Fox (Jasmine Dubrow), Judd Hirsch (Julius Levinson), Randy Quaid (Russell Casse).

> *A medio camino entre el cine de catástrofes y la arenga patriótica, esta superproducción compensaba su tendencia a la desmesura con una sana ironía.*

Una horda de enormes naves extraterrestres invade los cielos del universo. Antes de que nadie sepa sus objetivos, un científico averigua que las señales que envían a la Tierra son una cuenta atrás para aniquilarla. ¿Cuáles son las armas de la humanidad para detener tan masivo exterminio?

¡Que vienen los aliens!

Independence Day es la clase de película que se puede esperar de un director que admira profundamente a Spielberg y que pone en su lista de favoritas títulos como *La aventura del Poseidón* (*The Poseidon Adventure*, Ronald Neame, 1972), *El coloso en llamas* (*The Towering Inferno*, John Guillermin, Irwin Allen, 1974), *Terremoto* (*Earthquake*, Mark Robson, 1974). De ahí que Emmerich, alemán que ha hecho carrera en América a base de cultivar la ciencia-ficción desde sus más variadas acepciones –del homenaje a *Terminator* (*The Terminator*, James Cameron, 1984) en *Soldado universal* (*Universal Soldier* (1992) hasta la revisión apocalíptica del calentamiento global en *El día de mañana* (*The Day After Tomorrow*, 2004), pasando por *Stargate* (*Id.*, 1994) o *Godzilla* (*Id.*, 1998)–, decidiera embarcarse en un tributo tan aparatoso como honesto a la ciencia-ficción de los cincuenta. Su de-

sarrollo dramático es episódico y esquemático, tal como corresponde al cine de catástrofes que adora Emmerich. Su falta de pretensiones argumentales, siempre matizadas por un sentido del humor muy autoparódico –Will Smith neutralizando a un marciano con un puñetazo–, contrastan con la ampulosidad de los efectos especiales, merecedores de un Oscar. Emmerich se lo pasa bomba invirtiendo buena parte de sus 75 millones de dólares de presupuesto en destruir Los Ángeles, Washington y Nueva York. Su escaso sentido del exceso es, sin duda, su mayor virtud, que muchos no supieron disfrutar tomándose demasiado en serio el discurso patriótico del presidente de Estados Unidos interpretado por Bill Pullman, *alter ego* de otro Bill apellidado Clinton. ¿Podemos tomarnos en serio una película donde un piloto del montón sabe controlar los mandos de una nave alienígena preparada para seres con ocho tentáculos? ■

1996 Mars Attacks!

Tim Burton

Mars Attacks!. USA. **Dir.:** Tim Burton. **Producción:** Warner Bros. **Prod.:** Tim Burton y Larry Franco. **Guión:** Jonathan Gems, según los cromos de los chicles Topps. **Fot.:** Peter Suschitzky (Technicolor). **Mús.:** Danny Elfman. **Mont.:** Chris Lebenzon. **Efectos especiales:** Industrial Light and Magic. **Duración:** 103 minutos. **Int.:** Jack Nicholson (presidente Dale/Art Land), Glenn Close (Marsha Dale), Annette Bening (Barbara Land), Pierce Brosnan (Donald Kessler), Martin Short (Jerry Ross), Lukas Haas (Richie Norris), Sarah Jessica Parker (Nathalie Lake).

> *Burton reúne a un reparto de lujo, asesina al presidente de Estados Unidos y arrasa el continente en una sátira gamberra y burlona.*

Los marcianos invaden la Tierra, y no precisamente con buenas intenciones. Tres líneas narrativas, desarrolladas en Washington, Las Vegas y Kansas, relatan las peripecias de un crisol de personajes, entre los que se encuentran la familia presidencial y el cantante Tom Jones, en su lucha contra los extraterrestres.

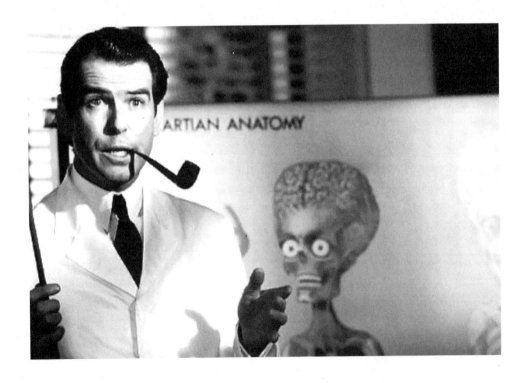

El declive del imperio americano

Marcianos haciéndose una foto mientras el Taj Mahal vuela por los aires. Marcianos jugando a los bolos con las estatuas de la Isla de Pascua. Marcianos remodelando los rostros presidenciales del Monte Rushmore a su imagen y semejanza. Marcianos destruyendo el luminoso paraíso de Las Vegas. Tras el abrasivo paso de los alienígenas de Tim Burton, todos los iconos de nuestra civilización quedan reducidos a cenizas. Es el alma gamberra de una película que, recogiendo el testigo de los *Gremlins* (*Id.*, 1984) de Joe Dante, arrasa con todo. Fiel al espíritu de los 55 cromos de los chicles Topps, que causaron escándalo entre los padres norteamericanos del año 1962 por hacer una peligrosa apología de la destrucción entre los chavales de la época, *Mars Attacks!* puede entenderse como el reverso cínico de *Independence Day* (*Id.*, Roland Emmerich, 1996). Lejos de glorificar reaccionarios valores patrióticos, se pone del lado de los extraterrestres, criaturas sin moral y con mucho sentido del humor que se mueven como si fueran esqueletos animados por Ray Harryhausen, para aniquilar la forma y el fondo del capitalismo. No es extraño, pues, que Burton recupere la estética del cine de ciencia-ficción de bajo presupuesto de los años cincuenta, desde *Earth vs. Flying Saucers* (Fred Sears, 1956) hasta el *Plan Nine from Outer Space* (1959) de su querido Ed Wood, no sólo para demostrar su admiración hacia los clásicos que marcaron su infancia, sino también para utilizarlos como arma arrojadiza contra el sistema de Hollywood.

Tim Burton da rienda suelta a la imaginería surreal y excéntrica que todos identificamos como su marca de fábrica: vacas en llamas, chihuahuas con la cabeza de Sarah Jessica Parker, alienígenas con apariencia de *pin-up* y altos mandos del ejército miniaturizados pueblan la flora y fauna de una parodia sangrante que no perdona a nadie en su afán exterminador. Los personajes sólo existen si pueden ser aniquilados: desde el presidente de los Estados Unidos, interpretado por un Jack Nicholson que hace doblete como agente inmobiliario de Las Vegas, hasta un vulgar jugador como el encarnado por Danny De Vito, todos serán víctimas de la política de la devastación practicada por los extraterrestres. No es casual que *Mars Attacks!* sólo salve de la quema a los marginados (el ingenuo Richie y la rebelde Taffy, ávida lectora del *Siddartha* de Herman Hesse) y a los símbolos de la cultura pop, se llamen Tom Jones o Pam Grier. Ellos, y la ridícula canción *country* de Slim Whitman que mata a los marcianos, son las únicos cimientos que le interesan a Burton para construir una nueva civilización. ██

1997 Gattaca
Andrew Niccol

Gattaca. USA. **Dir.:** Andrew Niccol. **Producción:** Columbia Pictures Corporation, Jersey Films. **Prod.:** Danny DeVito, Michael Shamberg y Stacey Sher. **Guión:** Andrew Niccol. **Fot.:** Slawomir Idziak (Technicolor). **Mús.:** Michael Nyman. **Mont.:** Lisa Zeno Churgin. **Duración:** 112 minutos. **Int.:** Ethan Hawke (Vincent/Jerome), Uma Thurman (Irene), Jude

Law (Jerome/Eugene), Gore Vidal (Joseph), Alan Arkin (Hugo), Loren Dean (Anton), Elias Koteas (Antonio).

> **Esta película, que cuenta con una excelente dirección artística, alerta sobre los peligros de la clonación en un mundo tan falsamente feliz como el que creó Aldous Huxley.**

En algún momento del futuro la ingeniería genética ha eliminado los defectos hereditarios. Vincent es, en este contexto, un *no-válido*: no ha nacido en un tubo de ensayo, por tanto no pertenece al grupo de gente diseñada para ser perfecta. Condenado a ser un hombre de clase inferior, se resiste al destino que le ha sido asignado. Jerome, que ha quedado paralítico tras un accidente, le vende su excelente material genético y Vincent asume su identidad para formar parte de una selecta expedición que explorará el sistema solar. Todo cambia cuando el director de la agencia espacial es asesinado y él se convierte en principal sospechoso.

Un mundo infeliz

Es evidente que Andrew Niccol escribió y dirigió su ópera prima pensando en *Un mundo feliz*. Publicada en 1932, la novela de Aldous Huxley recrea un universo donde la guerra, la enfermedad, la pobreza y el dolor han sido sustituidos por el culto a la estandarización y al progreso. Adelantándose en medio siglo a la fábula distópica de Niccol, Huxley advirtió de

la amenaza del nazismo y la progresiva americanización de la sociedad europea. En cierto modo, *Gattaca* también nace como una advertencia, esta vez ante los efectos de la investigación genética. Sólo un año antes de su estreno, el nacimiento de la oveja *Dolly*, el primer mamífero clonado de la historia, había puesto sobre aviso a la comunidad científica respecto a los peligros éticos de la clonación en los seres humanos. De hecho, Niccol empezó a rodar *Gattaca* bajo el título de *El octavo día*, aludiendo a lo que el hombre podía permitirse hacer con la creación divina. No es extraño, pues, que la postura moral de Niccol ante tan espinoso tema sea alarmista y conservadora. No hay genes para el espíritu humano, rezaba el eslogan de *Gattaca*. De ahí que la película critique la realidad clasista, vigilada y homogénea en la que el control de la genética impone un nuevo tipo de discriminación social.

Niccol transmite la clínica frialdad del mundo de *Gattaca* utilizando los espacios, filmados en planos generales de inquietante simetría, de un modo particularmente expresivo. Si el apartamento de Jerome tiene unas escaleras que recuerdan a las moléculas en espiral de ADN, la agencia espacial –situada en el Marin County Civic Center de San Rafael diseñado por Frank Lloyd Wright en 1957, que Lucas ya escogió como escenario de *THX 1138* (*Id.*, 1970)– evoca las arquitecturas vacías, inorgánicas, del cine de Antonioni. Nominada al Oscar, la excelente dirección artística de Jan Roelfs y Nancy Nye, que pretende ser tan intemporal como futurista, potencia la relación de los personajes con un exterior que reproduce las ansias de perfección de una sociedad que somete a sus ciudadanos a continuos análisis de orina, sangre y retina para comprobar las excelencias de su identidad. Es fácil entender la angustia de Vincent al tener que guardar bolsas de orina, pelos y muestras de piel de Jerome para perpetuar su sueño de ser alguien que no es y nunca será. En ese sentido, tanto la relación que Vincent mantiene con su némesis como la que lo une a Irene, *válida* de la que se enamora, están impregnadas de la melancolía de los idealistas que no quieren reconocer su fracaso. ■

Starship Troopers: Las brigadas del espacio
Paul Verhoeven

Starship Troopers. USA. **Dir.:** Paul Verhoeven. **Producción:** Big Bug Pictures, Touchstone Pictures, TriStar Pictures. **Prod.:** Alan Marshall y Jon Davison. **Guión:** Ed Neumeier, según la novela de Robert Heinlein. **Fot.:** Jost Vacano (Technicolor). **Mús.:** Basil Poledouris. **Mont.:** Mark Goldblatt. **Efectos especiales:** Phil Tippett, Scott E. Anderson, Alec Gillis y John Richardson. **Duración:** 129 minutos. **Int.:** Casper Van Dien (Johnny Rico), Dina Meyer (Dizzy Flores), Denise Richards (Carmen Ibáñez), Jake Busey (Ace Levy), Neil Patrick Harris (Carl Jenkins), Michael Ironside (Jean Rasczak), Clancy Brown (sargento Zim).

> *Camuflada bajo el aspecto de una celebración fascista, esta película de extrema izquierda pone en la picota los valores del país de adopción de Verhoeven.*

La Tierra es atacada por los habitantes del planeta Klendathu, una raza de insectos gigantes y sangrientos que lanzan meteoritos y desmembran todo lo que encuentran a su paso. Cuatro estudiantes de instituto se alistan en el ejército para llegar a ser ciudadanos y luchar contra la horda alienígena.

Bichos en pie de guerra

Paul Verhoeven confesó que no pudo acabar *Tropas del espacio* porque le parecía aburrida y deprimente. No es extraño, pues, que la ideología de extrema derecha propugnada por la novela de Robert Heinlein fuera carne de cañón para un Verhoeven que, vapuleado por crítica y público en *Showgirls* (*Id.*, 1995), sabía lo poco que podía esperar de la sociedad norteamericana. ¿Por qué no despellejar su doble moral, su estupidez y su acuciante militarismo con una película de género que pareciera una glorificación de todos los defectos de su ética patriota? En su descarnado sarcasmo, *Starship Troopers* descuartiza el conservadurismo del país de adopción de Verhoeven utilizando todos los elementos que pueden entusiasmar al espectador de multisalas. Por un lado, los efectos especiales de Phil Tippett aportan una dosis de espectacularidad tan gigantesca como el tamaño de los seis tipos de insectos digitales que se ocupó de diseñar. Por otro, un reparto de actores jóvenes, guapos y muscu-

losos (Casper Van Dien se formó en la última etapa de *Sensación de vivir*) representan en la pantalla al público escaso de ideas y hambriento de sexo y violencia que llena las arcas de Hollywood. El cinismo recalcitrante de la película, sazonado con una brutalidad insólita para ser un producto distribuido por una filial de la Disney, cierra el discurso antiamericano que Verhoeven ya había esbozado en *RoboCop* (*Id.*, 1987). No hay más que ver la estética protofascista de los desfiles militares, directamente inspirada en *El triunfo de la voluntad* (*Triumph des Willens*, Leni Riefenstahl, 1935), o los anuncios que celebran las condenas y ejecuciones de un reo en un solo día, para saber qué opinión tiene Verhoeven de la sociedad en la que vive.

Starship Troopers es, también, una feliz celebración del género. Las referencias a clásicos como *La guerra de los mundos* (*The War of the Worlds*, Byron Haskin, 1953) o *La humanidad en peligro* (*Them!*, Gordon Douglas, 1954) son obvias, como también lo es la admiración de Verhoeven por los cómics de superhéroes de los años treinta. Los (voluntariamente) ridículos diálogos entre soldados y oficiales recuerdan al cine de propaganda bélica y la espectacular secuencia del ataque de los insectos al fuerte militar está inspirada en *Zulú* (*Zulu*, Cy Endfield, 1964), pero podría evocar a cualquier *western* de John Ford. La condición de pastiche de la película de Verhoeven, tan próxima a la parodia, no hace sino reforzar su virulencia ideológica. █

1998 Cube
Vincenzo Natali

Cube. Canadá. **Dir.:** Vincenzo Natali. **Producción:** Cube Libre, Ontario Film Development, The Feature Film Project, The Harold Greenberg Fund, Téléfilm Canada, Viacom Canada. **Prod.:** Mehra Meh y Betty Orr. **Guión:** Andre Bijelic, Vincenzo Natali y Graeme Manson. **Fot.:** Derek Rogers (Color DeLuxe). **Mús.:** Mark Korven. **Mont.:** John Sanders. **Duración:** 91 minutos. **Int.:** Nicole de Boer (Leaven), Nicky Guadagni (Holloway), David Hewlett (Worth), Andrew Miller (Kazan), Wayne Robson (Rennes), Maurice Dean Wint (Quentin).

> *Esta ingeniosa ópera prima aprovecha al máximo su escaso presupuesto para realizar un claustrofóbico ejercicio de estilo disfrazado de perspicaz jeroglífico.*

Seis personajes están atrapados en un laberinto de cámaras cúbicas interconectadas entre sí y plagadas de trampas mortales. ¿Por qué están encerrados? ¿Cómo podrán salir de allí? ¿Alguien los vigila? ¿Qué les espera en el exterior?

Matemática para iniciados

Premio a la mejor película en el Festival de Sitges, *Cube* demuestra que para hacer cine de ciencia-ficción sólo se necesitan seis actores y una habitación. La trama de la película se desarrolla en un solo decorado, metamorfoseado a partir de ingeniosos juegos de iluminación, y funciona como un cubo de Rubik. Las seis caras del cuerpo geométrico corresponden a seis personajes que, además de llamarse como distintas cárceles, se comportan según un estereotipo de un solo color. Leaven es una estudiante de matemáticas; Holloway es médico; Kazan es autista; Rennes es un criminal; Worth es arquitecto; y Quentin es policía. Cada uno de ellos parece ser una de las piezas de un rompecabezas monumental. Las permutaciones que pueden hacerse entre estos seis elementos son prácticamente infinitas, de manera que cualquier gesto o línea de diálogo parece catalizar el movimiento de los demás. En este sentido, *Cube* opera de un modo muy parecido a *Pi* (*Id.*, Darren Aronofsky) o *Primer* (*Id.*, Shane Carruth, 2004), películas independientes que integran a la perfección el lenguaje de la ciencia, ya sea en su vertiente matemática o bien física, en las estructuras morfológicas del lenguaje cinematográfico.

Cube no se encalla en demostrar ningún teorema sobre el sentido del universo, sino que prefiere invertir sus energías y su escaso presupuesto (350.000 dólares) en sacar provecho de las tensiones creadas entre sus personajes en un espacio reducido. Natali ya había experimentado con las posibilidades dramáticas de la claustrofobia en su corto *Elevator* (1997), curiosa película de monstruos situada en un ascensor, y en *Cube* utiliza todos los recursos de puesta en escena que están a su alcance –luces, colores, distancias focales cortas, extraños ángulos de cámara, sonido en *off*– para subrayar el encierro de sus protagonistas. La película combina con originalidad varios registros: a veces parece una fantasía kafkiana, a veces un episodio de la serie *The Twilight Zone*. Afortunadamente, Natali no

da soluciones a la pregunta clave de *Cube*, convencido de que cualquier respuesta podría decepcionar al espectador: de hecho, diversas fuentes aseguran que rodó un corto mostrando lo que había fuera del cubo, pero lo destruyó poco después. Vincenzo Natali perdió puntos en sus dos siguientes películas de género, *Cypher* (*Id.*, 2002) y *Nothing* (2003). Menos relevantes aún son las dos secuelas de *Cube*, *Cube2: Hipercube* (Andrzej Sekula, 2002) y *Cube Zero* (Ernie Barbarash, 2004). ▄

Dark City
Alex Proyas

Dark City. Australia-USA. **Dir.:** Alex Proyas. **Producción:** Mystery Clock Cinema, New Line Cinema. **Productores:** Andrew Mason y Alex Proyas. **Guión:** Alex Proyas, Lem Dobbs y David S. Goyer, según un argumento de Proyas. **Fot.:** Dariusz Wolski (Color DeLuxe). **Mús.:** Trevor Jones. **Mont.:** Dov Hoenig. **Efectos especiales:** Andrew Mason, Mara Bryan y Arthur Windus. **Duración:** 101 minutos. **Int.:** Rufus Sewell (John Murdoch), Kiefer Sutherland (Dr. Daniel Schreber), Jennifer Connelly (Emma Murdoch), William Hurt (inspector Frank Bumstead), Richard O'Brien (Mr. Hand), Ian Richardson (Mr. Book).

> *En este expresionista cóctel de cine negro y ciencia-ficción, Alex Proyas ofrece un sugestivo retrato de una ciudad mutante.*

John Murdoch despierta solo en una habitación de hotel sin saber quién es. La policía lo persigue como principal sospechoso de haber matado a una serie de prostitutas. Huyendo del detective Bumstead, descubre la existencia de unos extraños seres, los Oscuros, que duermen a los habitantes de la ciudad para alterarles, cada noche, su percepción de la realidad y de sí mismos. Murdoch tiene la cualidad de resistirse a los poderes mesméricos de los Oscuros. Es peligroso que siga con vida...

El tiempo se detiene

La ciudad en que se desarrolla *Dark City*, cuyos siniestros edificios se metamorfosean cada medianoche, parece estar hecha de retazos de las ideas que todo cinéfilo tiene del expresionismo alemán, el cine negro clásico, la ciencia-ficción y la literatura *cyberpunk*. No es extraño, pues, que los subterráneos de *Dark City* nos recuerden a los de *Metrópolis* (*Metropolis*, Fritz Lang, 1927), que su tenebrosa arquitectura nos evoque la de *Brazil* (*Id.*, Terry Gilliam, 1985), que el vestuario de sus habitantes sea propio de los años cuarenta o que los Oscuros tengan el aspecto de los cenobitas en *Hellraiser. Los que traen el infierno* (*Hellraiser*, Clive Barker, 1987). Pastiche urbanizado por una raza de demiurgos que utilizan sus poderes tele-

páticos para implantar nuevos recuerdos en los humanos y así examinar sus comportamientos, la ciudad sin nombre de *Dark City* sirve como metáfora para entender la condición posmoderna de una película que parece recordarse a sí misma.

Cuenta Alex Proyas que se le ocurrió la idea motriz de *Dark City* mientras estaba rodando *El cuervo* (*The Crow*, 1995), cuento neogótico que se hizo célebre por incluir la primera interpretación de un actor recreado digitalmente (Brandon Lee). A partir de un recurrente sueño de juventud en el que se le aparecían unas figuras oscuras en su habitación y alteraban su realidad, Proyas articuló un relato donde el viaje del héroe hacia la luz (un recuerdo de infancia, una playa llamada Shell Beach) abre en canal el mundo de las tinieblas. Proyas recupera la figura arquetípica del científico loco, encarnada en el doctor Schreber, cruce génetico entre Caligari, Mabuse y el Rotwang de *Metrópolis*, portavoz e instrumento de los Ocultos y único humano que conserva intactos su memoria y sus conocimientos. El protagonista, John Murdoch, no es más que una de las cabezas de turco de los Ocultos, raza alienígena cuyos integrantes comparten los mismos recuerdos. Sus experimentos –que procuran las imágenes más bellas de la película, bañada por un triste tono ocre: los momentos en que la ciudad se congela, los humanos duermen y se convierten en otra persona con idéntico cuerpo y distinta memoria– no tienen otro objetivo que la búsqueda del alma. Al contrario que la posterior *Matrix* (*The Matrix*, Andy y Larry Wachowski, 1999), con la que guarda no pocos puntos de contacto, *Dark City* está más preocupada por la vida interior que por la acción exterior. Es más metafísica que acróbata. ■

1998 El quinto elemento

Luc Besson

The Fifth Element. Francia. **Dir.:** Luc Besson. **Producción:** Gaumont. **Prod.:** Patrice Ledoux. **Guión:** Luc Besson y Robert Mark Kamen. **Fot.:** Thierry Arbogast (Technicolor). **Mús.:** Eric Serra. **Mont.:** Sylvie Landra. **Efectos especiales:** Mark Stetson, Digital Domain. **Duración:** 126 minutos. **Int.:** Bruce Willis (Korben Dallas), Gary Oldman (Jean-Baptiste Emanuel Zorg), Milla Jovovich (Leeloo), Ian Holm (padre Vito Cornelius), Chris Tucker (Ruby Rhod), Luke Perry (Billy), Brion James (general Munro).

> *Luc Besson explota su afición al cómic en esta divertida celebración de la estética del género, con diseños de Moebius y vestuario de Jean-Paul Gaultier.*

La existencia de un Quinto Elemento que entre en contacto con los cuatro elementos de la naturaleza podrá vencer los poderes del Mal Absoluto. En el año 2259, el malvado Zorg quiere hacerse con las piedras que simbolizan la tierra, el mar, el aire y el agua, para que el Mal conquiste el universo. ¿Dónde está el Quinto Elemento? ¿Tal vez es una chica de pelo rojo que topa por casualidad con el taxista Korben Dallas, entonces obligado a convertirse en superhéroe a la fuerza?

Un cómic desvergonzado

Confesaba Luc Besson que *El quinto elemento* no era más que un reflejo de su vida adolescente, cuando era fanático de *La guerra de las galaxias* (*Star Wars*, George Lucas, 1977), *En busca del arca perdida* (*Raiders of the Lost Ark*, Steven Spielberg, 1981), Akira Kurosawa y los tebeos. No es de extrañar que escribiera el argumento de la película a los dieciséis años, porque la película respira una vitalidad pubescente bastante contagiosa. Es probable que, en aquella época, Besson hubiera pasado más de una noche en vela leyendo los cómics de Moebius y Jean-Claude Mézières, dibujantes que contrató, junto al diseñador de vestuario Jean-Paul Gaultier, para concebir la barroca dirección artística de la película. Manhattan se ha convertido en la ciudad más congestionada del planeta, con el tráfico de coches aéreos colapsando una atmósfera saturada de mensajes publicitarios, como si se tratara de una versión fosforescente y un punto hortera de *Blade Runner* (*Id.*, Ridley Scott, 1982). Besson no repara en gastos para viajar desde el antiguo Egipto donde se sitúa el prólogo hasta una fiesta con diva operística en el clímax. Afortunadamente, el compulsivo barroquismo de la película nunca está por encima de su espíritu lúdico, y su mensaje místico, con la comunión entre los cuatro elementos y la belleza refulgente de Milla Jovovich, es inofensivo. Sobra el histérico locutor de radio interpretado por Chris Tucker. ■

1998 El show de Truman
Peter Weir

The Truman Show. USA. **Dir.:** Peter Weir. **Producción:** Scott Rudin Productions. **Prod.:** Scott Rudin, Andrew Niccol, Ed Feldman y Adam Schroeder. **Guión:** Andrew Niccol. **Fot.:** Peter Biziou (Color DeLuxe). **Mús.:** Burkard Dallwitz y Philip Glass. **Mont.:** William R. Anderson y Lee Smith. **Dur.:** 102 minutos. **Int.:** Jim Carrey (Truman Burbank), Laura Linney (Meryl/Hannah), Ed Harris (Christof), Noah Emmerich (Marlon), Natasha McElhone (Sylvia/Lauren), Holland Taylor (madre de Truman), Brian Delate (padre de Truman).

> *La película exprime hasta sus últimas consecuencias una de las grandes paranoias de los tiempos modernos: que nuestra vida sea una ilusión imaginada por otros.*

Truman Burbank es un agente de seguros con una vida de lo más convencional. No sabe que el pueblo donde vive es un gran plató, y que toda su existencia, desde el día de su nacimiento, es un *reality* titulado *El show de Truman* que siguen millones de espectadores en todo el

país. Truman empieza a notar que algo no marcha bien cuando un foco cae del cielo. Intenta salir de la ciudad pero todo el equipo del *reality* hace lo posible por retenerlo.

Gran Hermano

El show de Truman aparece en escena justo cuando los *realities*, esos programas de televisión donde podemos disfrutar de la cotidianidad de la gente corriente grabada 24 horas al día, están empezando a volver locos a los comunicólogos de medio mundo. De lo que se deduce que la película de Peter Weir es ciencia-ficción sólo porque exagera un problema de rabiosa actualidad. Su pertenencia al género viene dada por su condición de hipérbole. La historia de Truman ("True-man" u hombre auténtico), que ha nacido para que su vida sea televisada, es, en cierto modo, la historia de cualquiera de nosotros, vigilados por cámaras ocultas en calles y tiendas, cada vez más inseguros respecto a lo que es real y lo que no lo es. Weir y su guionista Andrew Niccol crean el universo de Truman según los parámetros de una sonriente serie de televisión, paraíso artificial y permanentemente luminoso que no es más que la imagen que Norteamérica quiere dar de sí misma. No por casualidad, Weir buscó en las pinturas de Norman Rockwell, reflejos de una Norteamérica idílica, el modelo visual para construir, cual maestro de marionetas, un teatro perfecto donde sólo el protagonista no sabe que está actuando. El más mínimo detalle de este *Gran Hermano* dramatizado –son especialmente hilarantes los mensajes de los patrocinadores que los actores recitan cuando menos lo esperas– sirve para reforzar la tesis de esta espléndida película-concepto, que exige una cierta suspensión de la credibilidad por parte del espectador, que no debe preguntarse por las graves debilidades de su brillante punto de partida.

El show de Truman, que pasó por las manos de directores como David Cronenberg o Sam Raimi, supuso el primer papel dramático de Jim Carrey. Cómico de gestualidad excesiva y verborrea veloz, supo transmitir con brillantez la angustia de su personaje cuando descubre que su vida es un artificio, una larga representación conducida por Christof (Ed Harris, que sustituyó a Dennis Hopper en el último minuto), un demiurgo sin escrúpulos. Lo que empieza casi como una comedia de situación de tintes abstractos –el foco que cae del cielo como primer signo del despertar de Truman– acaba como una pesadilla polanskiana que resucita el sentimiento de paranoia social que películas como *La invasión de los ladrones de cuerpos* (*Invasion of the Body Snatchers*, Donald Siegel, 1956) supieron reflejar estupendamente en la década de los cincuenta. El último plano de la película, con Truman Burbank abriendo por primera vez la puerta de su liberación, está impregnado de un blanco inquietante. El futuro de este Kaspar Hauser de la era televisada es todo un enigma. ◼

1999 Matrix
Andy y Larry Wachowski

The Matrix. USA. **Dir.:** Andy y Larry Wachowski. **Producción:** Groucho II Film Partnership, Silver Pictures, Village Roadshow Pictures, Warner Bros. **Prod.:** Joel Silver. **Guión:** Andy y Larry Wachowski. **Fot.:** Bill Pope (Technicolor). **Mús.:** Don Davis. **Mont.:** Zach Staenberg. **Efectos especiales:** John Gaeta, Janek Sirrs, Steve Courtley, Jon Thum. **Duración:** 136 minutos. **Int.:** Keanu Reeves (Neo), Laurence Fishburne (Morpheus), Carrie Anne-Moss (Trinity), Hugo Weaving (agente Smith), Gloria Foster (el oráculo), Joe Pantoliano (Cypher), Marcus Chong (Tank).

> *Ensayo de Baudrillard para consumidores de videojuegos, esta película, una de las más influyentes de los noventa, nos dice que nuestra realidad es un simulacro digitalizado.*

De día, Thomas Anderson es programador de una empresa de *software*, y de noche, pirata informático bajo el seudónimo de Neo. Otro *hacker*, Morfeo, se pone en contacto con él para contarle que lo que él considera realidad no es más que una construcción virtual concebida por las máquinas, que utilizan a los seres humanos como fuente de energía. Morfeo es el líder de un grupo de rebeldes contra la dictadura de Matrix y está convencido de que Neo es el elegido para liberar a la humanidad de su nueva esclavitud.

El desierto de lo real
¿Cuántas superproducciones se habrían atrevido a evidenciar su deuda teórica con Jean Baudrillard incluyendo un plano de su libro *Simulacra and Simulation* como homenaje?

REALIDADES VIRTUALES

Una de las imágenes más características del cine de ciencia-ficción de los noventa pertenenece a *El cortador de césped* (*The Lawnmower Man*, Brett Leonard, 1992). En ella, un hombre y una mujer, colgados de enormes giróscopos y cubiertos con cascos, practican el acto sexual en una realidad de colores fosforescentes y cuerpos fundidos en uno solo. En verdad, los dos amantes no llegan ni a tocarse. Esta secuencia, que se hizo popular en muchos festivales de arte cibernético, puso en solfa el concepto de realidad virtual, que podría definirse como una representación ilusoria de la realidad perceptiva sin soporte objetivo. No es extraño, pues, que la ciencia-ficción de la última década del siglo xx centrara su interés en la coexistencia de universos paralelos que hacen tambalear lo que entendemos por *nuestra* realidad cotidiana. *Matrix* es, sin duda, el título más llamativo de la lista de películas que abordan el tema, pero le siguen de cerca *Ghost in the Machine* (Rachel Talalay, 1993), *Virtuosity* (Id., Brett Leonard, 1995), *Nirvana* (Id., Gabriele Salvatores, 1997), *Dark City* (Id., Alex Proyas, 1998), *El show de Truman* (*The Truman Show*, Peter Weir, 1998), *Nivel 13* (*The Thirteen Floor*, Josef Rusnak, 1999), *eXistenZ* (Id., David Cronenberg, 1999) y *Kaïro* (Kiyoshi Kurosawa, 2001).

Cuando el filósofo francés habla de "cuarto orden de simulación", está hablando de Matrix, una copia de la realidad que la ha sustituido íntegramente. El discurso apocalíptico de Baudrillard, que se adelanta al desarrollado por la literatura *cyberpunk*, no es más que una de las múltiples referencias de una película cuya mayor virtud reside en enmascarar un amasijo de citas bajo el digno aspecto de un ensayo sobre la transformación de nuestra realidad hipermediática en pura ilusión. Los Wachowski, ávidos consumidores de cultura popular, realizaron así su propia enciclopedia de la posmodernidad, en la que tienen cabida el *manga* japonés, los cómics de Frank Miller o Geoff Darrow, la filosofía de Jung y Nietzsche, las películas de artes marciales, las obras completas de Philip K. Dick y William Gibson, los films de John Woo, *La Odisea* de Homero (uno de los libros favoritos de Larry Wachowski), la *Alicia* de Lewis Carroll, el mito platónico de la Caverna y el Antiguo Testamento. El mismo Baudrillard no tardó en denunciar la existencia de *Matrix* como paradójico simulacro de simulacros: en cierto modo, la película estaba cuestionando la virtualización de nuestra realidad cotidiana haciendo espectáculo digital a su costa.

Guionistas de cómics de la Marvel, escritores del libreto de *Asesinos* (*Assassins*, Richard Donner, 1997) y autores de una sola película, el discutible *thriller* lésbico *Lazos ardientes* (*Bound*, 1998), los Wachowski crearon *Matrix* a partir de un encargo de la DC Comics. Lo que debía ser un *comic book* pronto se transformó en una trilogía cinematográfica, una saga que se completaría con *Matrix Reloaded* (2003) y *Matrix Revolutions* (2003), estrenadas con seis meses de diferencia. Aunque las dos secuelas banalizarían el concepto original convirtiéndolo en un galimatías pseudofilosófico difícilmente descifrable (sobre todo en el caso del segundo episodio, sólo destacable por una brillante secuencia de persecución en una autopista), los Wachowski parecían haber encontrado una nueva fórmula multimedia de contar historias. El lanzamiento de las dos secuelas vendría acompañado por la colección *Animatrix*, compuesta por nueve cortos animados que se editarían en DVD, el videojuego *Enter the Matrix* y una completa página *web*. Cada uno de los elementos del paquete completaba el sentido de una experiencia que había construido su propia mitología, algo que no ocurría en el cine de ciencia-ficción desde *La guerra de las galaxias* (*Star Wars*, George Lucas, 1977).

La dimensión mitológica de *Matrix* es inagotable. Cada nombre parece esconder un significado simbólico: Neo es un anagrama de One (el Elegido), Morfeo es el dios griego del sueño y Trinity es, claro, la Santa Trinidad cristiana. La figura del Oráculo también es propia de los griegos. El entrenamiento de Neo por parte de Morfeo es una ceremonia de iniciación de carácter atávico, casi tribal, que introducirá a nuestro héroe en una realidad donde las dimensiones de tiempo y espacio han sido reducidas a cenizas. "Matrix te posee. Tú te crees dueño de tu vida, de tus acciones, de todas esas pequeñas o grandes cosas que haces cada día... pero... ¿Cómo podrías demostrar que todo esto no es una ilusión? ¿Nunca has tenido un sueño que pareciera muy real?", le dice Morfeo a Neo. "¿Cómo sabrías entonces diferenciar sueño de realidad? El hacer creer que se vive una existencia normal es un poder muy grande, una forma de control terrible". Los aforismos de Morfeo cargan de sentido al espléndido trabajo del departamento de efectos especiales (uno de los cuatro galardonados con un Oscar; el resto fueron montaje, sonido y efectos de sonido), con logros memorables como el del *bullet-time* o el del metal líquido que invade el cuerpo de Neo a punto de cruzar al otro lado del espejo. El uso de la cámara lenta que recupera súbitamente su velocidad normal en las escenas de acción, tan deudoras de las de *The Killer* (*Dip hyut shueng hung*, John Woo, 1989) o *Ghost in the Shell* (*Kôkaku kidotaâi*, Mamoru Oshii, 1995), contribuye a crear la sensación de suspensión de tiempo y espacio del universo Matrix, igual que lo hace la disolución de la imagen en lenguaje informático codificado. Todos los efectos visuales de *Matrix* están destinados a reproducir esa impresión de simulacro efímero, mutante e intangible en el que se ha convertido la realidad en tiempos de Internet. ■

2001 A.I.: Inteligencia Artificial
Steven Spielberg

A.I.: Artificial Intelligence. USA. **Dir.:** Steven Spielberg. **Producción:** Warner Bros, DreamWorks SKG, Amblin Entertainment, Stanley Kubrick Productions. **Prod.:** Kathleen

Kennedy, Steven Spielberg y Bonnie Curtis. **Guión:** Steven Spielberg, según la adaptación de Ian Watson de un relato corto de Brian Aldiss. **Fot.:** Janusz Kaminski (Technicolor). **Mús.:** John Williams. **Mont.:** Michael Kahn. **Efectos especiales:** Dennis Muren, Scott Farrar, Stan Winston y Michael Lantieri. **Dur.:** 145 minutos. **Int.:** Haley Joel Osment (David), Jude Law (Gigolo Joe), Frances O'Connor (Monica Swinton), Brendan Gleeson (Lord Johnson-Johnson), Sam Robards (Henry Swinton), William Hurt (profesor Hobby), Jake Thomas (Martin Swinton).

> *Las sensibilidades aparentemente opuestas de Kubrick y Spielberg se alían en esta obra maestra del género, revisión poética y melancólica del cuento de Pinocho.*

En un universo que se derrite lentamente, el profesor Hobby ha creado el robot definitivo, aquel que tiene la capacidad de amar. El prototipo se llama David, y es adoptado por una pareja cuyo hijo natural, Martin, ha sido congelado criogénicamente en espera de encontrar una cura para su enfermedad terminal. Cuando éste sana, David se convierte en un estorbo, y Monica, su madre, decide abandonarlo. Su destino es morir en la Feria de la Carne, allí donde todos los androides se transforman en chatarra, pero Gigolo Joe, un robot del amor, le salva y ambos inician un viaje que terminará en el fin del mundo.

El alma de Pinocho

La razón pura está predestinada a encontrarse con la emoción pura. Es decir, Stanley Kubrick estaba predestinado a encontrarse con Steven Spielberg. Se conocían desde 1979, cuando coincidieron en Londres realizando la preproducción de *El resplandor* (*The Shining*, 1980) y *En busca del arca perdida* (*Raiders of the Lost Ark*, 1981) respectivamente, pero parecía imposible que nunca llegaran a trabajar juntos. Cuando Kubrick se planteó la adaptación del relato de Brian Aldiss *Los superjuguetes duran todo el verano* pensó en que lo protagonizara un robot concebido ex profeso para la película. Pensó incluso en crear un personaje digital, preocupado porque su pequeño héroe creciera demasiado durante sus eternos períodos de rodaje. Contrató a cuatro escritores (Brian Aldiss, Arthur C. Clarke, Bob Shaw, Sara Maitland) para que le ayudaran a desarrollar el guión. Después de 12 años de trabajo, se convenció a sí mismo de que el director más adecuado para sacar adelante *A.I.: Inteligencia Artificial* era Spielberg: alérgico a la lentitud, sabría aportarle emoción a la historia de este Pinocho moderno. La muerte de Kubrick precipitó las cosas, y el autor de *E.T. El Extraterrestre* (*E.T. The Extra-Terrestrial*, 1982) heredó un tratamiento final de 90 páginas, obra de Ian Watson, y más de 600 dibujos de Chris Baker, y lo adaptó a sus propios intereses.

Muchos añoraron la visión racionalista de Kubrick en este bellísimo cuento, triste y melancólico, sin advertir que el director de *Lolita* (Id., 1962) sabía que su frialdad en el tratamien-

to de los personajes podía convertirse en el punto flaco de una fábula que necesitaba ser narrada desde el corazón. El conflicto entre lógica y sentimiento es, precisamente, el tema rector de *A.I.*. Sólo la empatía de Spielberg con la mirada infantil podía sacar de Haley Joel Osment una interpretación que, definitivamente, no es de este mundo: el robot que se cree niño no es más que una versión cibernética del muñeco de madera del relato de Carlo Collodi, y Osment lo encarna transmitiendo una insoportable sensación de desamparo, potenciada por la cámara de Spielberg, que insiste en dejarlo solo en dos secuencias impresionantes: la de la piscina, con David sentado en el fondo del azul cloro, y la del bosque, abandonado por una madre a la que quiere con locura. El tramo final de *A.I.*, situado en un Manhattan que parece sacado de *El mundo sumergido* de J. G. Ballard, es lo más poético que ha rodado Spielberg. Al contrario del niño suicida de *Germania anno zero* (Roberto Rossellini, 1948), David tiene una segunda oportunidad para disfrutar del cariño de su madre, brindada por unos alienígenas que, como ángeles subacuáticos, conceden un último deseo a un alma pura que se merece el más precioso de los finales posibles. ■

2002 Minority Report
Steven Spielberg

Minority Report. USA. **Dir.:** Steven Spielberg. **Producción:** Cruise/Wagner Productions, Blue Tulip Productions, DreamWorks SKG, Ronald Shusett/Gary Goldman, Amblin Entertainment, Twentieth Century-Fox Film Corporation. **Prod.:** Gerald R. Molen, Bonnie Curtis, Walter F. Parkes y Jan De Bont. **Guión:** Scott Frank y Jon Cohen, según un relato de

Philip K. Dick. **Fot.:** Janusz Kaminski (Technicolor). **Mús.:** John Williams. **Mont.:** Michael Kahn. **Duración:** 144 minutos. **Int.:** Tom Cruise (John Anderton), Colin Farrell (Danny Witwer), Samantha Morton (Agatha), Max von Sydow (Lamar Burgess), Peter Stormare (Dr. Solomon Eddie), Tim Blake Nelson (Gideon).

> *A partir de un relato de Philip K. Dick, Steven Spielberg afianza su visión de un futuro distópico y totalitarista en un homenaje electrizante al cine de Hitchcock.*

Washington, 2054. La unidad de Pre-crimen del Departamento de Justicia ha conseguido eliminar la delincuencia de la sociedad gracias a los Pre-Cogs, tres médiums cuyas visiones permiten que se detenga al culpable antes de cometer el delito. ¿Qué pasa cuando el jefe de este sofisticado cuerpo de seguridad, el atormentado John Anderton, se ve como asesino en una de las imágenes futuras proyectadas por los Pre-Cogs? ¿Es un error del sistema o realmente matará a un extraño en 36 horas?

Con la culpa en los talones

Nunca habríamos pensado en Spielberg como un Hitchcock del futuro si *Minority Report* no nos hubiera inducido a ello de manera tan obstinada. Embrujado por el complejo de culpa y a la vez epítome del falso culpable, John Alderton es un cruce genético entre el Scottie Ferguson (James Stewart) de *De entre los muertos* (*Vertigo*, Alfred Hitchcock, 1958) y el Roger Thornhill (Cary Grant) de *Con la muerte en los talones* (*North by Northwest*, Alfred Hitchcock, 1959). Spielberg utiliza un cuento de apenas 30 páginas que Philip K. Dick publicó a finales de los cincuenta para consolidar la oscura visión de la sociedad del futuro que ini-

ció en *A.I.: Inteligencia Artificial* (*A.I.: Artificial Intelligence*, 2001) y que remataría en *La guerra de los mundos* (*War of the Worlds*, 2005). Obligado a una huida hacia adelante en busca de su propio destino, el personaje de Alderton, al que Tom Cruise otorga una inesperada vulnerabilidad, puede leerse como un héroe de filiación hitchcockiana o como una reedición de los antihéroes del cine negro de la Warner, un hijo siniestro del Humphrey Bogart de *La senda tenebrosa* (*Dark Passage*, Delmer Daves, 1948).

El futuro de *Minority Report* establece una diáfana línea de conexión con nuestro presente. No es extraño, pues, que, tres años antes de empezar a rodar, Spielberg reuniera a un comité de sabios en un hotel de Santa Mónica para que le ayudaran a definir la realidad social y tecnológica de mediados del siglo XXI. Científicos, arquitectos, urbanistas y escritores como Douglas Coupland son responsables del diseño de un futuro en el que los coches corren en sentido vertical, los policías vuelan con mochilas motorizadas y el documento nacional de identidad se reduce a la digitalización de nuestros ojos. El modo en que Alderton maneja las visiones fragmentadas de los Pre-Cogs hace de la tecnología un medio orgánico, tan físico que recuerda a los gestos de un viejo montador cortando y pegando fotogramas de una película virtual. Es en ese sentido que, a través de este mundo distópico marcado por el determinismo, Spielberg reflexiona sobre el papel del cineasta como demiurgo, como maestro de marionetas a imagen y semejanza de ese Hitchcock que hubiera disfrutado de lo lindo dirigiendo secuencias tan impactantes como la del arranque o como la del ataque de las arañas electrónicas, resuelta en un plano cenital que traspasa paredes como quien pela las infinitas capas de una cebolla. ■

2004 Olvídate de mí
Michel Gondry

Eternal Sunshine of the Spotless Mind. USA. **Dir.:** Michel Gondry. **Producción:** Anonymous Content, Focus Features, This Is That Productions. **Prod.:** Steve Golin y Anthony Bregman. **Guión:** Charlie Kaufman, según argumento de Charlie Kaufman, Michel Gondry y Pierre Bismuth. **Fot.:** Ellen Kuras (Color DeLuxe). **Mús.:** Jon Brion. **Mont.:** Valdis Oskarsdottir. **Duración:** 108 minutos. **Int.:** Jim Carrey (Joel Barish), Kate Winslet (Clementine Kruczynski), Kirsten Dunst (Mary), Mark Ruffalo (Stan), Elijah Wood (Patrick), Tom Wilkinson (Dr. Howard Mierzwiak).

> *Oscar al mejor guión original, la segunda película de Michel Gondry indaga en los mecanismos de la memoria para contarnos una historia de amor condenada a destruirse una y otra vez.*

Joel y Clementine están enamorados. Pero el amor se acaba, y después de la ruptura, Joel descubre que Clementine se ha sometido a un tratamiento que borra los recuerdos de las relaciones amorosas traumáticas. Joel decide seguir sus pasos pero, a mitad del proceso, se arrepiente, intentando conservar los restos de su naufragio sentimental.

Elogio del 'déjà vu'

Todo empezó con una nota que el artista Pierre Bismuth envió a unos cuantos colegas –entre los que se encontraba Michel Gondry– en la que les informaba de que habían sido eliminados de su memoria. ¿Cómo reaccionaríamos si un ser querido decide extirparnos de sus recuerdos? ¿No es la memoria la que constituye nuestra vida emocional? ¿No existimos en función de lo que significamos en los recuerdos de los demás? El amor como producto de la memoria, la vida como signo del idioma que hablan mente y corazón: ése sería el tema de *Olvídate de mí*, cuyo hermoso título original reproduce uno de los versos del poema *Eloísa a Abelardo*, de Alexander Pope. Tras *Human Nature* (*Id.*, Michel Gondry, 2002), comedia surrealista que trataba la teoría de la evolución darwiniana como la máxima expresión de la represión social, Gondry volvía a colaborar con Charlie Kaufman, guionista de moda después de los éxitos de *Cómo ser John Malkovich* (*Being John Malkovich*, 1999) y *El ladrón de orquídeas* (*Adaptation*, 2003), ambas de Spike Jonze. Las alambicadas estructuras narrativas de aquéllas, próximas a los experimentos metalingüísticos de la literatura posmoderna norteamericana, se ponen al servicio de una historia más humana y menos autorreferencial: la crónica de un desamor que se niega a despegarse de su objeto amoroso, incluso a sabiendas de que una vuelta atrás puede conducirle a cometer los mismos errores.

El artilugio borramemorias creado por la empresa Lacuna es el equivalente a la máquina del tiempo que Alain Resnais utilizó para que el protagonista de *Te amo, te amo* (*Je t'aime, je t'aime*, 1968) sufriera el mismo proceso que Joel. Esto es, su absoluta inmersión en el baúl de los recuerdos provocará la colisión de dos dimensiones, la objetiva y la subjetiva, que acabarán por fundirse en una narración que se resiste a la linealidad y que diluye sus fronteras espacio-temporales. La precisión milimétrica del guión, galardonado con un Oscar, se alía con la imaginativa puesta en escena de Gondry, que prescinde de efectos digitales para reivindicar los recursos formales del cine primitivo. Iluminación con focos aislados, desenfoques, sobreexposiciones repentinas y filtros de colores brillantes consiguen sumergirnos en la desestructurada mente de Joel. Como en su posterior película, la magnífica *La ciencia del sueño* (*The Science of Sleep*, 2006), Gondry demuestra que lo onírico también puede ser artesanal. ■

Boris Karloff

Grandes iconos

Luc Besson
(1959)

Si no hubiera sido cineasta, habría vivido bajo el agua. Sus padres, instructores de submarinismo, le obligaron a llevar una vida nómada, a caballo entre las costas de Yugoslavia y Grecia. A los diecisiete años un accidente de buceo le alejó de su sueño de convertirse en biólogo marino. Se instaló en París y por primera vez tuvo televisión. Alejado hasta ese momento de la influencia de la cultura audiovisual, un Besson adolescente tomó contacto con el mundo del cómic y el cine de Lucas y Spielberg y escribió los tratamientos de lo que, años más tarde, se convertiría en *El gran azul* (*Le grand bleu*, 1988) y *El quinto elemento* (*The Fifth Element*, 1998), dos de sus películas más significativas. Antes de dirigir su ópera prima, *Kamikaze 1999-El último combate* (*Le dernier combat*, 1982), fábula apocalíptica filmada en blanco y negro y sin diálogos, fue segundo ayudante de dirección de Maurice Pialat y Lewis Gilbert. El éxito de *Kamikaze 1999*, versión corregida y aumentada de su corto

L'avant dernier (1981), le ayudó a entrar por la puerta grande en la industria del cine francés. En películas como *Subway (En busca de Fredy)* (*Subway*, 1985) o *Nikita* (*Id.*, 1990) demostró una cierta sensibilidad para el *tecno-thriller* de mirada fría y aspecto vagamente futurista, antes de meterse de lleno en el tebeo de ciencia-ficción en *El quinto elemento*. Su relación con el género no se limita a su faceta como realizador: de hecho, el primer film que produjo, *Kamikaze* (*Id.*, Didier Grousset, 1986), es un *polar* (cine policíaco francés) que enfrenta a un moderno Mabuse con un policía no demasiado satisfecho con las normas de la institución a la que representa. Su última película, *Arthur y los Minimoys* (*Arthur et les Minimoys*, 2006), cuento infantil que combina imagen real con animación digital, es, literalmente, la última: Besson ha declarado que, a partir de ahora, quiere dejar vacante, por voluntad propia, la silla de director. ■

James Cameron
(1954)

Se autoproclamó "rey del mundo" después de ganar el Oscar a la mejor película y al mejor director por *Titanic* (*Id.*, 1997), y no había para menos. Si con *La guerra de las galaxias* (*Star Wars*, 1977) George Lucas consiguió borrar de un plumazo el espíritu crítico del Hollywood de los setenta imponiendo la dictadura de los efectos especiales, Cameron logró demostrar que la película más cara de la historia podía resultar un negocio rentabilísimo, marcando la pauta, excesiva y vanidosa, de las superproducciones que se han realizado a partir de entonces. Hijo de un ingeniero eléctrico, Cameron se graduó en Física para luego convertirse en camionero y así financiar su incipiente afición por escribir guiones. Pronto empezó a trabajar para Roger Corman, primero como director artístico de *Los siete magníficos del espacio* (*Battle Beyond the Stars*, Jimmy T. Murakami, 1980) y después como director de segunda unidad y diseñador de producción de *La galaxia del terror* (*Galaxy of Terror*, Bruce Clark, 1981). Probablemente, los patéticos efectos especiales de su ópera prima, *Piraña II: Los vampiros del mar* (*Piranha II, Flying Killers*, 1981), dirigida bajo los auspicios del productor italiano Ovidio G. Assonitis, avergüenzan ahora al Cameron adicto a la tecnología punta, aunque es posible que la mala experiencia del rodaje espoleara su megalómano instinto de autosuperación. Su fidelidad a la ciencia-ficción es extraordinaria, tal vez porque es el género que deja más margen a la innovación tecnológica. *Terminator* (*Id.*, 1984), *Aliens, el regreso* (*Aliens*, 1986), *Abyss* (*The Abyss*, 1989), *Terminator 2: El juicio final* (*Terminator 2: Judgement Day*, 1991) demuestran la relevancia de la figura de Cameron a la hora de entender la evolución del cine de ciencia-ficción en los últimos 20 años. Y no sólo del cine: tras el megaéxito de *Titanic*, Cameron se ha dedicado a la televisión –es el creador de la serie *Dark Angel* (2000), protagonizada por una superheroína (Jessica Alba) manipulada genéticamente que actúa en una América postapocalíptica– y al cine en tres dimensiones –*Aliens of the Deep* (2005), donde explora las profundidades del océano junto a un equipo de astrobiólogos e investigadores de la NASA para imaginar la morfología de las criaturas que pueden poblar nuestro espacio interestelar. Su próximo proyecto, *Avatar*, cuyo estreno está previsto para 2009, cuenta la historia del viaje cósmico que emprende un veterano de la guerra del Vietnam. ■

 # John Carpenter
(1948)

Si John Ford se definía lacónicamente como un director de *westerns*, John Carpenter podría definirse, también parco en palabras, como un director de cine de horror y ciencia-ficción. Ya desde su ópera prima, *Dark Star* (1974), rodada como parte de su proyecto de final de carrera en la Universidad del Sur de California, delimitó sus intereses como autor: en la forma, un cuidado uso del encuadre, que, en su obra posterior, se traducirá en una elegante puesta en escena en formato Panavision; en el fondo, una obvia preferencia por los héroes antisistema, supervivientes en un contexto hostil dominado por las fuerzas del Mal, y un cierto tono irónico, descreído, casi paródico, que trabaja el concepto de género desde una distancia que no elude mostrar su amor por el cine clásico, representado fundamentalmente por Howard Hawks, su cineasta favorito. No es extraño, pues, que *Atraco a la comisaría del distrito 13* (*Assault on Precinct 13*, 1978) sea una variación de *Río Bravo* (*Rio Bravo*, H. Hawks, 1958) o que *La cosa* (*The Thing*, 1981) sea un *remake* tallado en hielo de *El enigma de otro mundo* (*The Thing*, Christian Nyby, 1951). Carpenter admira la profesionalidad de los hombres hawksianos, su sentido de la solidaridad, aunque no puede evitar teñirla de un escepticismo marcadamente posmoderno. Por ejemplo, al contrario que en la película original, los protagonistas de *La cosa* muestran tanto interés por destruir a un monstruo que no para de cambiar de piel como por detectar qué miembros del grupo han sido infectados y eliminarlos sin contemplaciones. En el cine de Carpenter todos los que representan al poder son sospechosos: ahí tenemos el cuestionamiento de las instituciones por parte de su héroe más subversivo, el Snake Plissken de *1997: Rescate en Nueva York* (*Escape From New York*, 1981) y *2013: Rescate en L.A.* (*Escape From L.A.*, 1996), que remata un retrato del tejido social que le rodea más que nihilista.

Compositor de la banda sonora de prácticamente todas sus películas y guionista a sueldo de *El experimento Filadelfia* (*The Philadelphia Experiment*, Stewart Raffill, 1984) y *Black Moon* (*Black Moon Rising*, Harley Cokliss, 1985), Carpenter también ha utilizado el marco de la ciencia-ficción con fines alimentarios. Su primer contacto con un gran estudio, *La cosa*, le condujo a aceptar un par de encargos: una adaptación de la novela de Stephen King *Christine* (*Id.*, 1983), y un intento, salvado con oficio, de reeditar en versión adulta el éxito de *E.T. El extraterrestre* (*E.T. The Extra-Terrestrial*, Steven Spielberg, 1982) en *Starman, el hombre de las estrellas* (*Starman*, 1984). El fracaso de la deliciosa *Golpe en la pequeña*

China (*Big Trouble in Little China*, 1986) le devolvió al cine de serie B, marco en el que dirigió una de sus mejores películas, *Están vivos* (*They Live*, 1988), feroz sátira política en la que los altos cargos de la sociedad norteamericana están ocupados por una raza alienígena que anestesia al pueblo raso a través de mensajes subliminales lanzados por los medios de comunicación. A excepción de su notable *remake* de *El pueblo de los malditos* (*Village of the Damned*, 1995), ni *Memorias de un hombre invisible* (*Memoirs of an Invisible Man*, 1992) ni la desafortunada *Fantasmas de Marte* (*Ghosts of Mars*, 2001) han aportado nada relevante al cine de ciencia-ficción. █

 # Arthur C. Clarke
(1917)

"Toda tecnología lo suficientemente avanzada es indistinguible de la magia". La llamada tercera ley de Clarke define sin titubeos la esencia de su literatura, punto de encuentro entre la ciencia-ficción de sólida base teórica y la mística de tono marcadamente optimista. Hay pocos escritores del género que crean de forma tan poderosa en el valor redentor de la tec-

nología y a la vez tengan fe en la posibilidad de una fusión espiritual del hombre con el cosmos. Probablemente ésta fue la razón por la que, en 1964, Kubrick escogió a Arthur C. Clarke para coescribir el guión de *2001: Una odisea del espacio* (*2001: A Space Odyssey*, 1968). A esas alturas el currículum de Clarke incluía estudios en Matemáticas y Físicas en el King's College de Londres; la redacción de *Extra-terrestrial Relays*, artículo técnico que establecía los principios de la comunicación vía satélite en órbita geoestacionaria, 25 años antes de que se pusieran en práctica; y la presidencia de la Sociedad Interplanetaria Británica, donde amplió y desplegó todos sus conocimientos en astronomía. No es extraño, pues, que ampliara su dimensión mediática cuando retransmitió para la CBS la llegada del hombre a la Luna junto a Walter Cronkite y Wally Schirra. Tampoco lo es que, a excepción de Peter Hyams en *2010: Odisea dos* (*2010*, 1984), el cine haya dejado por imposible la literatura de Clarke. Desde *El fin de la inocencia* (1953) hasta *Cita con Rama* (1973), por sólo citar dos de los más famosos títulos que componen su prolífica producción literaria, la ciencia-ficción cultivada por el autor británico es·densa e impenetrable. ■

Roger Corman
(1926)

Según sus palabras, ninguna de sus películas ha salido tal como la había imaginado. Quizá por culpa de esa insatisfacción haya dirigido 50 títulos y producido casi 400. Roger Corman ha dedicado toda una vida a la impaciente búsqueda del film ideal; eso sí, invirtiendo el mínimo esfuerzo para sacar el máximo rendimiento de su quimérico sueño. Conocido como el rey de la serie B, acostumbraba a filmar en localizaciones que sabía que podía reutilizar en otra película para abaratar costes, y en menos de dos semanas y con apenas 100.000 dólares de presupuesto la tenía lista para el estreno. No dudaba en comprar los derechos de oscuras películas filipinas o japonesas y remontarlas a su antojo con nuevo (y escaso) material rodado. Aprovechaba hasta la última gota de la inventiva de sus protegidos después de darles la oportunidad de demostrar su talento: con él empezaron James Cameron, Joe Dante, Jonathan Demme, Francis Ford Coppola, John Sayles y Martin Scorsese.

Estaba llamado a seguir los pasos de su padre, pero ser ingeniero le parecía poco estimulante. Se graduó en Stanford, consiguió un trabajo como mensajero en la Fox, luego se convirtió en analista de guiones y, tras una breve estancia en Oxford, vendió su primera historia (*Highway Dragnet*, Nathan Juran, 1954) a la Allied Artists. Descontento con el resultado final, y afín a la creciente importancia de la cultura adolescente, invirtió el dinero del que disponía en la producción de *Monster from the Ocean Floor* (Wyott Ordung, 1955). Fue el primero de sus films para la American International Pictures (AIP), compañía para la que produjo y/o dirigió más de 30 películas en cinco años. Los géneros que más frecuentó fueron el cine de terror y la ciencia-ficción. *The Beast with a Million Eyes* (David Kramarsky y

Lou Place, 1955), *The Day the World Ended* (Roger Corman, 1955), *It Conquered the World* (Corman, 1956), *Attack of the Crab Monsters* (Corman, 1957), *Not of This Earth* (Corman, 1957), *War of the Satellites* (Corman, 1958), *Night of the Blood Beast* (Bernard L. Kowalski, 1958), *The Brain Eaters* (Bruno VeSota, 1958), *Attack of the Giant Leeches* (Bernard L. Kowalski, 1959), *The Wasp Woman* (Corman, 1960) y *Last Woman on Earth* (Corman, 1960) pertenecen a este fructífero período de su filmografía.

Con la excepción de la estupenda *El hombre con rayos X en los ojos* (*The Man with the X-Ray Eyes*, 1963), en los sesenta Corman abandonó la ciencia-ficción para dedicarse a su célebre ciclo de películas inspiradas en la obra de Edgar Allan Poe y a su particular exploración de la (contra)cultura juvenil de los sesenta en títulos tan significativos como *Los ángeles del infierno* (*The Wild Angels*, 1966) y *The Trip* (1967). En 1970 fundó la New World Pictures, que muy pronto se convirtió en la mayor distribuidora independiente de la industria norteamericana. Aunque durante los setenta se mostró más interesado en producir películas de cárceles femeninas, volvió al género con *The Final Programme* (Robert Fuest,

1973), *La carrera de la muerte del año 2000* (*Death Race 2000*, Paul Bartel, 1975) y *Deporte mortal* (*Deathsport*, Allan Arkush y Henry Suso, 1978). Antes de vender la New World en 1983 y crear la Concorde-New Horizon Pictures, especializada en películas de bajo presupuesto para canales de televisión por cable o distribución directa a vídeo, engrosó la producción de ciencia-ficción de serie B de los ochenta con *Los siete magníficos del espacio* (*Battle Beyond the Stars*, Jimmy T. Murakami, 1980), *La galaxia del terror* (*Galaxy of Terror*, Bruce Clark, 1981) y *Androide* (*Android*, Aaron Lipstadt, 1983). ◼

# Michael Crichton
(1942)

Michael Crichton ha hecho de la desconfianza en la tecnología la fuente de sus millonarios ingresos. Ni siquiera él pensaba en llegar tan lejos cuando escribió sus primeras novelas bajo los seudónimos de John Lange o Jeffrey Hudson para pagarse los estudios de medicina, después de licenciarse *summa cum laude* en antrolopogía. Cuando *La amenaza de Andrómeda* se convirtió en *best-seller* y en película, dirigida por Robert Wise en 1971, Crichton decidió dedicarse a tiempo completo a la literatura. Su habilidad para hablar de ciencia en un lenguaje accesible a todos los públicos le ha convertido en uno de los autores más vendidos del siglo XX. Novelas como *El hombre terminal*, *Sol naciente*, *Parque jurásico*, *Congo* o *Acoso* (adaptadas al cine respectivamente por Mike Hodges, Philip Kaufman, Steven Spielberg, Frank Marshall y Barry Levinson) invierten tanta energía en resultar plausibles y entretenidas como en alertar al lector de a pie de los riesgos de la tecnología. En su novela más célebre, *Parque jurásico*, criticaba la posibilidad de clonar dinosaurios para poblar un parque temático: sólo el hombre es capaz de utilizar la investigación científica para vulnerar las leyes de la naturaleza en beneficio (económico) propio. La rebelión de las máquinas es el castigo a su mezquindad.

Otro parque temático es el escenario protagonista de *Almas de metal* (*Westworld*, 1973), su ópera prima como director. En ella –como posteriormente en *Coma* (*Id.*, 1978), *Looker* (1981) y *Runaway, brigada especial* (*Runaway*, 1984)–, Crichton explota los mecanismos del *technothriller* para poner en solfa las debilidades morales del ser humano ante una realidad metamorfoseada por el progreso tecnológico. Las cuatro películas hincan el diente en temas de actualidad –la industria del ocio, el tráfico de órganos, la influencia de la televisión y los peligros de la robótica– convenientemente disfrazados de intrigas asequibles, casi banalizadas por la intención denunciativa de Crichton. Es curioso que el novelista estadounidense, siempre tan preocupado por fomentar la alarma social, se haya obcecado en desmentir los efectos del calentamiento global en una de sus últimas novelas, *Estado de miedo*. Quizá haya olvidado que escribió el guión de *Twister* (*Id.*, Jan De Bont, 1996). O quizá sólo quiera llevar la contraria. ◼

David Cronenberg
(1943)

Aunque los críticos le bautizaron como rey del Horror Venéreo desde sus inicios en el cine *gore*, Cronenberg siempre se ha resistido a las etiquetas. ¿Director de películas de terror? ¿De ciencia-ficción? ¿Un mórbido observador de purulentas infecciones o el más agudo filósofo de la fenomenología posmoderna que ha dado el cine fantástico? Como ha demostrado la imprevisible evolución de su trayectoria, los límites del género se le han quedado pequeños. Detrás de sus fantasías primerizas, se agazapaban las elaboradas teorías de un cineasta que ha sabido reflexionar sobre la condición humana en el mundo contemporáneo a través de un discurso provocador donde la carne, la enfermedad, la tecnología, la mutación y la muerte comparten protagonismo.

No es extraño que estudiara ciencias en la universidad, y tampoco lo es que las abandonara por la literatura inglesa. En su obra coinciden el interés clínico y el desahogo artístico, la precisión y la singularidad, la lógica y el instinto. Empezó a hacer cine de un modo completamente amateur a los 22 años, edad a la que rodó su primer corto, *Transfer* (1966). El segundo, *From The Drain* (1967), que cuenta el enfrentamiento entre dos veteranos de una guerra bacteriológica que termina con uno de ellos devorado por una planta, es pura ciencia-ficción. No abandonaría el género en toda la primera parte de su filmografía, que empieza en las experimentales *Stereo* (1969) y *Crimes of the Future* (1970) y acaba en *La mosca* (*The Fly*, 1986). Esa larga y fructífera etapa fue suficiente para que Cronenberg se desmarcara de la generación de cineastas (John Carpenter, Wes Craven, George A. Romero) que renovó el cine de horror de los setenta. A pesar de su tosquedad formal, películas como *Vinieron de dentro de...* (*The Parasite Murders*, 1975), *Rabia* (*Rabid*, 1976) y *Cromosoma 3* (*The Brood*, 1979) exhibían sin pudor el lado más visceral de la ciencia-ficción. Parásitos que convierten a los pacíficos inquilinos de un moderno rascacielos en zombis con hambre de sangre y sexo; una operación quirúrgica que transforma a una chica de aspecto angelical en el origen de una epidemia de rabia; una mujer enfurecida que da a luz, vía extrauterina, a seres deformes y asesinos... La descripción de los argumentos de los primeros films de Cronenberg no hace justicia a su delirante imaginería, una de las más ricas del cine moderno.

La revolución de la carne dio paso a la revolución de la mente en *Scanners* (*Id.*, 1981) y *Videodrome* (*Id.*, 1982). A partir de entonces, la mutación no sólo afecta al cuerpo, sino también a la identidad, y con ella a una realidad que parece condenada a convertirse en otra cosa. La intervención de la tecnología abrió las compuertas de la perversa creatividad de Cronenberg, que acuñó el concepto de *nueva carne* (desarrollado en *La mosca*) para definir lo que para él era el superhombre de la era cibernética. La comunión entre carne y metal era el motor de *Crash* (*Id.*, 1996), adaptación de la novela homónima de J. G. Ballard que demostraba hasta qué punto Cronenberg se había hecho con las riendas de su propio y subversivo discurso. Exploración en clave anarrativa de las andanzas de una serie de personajes cuya excitación erótica es directamente proporcional a su fascinación por los accidentes de coche, *Crash* presentaba un futuro distópico pero indeterminado, peligrosamente parecido al nuestro, que, en manos de Cronenberg, se erigía en una elegante exhibición de atrocidades, un antiporno de estilo depurado que superaba en morbo y mala uva a su siguiente película, la viscosa *eXistenZ* (*Id.*, 1999). ■

Joe Dante
(1946)

Pocos cineastas han demostrado su amor loco por la ciencia-ficción con tanta inocencia y honestidad como lo ha hecho Joe Dante. En *Matinée* (*Id.*, 1993), uno de sus mejores films, se desdoblaba en la figura de Lawrence Woolsey (John Goodman), director de serie B que estrena su nueva película, *Mant*, en plena crisis de los misiles cubanos, y en Gene (Simon Fenton), un niño de 12 años adicto al cine fantástico. Tanto Woolsey como Gene encarnan la alegría y vitalidad de Dante al enfrentarse al género. ¿De dónde proviene ese sentido lúdico? Tal vez del placer que le procuraba ver películas como *It Came from Outer Space* (Jack Arnold, 1953), *La humanidad en peligro* (*Them!*, Gordon Douglas, 1954) o *This Island*

Earth (Joseph Newman, 1955). Completó su intensivo cursillo de formación adolescente con los cortos de animación de Tex Avery y Chuck Jones y con la lectura de la revista satírica *Mad*. Con todo este bagaje cultural y 16 años recién cumplidos, Dante empezó a colaborar como crítico en la revista *Famous Monsters of Filmland*. Durante su época de estudiante en la Philadelphia College of Art, y con la ayuda de su amigo Jon Davison, realizó *The Movie Orgy* (1968), festival del metraje encontrado que recogía aleatoriamente fragmentos de todo tipo de películas de serie B, documentales educativos y seriales de los años treinta y cuarenta, y que sólo se exhibió en circuitos universitarios. La experiencia, que comenzó con cuatro horas de metraje y acabó con siete, parecía un largo borrador de *Amazonas en la Luna* (*Amazon Women in the Moon*, Dante, Gottlieb, Horton, Landis y Weiss, 1987), le sirvió para prepararse como montador de tráilers promocionales para Roger Corman y alimentó su afición al metalenguaje.

Piraña (*Piranha*, 1978) y *Aullidos* (*The Howling*, 1981) demostraron que Joe Dante podía ser un excelente cineasta de género siempre que se moviese en los márgenes de la serie B. ¿Aguantaría la presión de un gran presupuesto sobre sus espaldas? Spielberg le puso a prueba ofreciéndole la oportunidad de dirigir uno de los episodios de *En los límites de la realidad* (*The Twilight Zone*, Landis, Dante, Spielberg y Miller, 1983) y dándole carta blanca para que explotara el lado oscuro de *E.T. El extraterrestre* (*E.T. The Extra-Terrestrial*, 1982) en *Gremlins* (*Id.*, 1984). El éxito de ésta animó a Dante a rechazar la realización de *Batman*, que acabó asumiendo Tim Burton en 1989. Su destino estaba escrito: antes que venderse al gran capital, prefería continuar tirando bombas fétidas desde la pantalla y homenajear las películas de ciencia-ficción que había disfrutado cuando era pequeño. El fracaso de *Exploradores* (*Explorers*, 1985) no hizo más que vitaminizar su espíritu anarquista, y aunque hizo alguna concesión al cine comercial –*El chip prodigioso* (*Innerspace*, 1987), también bajo la tutela de Spielberg–, ajustó cuentas con Hollywood en una de las secuelas más radicales jamás producidas por un estudio, *Gremlins 2: La nueva generación* (*Gremlins 2: The New Batch*, 1990). Tanto *The Second Civil War* (1997), que especula con el cierre de las fronteras de Idaho a la entrada de inmigrantes, como *Pequeños guerreros* (*Small Soldiers*, 1998), *remake* inconfeso de *Gremlins*, confirman la corrosiva mirada de un cineasta que ha acabado refugiándose en la televisión para conservar, íntegra e impoluta, su conciencia crítica. ■

Segundo de Chomón
(1871-1929)

La realización de *El hotel eléctrico* (1905 o 1908, según las fuentes) acredita a Segundo de Chomón como uno de los grandes pioneros del género. En este corto, la subversión de lo cotidiano, provocada por un espacio con vida propia, conectaba los usos y costumbres del cine cómico (la rebelión de los objetos) con temas propios de la ciencia-ficción (la automatización de la realidad). En todo caso, la película aplicaba a la perfección la técnica del paso de manivela, que permitió a Chomón rodarla fotograma a fotograma y conseguir así que un cepillo peinara la melena de una mujer o una maleta se desplazara sola hasta llegar a un ascensor. En 1905, y gracias a esa técnica, logró filmar un eclipse de sol, fenómeno natural que puede prolongarse hasta dos horas, y concentrarlo en un corto de pocos minutos de duración. No fue, ni mucho menos, el único astro que visitó este cineasta e inventor aragonés. Inspirado por el éxito del *Viaje a la Luna* (*Le voyage dans la Lune*, 1902) de Méliès, realizó su propia versión en *Excursion dans la Lune* (1906), cambiando los selenitas por monstruos prehistóricos. A la Luna le siguieron Júpiter (*Voyage au planete Jupiter*, 1909), Marte (*Mars*, 1909) y el centro de la Tierra (*Voyage au centre de la Terre*, 1909). El resto de su pro-

lífica obra, profusa en trucajes, escenas de transformaciones y films fantasmagóricos, fue la consecuencia de sus inagotables investigaciones en el campo de la técnica cinematográfica. Fotógrafo, iluminador, animador y cineasta, desde sus comienzos Chomón había trabajado en la experimentación del cine en color, llegando a inventar una técnica de coloreado a mano llamada Pochoir, que luego Pathé patentó con el nombre de Pathécolor. Viajero impenitente (su carrera se desarrolló entre España, Francia e Italia), convirtió el cine en un laboratorio de ideas, insólitas en un arte que no había cumplido ni siquiera los diez años de edad. Sobreimpresiones, transparencias, planos cenitales, encadenados y animaciones fotograma a fotograma fueron algunos de los hallazgos visuales que lo convirtieron en un nombre clave de la historia del cine silente. ■■

Philip K. Dick
(1928-1982)

"Soy un psicótico retardado. Alucinaciones... Infantil y lunático... ¿Qué estoy haciendo aquí sentado?... Imaginándome que soy el centro de un inmenso esfuerzo de millones de hombres y mujeres que involucran miles de millones de dólares y un trabajo infinito... un universo que gira alrededor de mí". Estas palabras, que podrían pertenecer al diario íntimo de Philip K. Dick, forman parte del monólogo interior de Ragle Gumm, el héroe de su novela *Tiempo desarticulado* (1959). El escritor polaco Stanislaw Lem lo definió como un visionario entre charlatanes, y no se equivocaba: los protagonistas de la obra de Dick comparten con él una perspectiva del mundo completamente distorsionada, abrumada por una sensación de caos que les impide distinguir entre realidad e imaginación. Tal vez por eso, por la necesidad de explicarse a sí mismo, Dick escribió un centenar de cuentos y dos docenas de novelas en su período más creativo, el que abarca las décadas de los cincuenta y sesenta. Tal vez, también, porque la ciencia-ficción seguía siendo un género menor, estaba mal pagada y Dick tenía que ser muy productivo para ganarse la vida dignamente. En cualquier caso, títulos como *El hombre en el castillo* (1962), *Tiempo marciano* (1964), *Los tres estigmas de Palmer Eldritch* (1965), *Aguardando el año pasado* (1966) y *Ubik* (1969) se han convertido en clásicos de la literatura del género, sobre todo después de que el cine haya popularizado la obra de un escritor que, hasta el estreno de *Blade Runner* (*Id.*, Ridley Scott, 1982), llevaba la palabra *difícil* escrita en la frente.

Aunque siempre había creído que el cine no haría justicia a su obra, Philip K. Dick quedó satisfecho al ver algunas secuencias de la película de Scott, basada en ¿*Sueñan los androides con ovejas eléctricas?* (1968), antes de morir de un infarto a pocos días de su estreno. Hollywood representaba todo lo que Dick odiaba: el abuso de poder del sistema capitalista y la manipulación de la opinión pública toman cuerpo en esa fábrica de sueños que no hace más que fabricar simulacros, apariencias de realidad que adormecen a las masas.

Ocho años después, su relato *Podemos recordarlo todo por usted* (1967) se convertía en *Desafío total* (*Total Recall*, Paul Verhoeven, 1990), film que incidía en otro de los grandes temas de la literatura de Dick: la crisis de identidad del hombre corriente, hundido en un universo de dimensiones alucinatorias. Con la excepción de *Asesinos cibernéticos* (*Screamers*, Christian Duguay, 1995), todas las películas inspiradas en su obra –*Impostor* (*Id.*, Gary Fleder, 2002), *Minority Report* (*Id.*, Steven Spielberg, 2002), *Paycheck* (*Id.*, John Woo, 2003) y *A Scanner Darkly* (Richard Linklater, 2006)– dan vueltas alrededor de las tribulaciones de la figura de ese héroe de quebrada y confusa naturaleza. Figura que, como demuestra el film de Linklater, adaptación de la novela en la que Dick pegaba un repaso a los años en que experimentó con psicotrópicos, no es otra cosa que el *alter ego* del escritor. ■

Bert I. Gordon
(1922)

Le llamaban Mister B. I. G. por algo más que por las iniciales de su nombre y apellidos. Le llamaban Mister B.I.G por su adicción a la talla XXL: el 90% de su cine está protagonizado por seres que aumentan su tamaño a causa de radiaciones atómicas o residuos tóxicos. Bert I. Gordon era un autor en toda regla: no sólo escribía, producía y dirigía sus propios films, sino que también se encargaba, mano a mano con su esposa Flora M. Gordon, de realizar los efectos especiales, basados en un primitivo uso de las retroproyecciones. Fue un autor desde pequeño, cuando rodaba sus películas caseras y practicaba sencillos trucos visuales con la cámara. Después de trabajar en televisión se estrenó en el cine como director de fotografía de *Serpent Island* (Tom Gries, 1954). Al año siguiente, dirigió su primera película, *King of Dinosaurs* (1955), que inició el ciclo de criaturas gigantes por el que Bert I. Gordon pasaría a la posteridad. *Beginning of the End* (1957), *The Cyclops* (1957), *El gigante ataca* (*The Amazing Colossal Man*, 1957), *War of the Colossal Beast* (1958), *Earth vs. the Spider* (1958), *Village of the Giants* (1965), *El alimento de los dioses* (*Food of the Ants*, 1976) y *Empire of the Ants* (1977) eran la misma película vestida con distinto disfraz. Saltamontes, arañas, ratas, dinosaurios, hombres y niños multiplicaban su tamaño para aterrorizar a la humanidad. En *Attack of the Puppet People* (1958), Gordon invirtió la fórmula que le había hecho célebre, y en *The Magic Sword* (1962) se atrevió con la fantasía heroica, pero fueron excepciones que confirmaron la regla en una filmografía a la que nadie puede tachar de menor. ▪

Ray Harryhausen
(1920)

Ray Harryhausen tuvo suficiente con ver, a los 13 años, *King Kong* (*Id.*, Merian C. Cooper y Ernest B. Schoedsack, 1933) una y otra vez, para descubrir que lo suyo serían los efectos especiales. La magia artesana y la fantasía en estado puro del pionero Georges Méliès habían encontrado un cómplice entusiasta, predestinado a transformarse en orfebre del *stop motion*, o animación fotograma a fotograma. No es extraño, pues, que el gorila enamorado de Willis O'Brien captara su atención preadolescente. Y menos extraño resultó que Harryhausen se pusiera en contacto con O'Brien para enseñarle un corto (que, en principio, formaba parte de un largo, *Evolution*, que nunca llegó a terminar) que le serviría como carta de presentación para trabajar junto a George Pal haciendo cortos de marionetas (los llamados Puppetoons) para la Paramount. De ahí a colaborar en *El gran gorila* (*Mighty Joe Young*, Ernest B. Schoedsack, 1949) con el maestro O'Brien sólo había un paso.

Durante la década de los cincuenta el auge de las *monster movies*, o películas de monstruos, fue terreno abonado para la proteica creatividad de Harryhausen, que por aquel entonces ya había creado la revolucionaria técnica del Dynamation, que permitía la inser-

ción de muñecos animados fotograma a fotograma en secuencias previamente rodadas con los actores. De este modo consiguió potenciar la ilusión de realismo del dinosaurio destructor de la ciudad de Nueva York en *El monstruo de tiempos remotos* (*The Beast from 20.000 Fathoms*, Eugène Lourie, 1953), película que inauguró todo un subgénero, poblado de criaturas gigantes despertadas de su letargo por el pánico atómico, a través del cual podemos entender la importancia del arte de Harryhausen en la edad de oro de la ciencia-ficción. Al título de Lourie seguirían *It Came from Beneath the Sea* (Robert Gordon, 1955), primera de sus colaboraciones con el productor Charles H. Schneer; *La Tierra contra los platillos voladores* (*Earth vs. the Flying Saucers*, Fred F. Sears, 1956), famosa por los impagables planos de los OVNIS cayendo sobre Washington, y *20 Million Miles to Earth* (Nathan Juran, 1957), en la que una enorme criatura venusiana llamada Ymir luchaba contra un elefante en las calles de Roma.

Especialista en monstruos prehistóricos y criaturas imposibles, Harryhausen no tardó en ratificar su fama como artista de los efectos especiales en el subgénero de la fantasía mitológica, al que dedicó toda su energía durante la década de los sesenta. Desde *Simbad y la princesa* (*The 7th Voyage of Sinbad*, Nathan Juran, 1958) hasta *El valle de Gwangi* (*The*

Valley of Gwangi, Jim O'Connolly, 1969), pasando por *Los viajes de Gulliver* (*The 3 Worlds of Gulliver*, Jack Sher, 1960), *La isla misteriosa* (*Mysterious Island*, Cy Endfield, 1961), *Hace un millon de años* (*One Million Years B. C.*, Don Chaffey, 1966) y, sobre todo, *Jasón y los argonautas* (*Jason and the Argonauts*, Don Chaffey, 1963), el mejor título de su carrera, la obra de Harryhausen no dejó de perfeccionarse. Tal vez fue su minuciosidad –un solo segundo de la célebre secuencia de los esqueletos guerreros de *Jasón...* le costó dos días de trabajo– la que ralentizó su ritmo de producción, que en los setenta brilló en dos películas en cuyo guión colaboró, *El viaje fantástico de Simbad* (*The Golden Voyage of Sinbad*, Gordon Hessler, 1974) y *Simbad y el ojo del tigre* (*Sinbad and the Eye of the Tiger*, Sam Wanamaker, 1977). Clausuró su reluciente currículum con *Furia de titanes* (*Clash of the Titans*, Desmond Davis, 1981), aunque tuvo que esperar hasta 1992 para recibir el Oscar honorífico a toda una trayectoria que la Academia había ignorado por completo. ■

Byron Haskin
(1899-1984)

Byron Haskin ha pasado a los anales de la historia del género por dos razones: por desarrollar y poner en funcionamiento por primera vez el retroproyector de triple cabeza (logro por el que él y su equipo ganaron un Oscar en 1938) y por ser el director de *La guerra de los mundos* (*The War of the Worlds*, 1953). Haskin, que había empezado a trabajar en el cine mudo como cámara de noticiarios justo al terminar la Primera Guerra Mundial, destacó como director de fotografía antes de entrar a formar parte del equipo de efectos especiales de los estudios Warner. Estuvo al frente del departamento desde 1937 hasta 1945, período en el que fue nominado al Oscar en cuatro ocasiones. En 1945, Haskin siguió al productor Hal Wallis a la Paramount, donde reanudó una carrera como director que hasta el momento se limitaba a cuatro títulos silentes. Su primera película sonora, *Al volver a la vida* (*I Walk Alone*, 1947), era puro cine negro, pero el cine de aventuras –*El tigre de Kumaon* (*Man-Eater of Kumaon*, 1948), *La isla del tesoro* (*Treasure Island*, 1950), *Las aventuras de John Silver* (*Long John Silver*, 1953), *Su Majestad de los mares del Sur* (*His Majesty O'Keefe*, 1953), *Cuando ruge la marabunta* (*The Naked Jungle*, 1954), *Las aventuras de Simbad* (*Captain Sinbad*, 1963)– y, sobre todo, el de ciencia-ficción, se convertirían en sus géneros preferidos. Su asociación con George Pal fructificó en tres títulos imprescindibles de la década de los cincuenta: *La guerra de los mundos*, *La conquista del espacio* (*Conquest of Space*, 1955) y *De la Tierra a la Luna* (*From Earth to the Moon*, 1958). Su última colaboración con Pal, *El poder* (*The Power*, 1968), fue, también, su última película y su último contacto con el género, que en los sesenta cultivó dirigiendo seis episodios de la serie *Rumbo a lo desconocido* (*The Outer Limits*, 1963-1965). ■

Inoshiro Honda
(1911-1993)

¿Qué sería de las *kaiju eiga* sin Inoshiro Honda? Porque lo cierto es que dedicó toda una vida a contemplar la destrucción de la civilización japonesa, aplastada por monstruos con sangre atómica y traje de látex. En realidad, Honda no hizo más que compartir con el público el miedo que había sentido mientras era prisionero de los norteamericanos durante la Segunda Guerra Mundial y el horror que le habían provocado los desastres de Hiroshima y Nagasaki. Empezó a trabajar en los estudios P. L. C. (luego Toho) en 1933, pero cuando Japón invadió China tuvo que incorporarse a la Armada Imperial, y no volvió al mundo del cine hasta 1949, de la mano de su amigo Akira Kurosawa. Su indestructible alianza con el productor Tomiyuki Tanaka y el técnico de efectos especiales Eiji Tsuburaya cristalizó en *Japón bajo el terror del monstruo* (*Gojira*, 1954), punto de partida de un género que exorcizaría el trauma nuclear de la sociedad nipona a lo largo de más de 30 años. Aunque será recordado por sus películas sobre monstruos gigantes (o *daikaiju*), tales como *Los hijos del volcán* (*Rodan*, 1956), *Daikajû Baran* (1958), *Mosura* (1961), *King Kong contra Godzilla* (*King Kong tai Gojira*, 1962), o *King Kong se escapa* (*Kingokongu no Gyakushu*, 1967), también se atrevió con las de monstruos a secas (*kaiju eiga*) –*Bijo to Ekitai Ningen* (1958) y *Matango* (1963)–, las de viajes siderales –*Uchu Daisenso* (1959), *Yosei Goraju* (1962)– y las de monstruos que vienen del espacio exterior (o *uchu kaiju eiga*) –*San daikaijû: Chikyu saidai no kessen* (1964), *Los monstruos invaden la Tierra* (*Kaiju Dai Semso*, 1966), *Uchu Daikaiju Guilala* (1967), *Kaijû sôshingeki* (1968). La muerte de Eiji Tsuburaya acentuó la pérdida de fuelle del talento de Honda, que durante los setenta dio con sus huesos en la televisión hasta que Akira Kurosawa lo recuperó como director de segunda unidad y asesor creativo de sus cuatro últimas obras. ∎

Boris Karloff
(1887-1969)

¿Fue actor de un solo papel? Los 140 títulos de su prolífica filmografía acreditarían lo contrario, aunque Boris Karloff, de nombre real William Henry Pratt, nunca pudo librarse del todo de la alargada sombra de la criatura de Frankenstein. Llegó al personaje con la piel curtida en giras teatrales de medio pelo y decenas de roles secundarios. Tal vez por eso –y al contrario que Bela Lugosi, que no quiso interpretar a un monstruo que no decía ni una sola palabra en todo el metraje– no le importaron las cinco horas de maquillaje diarias, ni siquiera los dolores de espalda que le llevaron al hospital, provocados por las pesadas botas y los puntales de acero que le pegaron a las piernas para que andara, torpe y amenazante, hacia sus víctimas. En cierto modo, *El doctor Frankenstein* (*Frankenstein*, James Whale, 1931) fue un premio, pero también una condena. Un poco a regañadientes, repitió en la piel del monstruo en *La novia de Frankenstein*

(*The Bride of Frankenstein*, James Whale, 1935) y en *La sombra de Frankenstein* (*Son of Frankenstein*, Rowland V. Lee, 1939). Tardó 20 años en convertirse en un desfigurado Victor Von Frankenstein en *Frankenstein 1970* (*Id.*, Howard W. Koch, 1958).

Al contrario que Bela Lugosi, con el que compartió cartel en seis ocasiones, sus maneras interpretativas eran alérgicas al histrionismo. Su hermosa voz, que en los últimos años de su vida grabó varios discos leyendo cuentos infantiles, también quiso dominar el mundo bajo el disfraz de portentoso *mad doctor*. En películas como *El hombre que trocó su mente* (*The Man Who Changed His Mind*, Robert Stevenson, 1936), *Black Friday* (Arthur Lubin, 1940), *El gorila* (*The Ape Man*, William Nigh, 1940) y *La zíngara y los monstruos* (*House of Frankenstein*, Erle C. Kenton, 1944), interpretó diversas versiones de ese científico loco que ansiaba convertirse en Dios manipulando genes y esclavizando conciencias. En el último tramo de su carrera, y tras casi dos décadas trabajando en televisión, volvió a la ciencia-ficción en tres subproductos –*El monstruo del terror* (*Die, Monster, Die!*, Daniel Haller, 1965), *El coleccionista de cadáveres* (Santos Alcocer, 1968) y *La cámara del terror* (Juan Ibáñez, 1968)– que no pasarán a la historia del cine precisamente por su calidad. ■

Fritz Lang
(1890-1976)

Cuando llegó a Hollywood en 1934, Fritz Lang olvidó por completo la ciencia-ficción. La Norteamérica post-Depresión de1929 parecía un lugar perfecto para que Lang retratara la época que le había tocado vivir quitándose el disfraz del expresionismo. Aspiraba a documentar la vida de su país de acogida desde una perspectiva realista, dura, desnuda. El cineasta alemán, que llegó a decir que el Cinemascope sólo servía para filmar serpientes y funerales, había dejado atrás la grandilocuencia visual de su etapa muda, vinculada con un género que le ayudó a inventar mundos y encontrar nuevas formas para representarlos. Sus estudios en arquitectura iban a ser muy importantes en la construcción de su universo estético. Sin sus conocimientos de pintura y dibujo, los escenarios de *Las tres luces* (*Der Müde Tod*, 1921), *Los nibelungos* (*Die Nibelungen*, 1923-1924) y *Metrópolis* (*Metropolis*, 1926) habrían carecido de ese aspecto visionario que, sobre todo en el último caso, acentuaba su carácter alegórico. En estas películas Lang gestó el gran tema de su filmografía: la lucha del individuo contra las fuerzas del destino, fuerzas que, según el director alemán, podían presentarse ante nuestros ojos con diferentes disfraces (el sistema judicial, el totalitarismo, el sindicato del crimen). La desprotección del ser humano ante los mecanismos del poder y la necesidad de reforzar la voluntad individual para luchar contra la presunta omnipotencia de las instituciones empaparon de oportuna autenticidad las incursiones de Lang en la ciencia-ficción, si exceptuamos, por supuesto, *Una mujer en la Luna* (*Frau Im Mond*, 1928), que sólo aspiraba a ser una espectacular película de aventuras.

Lang liquidó las andanzas de *El doctor Mabuse* (*Dr. Mabuse, der Spieler*, 1922) encerrándole en un manicomio. El criminal que penetra las mentes de aquellos a quienes quiere controlar había perdido una batalla, pero no la guerra. Por eso cuando el productor Seymour Nebenzal le propuso la posibilidad de realizar *El testamento del doctor Mabuse* (*Das Testament des Dr. Mabuse*, 1933), Lang aprovechó la oportunidad para convertir las fechorías del director del sanatorio donde estaba encerrado Mabuse en un feroz alegato antinazi. El perverso demiurgo se había transformado en un portavoz de la ideología hitleriana; había colonizado, por fin, las altas esferas del poder. No es extraño que el Ministerio de Información y Propaganda se apresurara a prohibir la película en Alemania, y que, tras una inquietante reunión con el ministro Goebbels, Lang hiciera las maletas y se marchara a París, parada técnica antes de instalarse en Estados Unidos durante más de 20 años. Tampoco es casual que el film que cerrara su carrera fuera *Los crímenes del doctor Mabuse* (*Die Tausend Augen des Dr. Mabuse*, 1960), en la que un Lang descreído y nihilista, de regreso a una Alemania que le resultaba particularmente ajena, veía en el creciente desarrollo de la tecnología la enfermedad mortal de una sociedad rigurosamente vigilada, donde cualquier rastro de libertad individual era pura coincidencia. ■

George Lucas
(1944)

Frágil, reservado, cauteloso, tacaño, obsesionado por el control y muy, muy testarudo. Ése es el retrato robot que hace Peter Biskind de George Lucas en su libro *Moteros tranquilos, toros salvajes*. Tampoco se olvida de subrayar la capital importancia de la figura de Lucas (junto a la de Spielberg) en la evolución del cine espectáculo de la década de los setenta. A partir de *La guerra de las galaxias* (*Star Wars*, 1977), Hollywood se vio empujado a convertir al departamento de efectos especiales en la estrella de sus superproducciones. Las tramas podrían carecer de singularidad, los personajes no serían nada más que estereotipos. De hecho, es *vox populi* que a Lucas nunca le han interesado demasiado los actores, a los que simplemente coloca sobre pantallas croma de color azul para dedicar toda su atención a los efectos. En ellos, según él, reside la magia, el sentido de lo maravilloso que siempre se ha asociado con el cine de ciencia-ficción. Por eso es tan curioso que el primer contacto de Lucas con el género fuera *THX 1138* (*Id.*, 1970), prolongación de su corto de fin de carrera en la Universidad del Sur de California que era, temática y formalmente, la antítesis de *La guerra de las galaxias*.

Si hablamos de Lucas, todos los caminos llevan a esa película, éxito y condena de una carrera que le confinó, creativamente, a vivir en una galaxia muy, muy lejana, sin apenas contacto con el mundo real. Quizá por eso, cuando intentó reactivar la saga galáctica con una trilogía de precuelas –*La amenaza fantasma* (*The Phantom Menace*, 1999), *El ataque de los clones* (*Attack of the Clones*, 2002) y *La venganza de los Sith* (*Revenge of the Sith*, 2005)– que dirigió él mismo después de 22 años en paro voluntario, el resultado carecía del nervio de *La guerra de las galaxias*, *El imperio contraataca* (*The Empire Strikes Back*, Irvin Kershner, 1980) y *El retorno del Jedi* (*The Return of the Jedi*, Richard Marquand, 1983). Durante los ochenta, se pasó el tiempo viviendo de rentas. O lo que es lo mismo, ocupado contando los beneficios de su triplicado megaéxito y de las películas de Indiana Jones, y preocupado por los fracasos de *Dentro del laberinto* (*Labyrinth*, Jim Henson, 1985), *Howard, un nuevo héroe* (*Howard the Duck*, Willard Huyck, 1986) y *Willow* (*Id.*, Ron Howard, 1988), películas que produjo con la intención de diversificar sus intereses en el género fantástico.

Lucas siempre se ha comportado como un magnate del viejo Hollywood. En 1971 fundó su propia productora, Lucasfilm, y en 1975 su compañía de efectos especiales, la Industrial Light and Magic (ILM), pionera en la creación de efectos digitales donde han trabajado los mejores artistas del gremio (John Dykstra, Phil Tippet, Richard Edlund, Joe Johnston). A través del Skywalker Sound, sofisticado estudio de posproducción de audio, desarrolló y patentó el sistema de sonido THX. Las tres empresas tienen su cuartel general en el rancho Skywalker, la particular torre de marfil de Lucas, su paradisíaco Xanadú, y allí es donde disfruta de una de las mayores fortunas de la industria del entrenimiento en América, valorada según la revista *Forbes* en 3,5 billones de dólares. ■

Bela Lugosi

(1882-1956)

Todos le recordaremos por su memorable Drácula, que interpretó tanto en cine como en teatro, pero es de justicia reivindicarle encarnando a uno de los clásicos arquetipos de la ciencia-ficción: el *mad doctor*. Tal vez porque intuía que su carrera iba a desarrollarse entre laboratorios polvorientos, fórmulas mágicas y deseos de dominar el mundo, el húngaro Lugosi prefirió rechazar la oferta de convertirse en la criatura de Frankenstein, abriéndole las puertas de la fama al que iba a convertirse en su más feroz competidor, Boris Karloff. Lugosi no quería ser esclavo: quería ser el demiurgo, el creador, el que mueve los hilos del mundo, tal como repite sin descanso en su demente intervención de *Glen or Glenda* (Ed Wood, jr., 1953). Aunque se dejó manipular por los estudios, y a la larga acabó confundiendo su vida con la del conde Drácula, Lugosi controló su carrera trabajando a destajo, haciéndose imprescindible en el paisaje del cine de serie de B de los años treinta y cuarenta. Su marcado acento extranjero y su pose teatral eran el disfraz perfecto, exótico y enloquecido, para interpretar a una pandilla de científicos locos, enfermos de egotismo y delirios de grandeza. La lista no tiene desperdicio: *Satanás* (*The Black Cat*, Edgar G. Ulmer, 1934), *El poder invisible* (*The Invisible Ray*, Lambert Hillyer, 1936), *The Phantom Creeps* (Ford Beebe y Saul A. Goodkind, 1939), *Ojos misteriosos de Londres* (*Dark Eyes of London*, Walter Summers, 1939), *The Devil Bat* (Jean Yarbrough, 1940), *The Corpse Vanishes* (Wallace Fox, 1942), *El gorila* (*The Ape Man,* William Beaudine, 1943), *Voodoo Man* (William Beaudine, 1944), *Return of the Ape Man* (Phil Rosen, 1944)... Adicto a la heroína, solo y arruinado, Lugosi encontró un alma gemela en Ed Wood, jr., que le contrató para que interpretara al siniestro a la par que risible maestro de marionetas de *Glen or Glenda* y al doctor Eric Vornoff de *Bride of the Monster* (1955), protagonizando una de las secuencias más míticas de su carrera, la lucha contra un pulpo de pacotilla en pleno pantano, recreada por Tim Burton en su excelente *Ed Wood* (*Id.*, 1995). Atrás quedaban más de 100 títulos repartidos entre el cine mudo y el sonoro, entre Alemania y Estados Unidos, entre el horror aristocrático y la ciencia-ficción de cartón piedra. ▄

Georges Méliès
(1861-1938)

Fue uno de los testigos del nacimiento del cine. Estaba sentado entre los asistentes al alumbramiento del cinematógrafo de los Lumière, el 28 de diciembre de 1895, en el Boulevard des Capucines. Todos los trucos de prestigitador artesanal que había ensayado en el Teatro de Robert Houdini, todas las imágenes proyectadas por la linterna mágica; todas las sombras chinescas, tomaban cuerpo en un momento de luz irrepetible. Intentó comprar el invento al

padre de los Lumière, pero éste no creía en su futuro comercial. De ahí que Méliès no tarda-
ra en fabricar su propio proyector, el Kinetoscopio, y construir su propio estudio. Para él, el
cine era pura ciencia-ficción, una reivindicación de la fantasía hecha desde la ingenuidad de
un niño que no tiene miedo a imaginar. Su contribución al género va más allá de su célebre
Viaje a la Luna (*Le voyage dans la Lune*, 1902). En *Chirurgien américain* (1897) o en *Les
rayons X* (1898) inventó el concepto de *mad doctor* o científico loco; en *La Lune a un métre*
(1898), un astrónomo soñaba que llegaba a la Luna; en *L'omnibus des toques* (1900), ideó un
caballo mecánico; en *Voyage à travers l'impossible* (1904), los viajeros de una poderosa loco-

motora chocaban contra el mismísimo Sol; en *Deux cent mille lieues sous, ou le cauchemar d'un pecheur* (1903) adaptó las *20.000 leguas de viaje submarino* de Jules Verne. Cuesta creer que un artista tan prolífico como Méliès, que llegó a tener sucursales de su productora Star Films en Barcelona, Berlín, Londres y Nueva York, pudiera llegar a arruinarse, pero así fue. No pudo competir con compañías como la Gaumont o la Pathé, que vieron en el cine una industria hambrienta que había que alimentar a toda costa. La creatividad artesanal de Méliès fue aplastada por la ferocidad de una maquinaria que viró su producción hacia respetables adaptaciones literarias que miraban por encima del hombro a los espectáculos de barraca de feria. Vendió su estudio, destruyó gran cantidad de los negativos de sus más de 500 películas y vivió sus últimos días mostrando sus trucos de ilusionismo en teatros de provincias y regentando una pequeña juguetería junto a su esposa Charlotte en el barrio de Montparnasse. ■

George Pal
(1908-1980)

Cuando alguien le preguntó, casi al final de sus días, cuál de sus películas era su favorita, George Pal (nacido Julius György Märczincsák) respondió: "La próxima". Tenía el ánimo infatigable de un inventor nómada, siempre atento a los cambios que experimentaba la realidad de su entorno. Cuando vio que en su Hungría natal había tocado techo diseñando carteles e intertítulos, emigró a Berlín, donde dirigió el departamento de dibujos animados de la UFA. Cuando Hitler instauró el régimen nazi, Pal abandonó Alemania por breves estancias en Praga, París y Eindhoven, donde desarrolló nuevas técnicas de animación de modelos fotograma a fotograma (el sistema de recambio, que consistía en crear todas las piezas de los movimientos y expresiones que necesitaran sus personajes) en sus trabajos en publicidad. Así nacieron los Puppetoons, las marionetas animadas que le hicieron cruzar el charco de la mano de Barney Balaban, ejecutivo de la Paramount que le contrató para que trabajara bajo la tutela del estudio. Por su taller pasaron artistas como Willis O'Brien y Ray Harryhausen, y en 1943 ganó un Oscar por sus logros en la animación de muñecos. No tardaría demasiado en avistar nuevos horizontes alejados de la animación pero muy próximos al cine espectáculo. En cierto modo, Pal vio en los miedos atómicos de la sociedad norteamericana de los cincuenta el combustible perfecto para arrancar el motor de un género, la ciencia-ficción, que sobrecogería al público con un mensaje a la vez apocalíptico y optimista, y un eficaz despliegue de efectos especiales. Todas las películas que produjo y/o dirigió durante esa década –*Con destino a la Luna* (*Destination Moon*, Irving Pichel, 1950), *Cuando los mundos chocan* (*When Worlds Collide*, Rudolph Maté, 1951), *La guerra de los mundos* (*The War of the Worlds*, Byron Haskin, 1953), *La conquista del espacio* (*Conquest of Space*, Byron Haskin, 1955), *El tiempo en sus manos* (*The Time Machine*, George Pal, 1960)– aspiraban a una grandeza visual que preparó el terreno a los Spielberg y Lucas de turno. ■

Kurt Russell
(1951)

Si abrimos el paréntesis en *Mi cerebro es electrónico* (*The Computer Wore Tennis Shoes*, Robert Butler, 1969) y lo cerramos en *Sky High, una escuela de altos vuelos* (*Sky High*, Mike Mitchell, 2005), podría creerse que la carrera de Kurt Russell nunca pudo escapar de la cárcel de las películas familiares. Sería, por supuesto, un juicio precipitado, porque muchos de los esfuerzos del Russell adulto estuvieron enfocados a desmarcarse de sus primeros pasos

como estrella adolescente en la factoría Disney, sobre todo en la trilogía protagonizada por Dexter Reilly, científico juvenil cuyas peripecias, que incluían empatizar con el disco duro de un ordenador (*Mi cerebro es electrónico*), descubrir la fórmula de la invisibilidad –*Te veo y no te veo* (*Now You See Him, Now You Don't*, Robert Butler, 1972)– y convertir unos inofensivos cereales en alimento superheroico –*The Strongest Man in the World* (Vincent McEveety, 1975)–, estaban empapadas de humor blanco. Fue en el marco de la ciencia-ficción, género con el que se familiarizó durante sus primeras experiencias como actor, donde se permitió un brusco pero productivo cambio de registro gracias al apoyo de John Carpenter, que le regaló el personaje de Snake Plissken en *1997: Rescate en Nueva York* (*Escape from New York*, 1981). Fue el inicio de una fructífera colaboración que se prolongaría en *La cosa* (*The Thing*, 1982), *Golpe en la pequeña China* (*Big Trouble in Little China*, 1986) y *2013: Rescate en L. A.* (*Escape From L. A.*, 1995). Su vinculación con la ciencia-ficción se afianzó durante los noventa con títulos como *Stargate* (*Id.*, Roland Emmerich, 1994) y *Soldier* (*Id.*, Paul W. S. Anderson, 1998). ▬

Arnold Schwarzenegger
(1947)

Pocos actores han utilizado su pétrea unidimensionalidad con tanta astucia como este insigne culturista austríaco. Mister Universo, millonario antes de los 22 años y gobernador de California antes de los 60, Schwarzenegger probó suerte en el cine con *Hércules en Nueva York* (*Hercules in New York*, Arthur Allan Seidelman, 1970). Entonces se llamaba Arnold Strong, y haciendo honor a su apellido ficticio, estuvo 10 años resistiendo como un jabato hasta que *Conan el bárbaro* (*Conan the Barbarian*, John Milius, 1981) le transformó en la viva imagen del superhéroe halterofílico, que cree en la fuerza bruta antes que en el diálogo conciliador. Republicano hasta la médula, su encallecida estulticia traducía la ideología conservadora de la era Reagan al idioma universal del cine de acción. Fue James Cameron el primero que le puso en contacto con la ciencia-ficción en *Terminator* (*The Terminator*, 1984), donde su inexpresividad se adaptaba como un guante de seda a la del *cyborg* que viaja desde el futuro para masacrar el presente. Sin embargo, Schwarzenegger, que pronto se convirtió en uno de los actores mejor pagados de Hollywood, no podía permitirse el lujo de enquistarse en personajes negativos, lo que obligó a Terminator a sacar su mejor sonrisa en las dos secuelas. Fue su carisma, nunca exento de una sanísima auto-ironía, lo que le distinguió de otros compañeros de gimnasio como Sylvester Stallone o Jean-Claude Van Damme. Sin su capacidad para reírse de sí mismo, películas como *Depredador* (*Predator*, John McTiernan, 1987), *Perseguido* (*The Running Man*, Paul Michael Glaser, 1987), *Batman & Robin* (*Id.*, Joel Schumacher, 1997), *El sexto día* (*The 6th Day*, Peter Hyams, 2000) y, sobre todo, *Desafío total* (*Total Recall*, Paul Verhoeven, 1990), su mejor interpretación, tendrían mucho menos encanto. ▬

Steven Spielberg
(1946)

Con su currículum infantil era difícil que no le gustara la ciencia-ficción. Su padre, Arnold Spielberg, guardaba los ejemplares de *Astounding Science Fiction* y *Analog* detrás de las cisternas del baño. Cuando Steven ni siquiera había cumplido los seis años, Arnold le despertó en plena noche y se lo llevó a contemplar una lluvia de meteoritos. La década en la que descubrió el cine coincidió con la época dorada del género. Los films de Jack Arnold eran sus favoritos. Era adicto a la revista *Famous Monsters of Filmland*, en la que Forrest J. Ackerman rendía homenaje mensual a la actualidad del cine fantástico. Se quedaba pegado a la televisión, fascinado por los extravagantes cuentos morales de *The Twilight Zone*. No es extraño, pues, que su primer largometraje, *Firelight* (1962), fuera una película de ciencia-

ficción. De 140 minutos de duración, contaba la historia de unos científicos que, investigando unas extrañas luces en el espacio, provocan una invasión alienígena. Y aunque Spielberg la califique como una de las cinco peores películas de la historia, no es difícil rastrear en ella la semilla de *Encuentros en la tercera fase* (*Close Encounters of the Third Kind*, 1977).

Arnold Spielberg creía que los extraterrestres existían, y que si viajaban hasta la Tierra no sería para conquistarla, sino para compartir su sabiduría con sus habitantes. De esa visión ingenua y benévola de la vida alienígena surgieron los primeros acercamientos de Spielberg al género. Tanto *Encuentros en la tercera fase* como *E.T. El extraterrestre* (*E.T. The Extra-Terrestrial*, 1982) retratan a los extraterrestres como entidades benéficas y luminosas, casi angélicas, que llegan a nuestro planeta para despertar al hombre de su mezquina realidad. El progresivo oscurecimiento de la obra de Spielberg a partir de *La lista de Schindler* (*Schindler's List*, 1993) también afectó a su modo de leer los códigos de la ciencia-ficción contemporánea. Incluso en dos películas-espectáculo como son *Parque jurásico* (*Jurassic Park*, 1993) y *El mundo perdido* (*The Lost World: Jurassic Park*, 1997), su visión sobre los peligros de la genética, aplicados a la resurrección de los dinosaurios en un utópico parque temático imaginado por Michael Crichton, parece asesinar la imagen optimista que se había fabricado hasta el momento de sí mismo. Si nos fijamos en su producción más reciente, podríamos pensar que Spielberg no confía en el ser humano, al que culpa de haber transformado nuestra sociedad en un infierno hipertecnológico que carece de corazón. Así lo demuestra en las desasosegantes *A.I.: Inteligencia Artificial* (*A.I.: Artificial Intelligence*, 2001) y *Minority Report* (*Id.*, 2002), y así lo corrobora en *La guerra de los mundos* (*War of the Worlds*, 2005), película de terror político donde la brutalidad de los ataques marcianos no es más que una excusa para subrayar el caos de un universo sin esperanza.

Spielberg, que ha financiado sagas tan exitosas vinculadas al género como las de *Regreso al futuro* (*Back to the Future*, Robert Zemeckis, 1985) u *Hombres de negro* (*Men in Black*, Barry Sonnenfeld, 1997), parece haber reactivado su interés en la ciencia-ficción en este siglo XXI. Figura como productor de *Transformers* (Michael Bay, 2007), *Jurassic Park IV* (2008) y el *remake* de *Cuando los mundos chocan* (*When Worlds Collide*, Stephen Sommers, 2008), y dirigirá *Interstellar* (2009), con guión de Jonathan Nolan. ■

Douglas Trumbull
(1942)

¿Qué habría ocurrido si Stanley Kubrick no hubiera visto el documental de la NASA *To the Moon and Beyond* (1964) en la Feria Mundial de Nueva York? Que no hubiera contratado los servicios de la productora Graphic Films, donde trabajaba Douglas Trumbull, para que empezara a diseñar los efectos especiales de *2001: Una odisea del espacio* (*2001: A Space*

Odyssey, 1968). Trumbull invirtió toda su energía en concebir la lisérgica secuencia de la Puerta Estelar. Inspirándose en las investigaciones cromáticas de los cineastas experimentales John Whitney y Jordan Belson, Trumbull ideó la cámara *slit-scan*, que fotografiaba, tal como cuenta John Baxter en su biografía de Kubrick, un cilindro que se movía lentamente a través de una abertura vertical, acercándose a dos o tres centímetros y luego alejándose hasta cinco metros. Las imágenes, proyectadas a alta velocidad en el horizonte del fotograma, provocaban un efecto de infinito tridimensional que prefiguraba las envolventes experiencias virtuales que caracterizarían los trabajos de Trumbull en parques temáticos (la atracción de *Back to the Future-The Ride*, 1991) y hoteles de lujo (el Luxor de Las Vegas). El excepcional logro del *slit-scan* le abrió las puertas para dirigir *Naves misteriosas* (*Silent Running*, 1971) y convertirse en el técnico de efectos especiales más solicitado de esa década. Trabajó en *La amenaza de Andrómeda* (*The Andromeda Strain*, Robert Wise, 1971) y fue nominado al Oscar por *Encuentros en la tercera fase* (*Close Encounters of the Third Kind*, Steven Spielberg, 1977), *Star Trek: La película* (*Star Trek: The Motion Picture*, Robert Wise, 1979) y *Blade Runner* (*Id.*, Ridley Scott, 1982), pero no lo consiguió hasta 1993 gracias a la creación y perfeccionamiento del Showscan, sofisticado sistema cinematográfico de formato panorámico y alta definición. El Oscar llegaba 10 años después de la película en la que ensayó las posibilidades del Showscan, *Proyecto: Brainstorm* (*Brainstorm*, 1983), fracaso de público y crítica que le retiró definitivamente del mundo del cine. ■

Paul Verhoeven
(1938)

A priori puede resultar extraño que alguien que se considera un realista militante pueda dejarse seducir por la ciencia-ficción en cuatro ocasiones y que, al menos en tres, consiga realizar películas que resulten imprescindibles para entender el género en los últimos 20 años. Cuando Verhoeven llegó a Hollywood tenía una larga y fecunda carrera de éxitos y escándalos en su Holanda natal. Había sido nominado dos veces al Oscar al mejor film de habla no inglesa –por *Delicias turcas* (*Turks Fruit*, 1973) y *Eric, oficial de la reina* (*Soldaat van Oranje*, 1977)– y había levantado ampollas en la sociedad de su país con sus escatológicos melodramas saturados de sexo –*Delicias turcas*, *Vivir a tope* (*Spetters*, 1980)– y un peculiarísimo *thriller* –*El cuarto hombre* (*De Vierde Man*, 1983)– que mezclaba fanatismo religioso, homosexualidad y *femmes fatales* en una misma y peligrosa coctelera. Harto del desprecio de las instituciones holandesas, Verhoeven trasladó su mirada cínica y corrosiva a Estados Unidos. De ahí que en películas como *RoboCop* (*Id.*, 1987) o *Starship Troopers: Las brigadas del espacio* (*Starship Troopers*, 1997) descuartice a la sociedad norteamericana con la misma virulencia que empleó para descuartizar a la holandesa. En *Desafío total* (*Total Recall*, 1990) materializó los conflictos de identidad imaginados por la calenturienta mente de Philip K. Dick haciendo gala de su descarnado gusto por la violencia, y en 2000 cerró su

carrera norteamericana con una discreta adaptación de *El hombre invisible*, *El hombre sin sombra* (*The Hollow Man*), más centrada en los lúbricos deseos de su protagonista que en su voluntad de dominar el mundo. ▄▄

 # Jules Verne
(1828-1905)

Allí donde se encuentran la ciencia y la imaginación especulativa, allí donde conviven el respeto por la realidad empírica y el aliento visionario, nace la literatura del francés Jules Verne. Menos mal que no hizo caso de los deseos de su padre, famoso abogado que quería que heredara su cartera de clientes. Verne dejó de estudiar derecho para dedicarse a sus verdaderas pasiones: la exploración de mundos desconocidos, los viajes por tierras ignotas, la ciencia que piensa en el futuro. Su providencial encuentro con el editor Pierre Jules Hentzel cambió su vida: él fue quien publicó su primera novela, *Cinco semanas en globo* (1862), después de recomendarle varias correcciones, iniciando una fructífera relación que duraría hasta la muerte de Verne. No es casual que poco antes hubiera conocido al periodista y fotógrafo Felix Tournachon, con el que viajó en globo aerostático, y que le enseñó los secretos que hacían volar tan curioso artefacto. La investigación documental cumplía un papel fundamental en el método literario de Verne: todos sus inventos –el submarino de *20.000 leguas de viaje submarino* (1870), el helicóptero de *Robur, el conquistador* (1886)– parten de una base científica. Su capacidad para acertar en sus predicciones era sorprendente: cuando imaginó el primer viaje del hombre a la Luna en *De la Tierra a la Luna* (1865) y *Alrededor de la Luna* (1870), no sabía que muchos de los aspectos técnicos de su ficción (las 150 horas del viaje, la caída de la nave en el océano) iban a coincidir con la hazaña protagonizada por Neil Armstrong, Michael Collins y Edwin *Buzz* Aldrin el 20 de julio de 1969. Otras ideas, como el cañón que lanzaba a la Luna a los miembros de la expedición, se ocuparían de recordarnos la entrañable ingenuidad de un escritor que prefería equivocarse a renunciar a la alegría y vivacidad de sus aventuras.

Verne escribió 65 novelas (46 de ellas reunidas bajo el epígrafe de los *Viajes extraodinarios*), un puñado de relatos cortos y ensayos, 30 obras de teatro y unos cuantos libretos para óperas. Tuvo como protector a Alejandro Dumas, logró el aplauso de artistas como el escultor Giorgio de Chirico y contó con la admiración de los lectores, que le convirtieron en uno de los escritores más célebres del siglo XIX. No es extraño que el cine y la televisión se fijaran en él, porque su literatura destila la esencia de ese sentido de la maravilla consustancial al género. Es difícil quedarse con una sola de las más de 100 adaptaciones de su obra. La vibrante energía de *20.000 leguas de viaje submarino* (*20.000 Leagues Under the Sea*, Richard Fleischer, 1954), *Viaje al centro de la Tierra* (*Journey to the Center of the Earth*, Henry Levin, 1959) y *El amo del mundo* (*Master of the World*, William Witney, 1961), la frivolidad coral de *La vuelta al mundo en ochenta días* (*Around the World in 80 Days*, Michael Anderson, 1956) y la hermosa plasticidad de *Un invento diabólico* (*Vynález zkáky*, Karel Zeman, 1958) forman parte por derecho propio del imaginario colectivo del cine de cienciaficción. Imaginario al que también pertenecen entrañables subproductos como *Viaje al centro de la Tierra* (1978), *Misterio en la isla de los monstruos* (1981) o *Los diablos del mar* (1982), las tres de Juan Piquer Simón. ■

H. G. Wells
(1866-1946)

Cuando Jules Verne y H. G. Wells pensaban en el futuro, veían cosas muy distintas: mientras que Verne especulaba con las aventuras que no podía vivir en el presente, Wells imaginaba todo aquello que le podría servir para hacer un comentario social de los tiempos que le había tocado vivir. O lo que es lo mismo, si la literatura de Verne estaba desprovista de toda ideología, Wells nunca pudo desprenderse de sus tendencias socialistas, seguramente heredadas de sus orígenes humildes. Fue un hombre hecho a sí mismo: había sido educado para convertirse en contable o dependiente, pero la influencia de los libros y su interés por las ciencias le apartaron de ese camino. Admirador de las teorías evolucionistas de Darwin y fascinado por disciplinas tan distintas como la astronomía, la física, la geología o la biología, consiguió una beca para estudiar en la Escuela Normal de Ciencias de Londres. Dedicado a la enseñanza, empezó a publicar artículos en prensa diaria y revistas científicas. Uno de sus primeros relatos, *Los eternos argonautas*, se convirtió en la materia prima de su primera novela, *La máquina del tiempo* (adaptada al cine por George Pal en 1960 y Simon Wells, su propio bisnieto, en 2002), cuyo éxito le garantizó una vida cómoda hasta el fin de sus días.

En cierto modo, la obra de H.G. Wells no era más que una discusión imaginativa acerca de fuerzas y posibilidades políticas y sociales. La lucha de clases –*La máquina del tiempo* (1895)–, la teoría de la evolución –*La isla del doctor Moreau* (1896)–, los abusos de poder

–*El hombre invisible* (1897)–, el advenimiento de la Primera Guerra Mundial –*La guerra de los mundos* (1898)–, los experimentos criogénicos –*Cuando despierta el durmiente* (1899)–... Todas las novelas de ciencia-ficción de H. G. Wells se prodigan en lúcidas profecías o están vinculadas de algún modo con los conflictos de su época. De ahí que el escritor tampoco desaprovechara la oportunidad de publicar ensayos de espíritu sociológico, hecho que llamó la atención de la Sociedad Fabiana, en la que ingresó en 1903 y en la que coincidió con intelectuales de inquietudes socialistas como el escritor George Bernard Shaw y el filósofo Bertrand Russell. Fue un año después de que otro visionario, Georges Méliès, fusionara su novela *Los primeros hombres en la Luna* (1901) con *De la Tierra a la Luna*, de Verne. Así se inició su relación amor-odio con el cine.

Porque Wells tuvo tiempo de ver algunas de las adaptaciones que se hicieron de sus novelas, y nunca quedó especialmente satisfecho de ninguna de ellas. Estaba en desacuerdo con que *La isla del doctor Moreau* se hubiera convertido en una película de terror titulada *La isla de las almas perdidas* (*Island of Lost Souls*, Erle C. Kenton, 1932) y no le gustaban los toques de comedia de *El hombre invisible* (*The Invisible Man*, James Whale, 1933). Aunque por aquella época había abandonado el género, Wells decidió escribir los guiones de *La vida futura* (*Things to Come*, 1936) y *The Man Who Could Work Miracles* (Lothar Mendes, 1937). Nunca se atrevió a predecir lo mucho que el cine y la televisión amarían su obra (más de 60 adaptaciones), y mucho menos que perseguiría a Jack el Destripador en una feliz aventura especulativa titulada *Los pasajeros del tiempo* (*Time After Time*, Nicholas Meyer, 1979). ▇

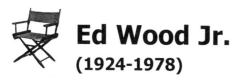

Ed Wood Jr.
(1924-1978)

Al final del hermoso *biopic* dirigido por Tim Burton, Ed Wood sale del estreno de *Plan Nine from Outer Space* (1959) con una sonrisa de oreja a oreja, convencido de que ha hecho la

mejor película de ciencia-ficción de la historia. Como todos sabemos, su recalcitrante optimismo era lo único que podía ser calificado como pura ciencia-ficción. Pero Wood estaba curado de espantos: después de todo, había luchado en la Segunda Guerra Mundial vestido con ropa interior femenina y su primera esposa, Norma McCarty, le echó de casa durante su noche de bodas, cuando descubrió que le gustaba demasiado ponerse sujetador. Su providencial encuentro con Bela Lugosi le permitió arrancar su carrera como director, que empezó con un exorcismo personal, *Glen or Glenda* (1953), a medio camino entre el documental didáctico y la experiencia surrealista, un diario íntimo sobre su adicción a los jerséis de angora. En un sentido estricto, sólo realizó dos films de ciencia-ficción. En el primero, *Bride of the Monster* (1958), Bela Lugosi interpretaba al doctor Eric Vornoff, científico loco que vive en los pantanos obsesionado por encontrar un método infalible para crear una raza de superhombres que dominen el mundo. En el segundo, *Plan Nine from Outer Space*, los extraterrestres deciden resucitar a los muertos para castigar a la humanidad por sus errores. Ambos títulos, rodados en condiciones infrahumanas y con una panda de aficionados (Tor Johnson, Vampira, Criswell) como equipo artístico y técnico, sintetizan la esencia del género como estilo de vida y acto de fe. ■

Karel Zeman
(1910-1989)

Uno de los mejores y más fieles adaptadores de Jules Verne fue este animador checo, ilustre heredero de la magia artesanal de Georges Méliès. Después de estudiar decoración y diseño publicitario, Zeman empezó a trabajar con la animadora Hermina Tyrlova, y en 1945 fundó sus propios estudios en Gottwaldow. Sus primeras obras, protagonizadas por un muñeco de madera llamado señor Prozouk, se desarrollaron en el campo del cortometraje. Ningún material se le resistía: incluso llegó a animar figuritas de cristal en *Inspiración* (*Inspirace*, 1949), su primer éxito internacional, y su acercamiento al cine infantil con fines didácticos *Viaje a la prehistoria* (*Cesta do prakevu*, 1955) combinaba con originalidad imágenes reales rodadas a velocidad normal con imágenes animadas de fauna jurásica filmadas fotograma a fotograma. Su ilimitada creatividad no tardó demasiado en cruzarse con la de Verne, al que adaptó en tres ocasiones. Tanto en la célebre *Un invento diabólico* (*Vynález zkázy*, 1958) como en *El dirigible robado* (*Ukradená vzducholof*, 1967) y *En un cometa* (*Na komete*, 1970), Zeman se basó en las ilustraciones originales de las novelas de Verne, firmadas por Riou y Bennett. En el caso de *Un invento diabólico* estrió en sobreimpresión toda la película y utilizó trucajes que evocaban los del cine primitivo. Zeman consiguió que sus films no se parecieran a ningún otro: su encanto, entre surreal y mágico, no desmerece al lado de los grabados de Gustavo Doré, pintor que no por casualidad tomó como modelo para realizar *El barón fantástico* (*Baron Prasil*, 1961), adaptación de *Las aventuras del barón Munchausen* de Gottfried A. Bürger. ■

Robert Zemeckis
(1952)

Sólo por haber concebido el movimiento de cámara que une el cosmos con el ojo de Jodie Foster en el arranque de *Contact* (*Id.*, 1997), Robert Zemeckis se merecería un lugar en el olimpo de la ciencia-ficción. Un solo plano concentra la relación entre lo infinito y lo infinitesimal, entre lo divino y lo humano, sintetizando la odisea espiritual de una científica que no cree en Dios pero acaba creyendo en la vida extraterrestre. No puede decirse que la búsque-

da de la trascendencia haya sido un motivo recurrente en la filmografía de Robert Zemeckis, cuya primera parte, la que abarca hasta *Forrest Gump* (*Id.*, 1994), se caracteriza por su aguda ironía. Su larga amistad con Steven Spielberg, al que conoció, recién graduado, cuando aquél acababa de estrenar *Loca evasión* (*The Sugarland Express*, 1974), ha sido definitiva para su carrera. Fue Spielberg quien produjo sus dos primeros films, *Locos por ellos* (*I Wanna Hold Your Hand*, 1978) y *Frenos rotos, coches locos* (*Used Cars*, 1980), coescritos con su colega Bob Gale y que resultaron absolutos fracasos en taquilla. Fue, también, Spielberg quien se encaprichó del guión de *1941* (*Id.*, 1979) y defendió a capa y espada el proyecto de *Regreso al futuro* (*Back to the Future*, 1985), película que lanzó a Zemeckis después de que nadie creyera en las posibilidades comerciales de *Tras el corazón verde* (*Romancing the Stone*, 1984) y fuera despedido del rodaje de *Cocoon* (*Id.*, Ron Howard, 1985). Zemeckis explotó el lado más satírico de la ciencia-ficción en *Regreso al futuro II* (*Back to the Future II*, 1989) y *Regreso al futuro III* (*Back to the Future III*, 1989), rematando su amor por el *cartoon* sangrante en *La muerte os sienta tan bien* (*Death Becomes Her*, 1992), estupenda comedia negra donde Meryl Streep y Goldie Hawn cataban una poción fáustica de elásticas consecuencias sobre su cutis. Acérrimo defensor del cine digital, Zemeckis creó el Robert Zemeckis Center for Digital, megacomplejo compuesto por platós inmensos, un laboratorio de montaje digital y una sala de cine que se inauguró en marzo del 2001, tres años antes del estreno de *Polar Express* (*Id.*, 2004), película de animación rodada según la técnica del *motion capture*, que anima a los personajes a partir de los movimientos reales de los actores captados por unos sensores conectados a un ordenador. ■

Planeta prohibido, de Fred McLeod Wilcox

Apéndices

Notas

1. Casas, Quim: *Fritz Lang*. Cátedra, Madrid, 1998. Declaraciones recogidas de Grafe, Patalas, Prinzler y Syr: *Fritz Lang*. Rivages/Cinéma, París, 1985.

2. Bogdanovich, Peter: *Fritz Lang en América*. Fundamentos, Madrid, 1991.

3. Pedraza, Pilar: *Metrópolis*. Paidós, Barcelona, 2000.

4. Morgan Hickman, Gail: *The Films of George Pal*. A.S. Barnes and Co., Inc, New Jersey, 1977. Edición española: *Las películas de George Pal*. Ediciones de la Filmoteca, Institut Valencià de la Joventut, Cinema Jove, 2000.

5. Hardy, Phil: *Science Fiction. The Aurum Film Encyclopedia*. Aurum Press, Londres, 1991.

6. Morgan Hickman, Gail. *Op. cit.*

7. Watkins, Peter: *Historia de una resistencia*. Festival Internacional de Cine de Gijón, 2004.

8. Sontag, Susan: *Estilos radicales*. Punto dc Lectura, Madrid, 2002.

9. Grande, Maurizio: *Marco Ferreri*. La Nuova Italia, Florencia, 1974.

10. Aldarondo, Ricardo: *Robert Wise*. Festival Internacional de Cine de Donostia-Filmoteca Española, San Sebastián, 2005.

11. Biskind, Peter: *Easy Riders, Raging Bulls*. Simon & Schuster, Nueva York, 1998. Edición española: *Moteros tranquilos, toros salvajes*. Anagrama, Barcelona, 2004.

12. Douin, Jean-Luc: *Bertrand Tavernier*. Festival Internacional de Cine de Donostia-Filmoteca Vasca, San Sebastián, 1999.

13. Douin, Jean-Luc. *Op. cit.*

14. Tarkovski, Andrei: *Esculpir en el tiempo*. Ediciones Rialp, Madrid, 2002.

15. Baxter, John: *Spielberg: The Unauthorised Biography*. Harper Collins, Londres, 1996. Edición española: *Spielberg, biografía no autorizada*. T&B Editores, Madrid, 2006.

16. Ordóñez, Marcos: *La bestia anda suelta*. Glénat, Barcelona, 1997.

Bibliografía básica

Bassa, Joan y Freixas, Ramón. *El cine de ciencia-ficción: una aproximación.* Paidós, Barcelona, 1993.

Baxter, John. *Science Fiction in Cinema.* A.S. Barnes & Co, Nueva York, 1969.

Brosnan, John. *The Primal Screen. A History of Science Fiction Film.* Little, Brown and Company, Nueva York, 1991.

Costa, Jordi. *Hay algo ahí afuera. Una historia del cine de ciencia-ficción (Vol.1).* Glénat, Barcelona, 1997.

Hardy, Phil (ed.). *Science Fiction. The Aurum Encyclopedia.* Aurum Press, Londres, 1992.

King, Geoff y Krzywinska, Tanya. *Science Fiction Cinema. From Outerspace to Cyberspace.* Wallflower, Londres, 2000.

Latorre, José Mª. *El cine fantástico.* Ediciones Fabregat, Barcelona, 1987.

Moreno, Manuel, y José, Jordi. *De King Kong a Einstein. La física en la ciencia-ficción.* Ediciones UPC, Barcelona, 1999.

Newman, Kim (ed.). *Science Fiction/Horror. A Sight and Sound Reader.* British Film Institute, Londres, 2002.

Newman, Kim. *Apocalypse Movies. End of the World Cinema.* St. Martin's Griffin, Nueva York, 2000.

Pringle, David. *Science Fiction: The 100 Best Novels. An English-Language Selection, 1949-1984.* Carroll & Graf, Nueva York, 1985. (Trad. cast.: *Ciencia Ficción. Las 100 mejores novelas.* Minotauro, Barcelona, 1990.)

Rickman, Gregg. *The Science Fiction Film Reader.* Limelight, Nueva York, 2004.

Senn, Bryan y Johnson, John. *Fantastic Cinema Subject Guide.* McFarland, Carolina del Norte, 1992.

Sobchack, Vivian. *Screening Space: the American Science Fiction Film.* Ungar, Nueva York, 1987.

Telotte, J.P. *Science Fiction Film.* Cambridge University Press, New York, 2001. (Trad. cast.: *El cine de ciencia-ficción.* Cambridge University Press, Madrid, 2002.)

VV.AA. "Ciencia-ficción europea", en *Nosferatu*, nº34-35.

Páginas web

www.imdb.com/Sections/Genres/Sci-Fi
Contiene información sobre 8.205 títulos del género.

www.ciencia-ficcion.com
Web cuya declaración de intenciones es difundir cualquier tema relacionado con la ciencia-ficción, ya sea en forma de literatura, cine, cómics, series de televisión, fanzines, etc. En castellano.

www.scifimoviepage.com
Completa web con información sobre clásicos y novedades del género, tráilers y críticas de DVD.

www.moria.co.nz
También conocida como "The Science Fiction, Fantasy & Horror Film Review", esta espléndida web ofrece críticas extensas, acompañadas de su correspondiente ficha técnica, de una amplia gama de películas del género fantástico.

www.scifilm.org
Lanzada en abril de 2001 por Gerry Carpenter, incluye críticas de las películas de ciencia-ficción más representativas.

www.pasadizo.com
Aunque la calidad de los artículos es desigual, es una buena web destinada al género fantástico. En castellano.

www.turnerclassicmovies.com
No está dedicada específicamente al género, pero su exhaustiva base de datos incluye magníficos y minuciosos artículos sobre algunos clásicos imprescindibles.

Índice onomástico

D

M

N

Películas clave del cine de terror moderno
Desirée de Fez

El terror es uno de los géneros más subestimados, pero también uno de los más prolíficos, ricos y variados. Este libro se centra en la etapa que abarca desde el estreno de *La noche de los muertos vivientes* hasta la actualidad, el llamado cine de terror moderno.

Este libro parte de 1968, fecha en la que el género dio un vuelco, en la que los directores rompieron con los códigos del cine clásico y buscaron nuevas fórmulas para asustar al espectador. Casi cuatro decenios extremadamente prolíficos, guiados por maestros como Tobe Hooper, John Carpenter y David Lynch y trufados de películas del calibre de *La semilla del diablo, La matanza de Texas* y *El exorcista*.

Películas clave del western
Quim Casas

Películas clave del western es un largo y panorámico recorrido por la evolución del género a partir de cien películas clave del mismo. Cada una de ellas es importante por algún motivo en la historia del cine, y en el texto se contextualiza cada película, se define su importancia y documenta su gestación.

Pero el western no sería nada sin sus actores, directores y escritores, sin quienes pusieron las palabras y dieron voz y gesto a los personajes legendarios. El libro incluye también textos sobre treinta verdaderos iconos del género, de John Ford a Clint Eastwood pasando por Henry Fonda, Gary Cooper, James Stewart, Anthony Mann o Sam Peckinpah.

El libro juego del cine
Pierre Murat y Michel Grisolia

Si es un apasionado cinéfilo y domina todo cuanto sobre esta materia se puede saber, o si siente curiosidad por conocer el mundo del cine, este manual es idóneo para usted. *El libro juego del cine* le permitirá saber todo acerca del séptimo arte; desde los géneros, el montaje, los realizadores y los mitos, entre otros aspectos interesantes.

Los autores intentan que el lector aprecie el cine a través de citas y comentarios, y ponen a prueba sus conocimientos de cultura del celuloide con divertidos juegos y curiosas preguntas. Bellamente ilustrada con más de 300 fotografías a todo color, esta original e interactiva historia del cine le ofrece la oportunidad de comprender mejor la más popular de todas las formas de arte.

Películas clave de la historia del cine
Claude Beylie

Tanto los cinéfilos como los estudiantes de audiovisuales o los espectadores descubrirán en esta obra los grandes filmes que jalonan la trayectoria del séptimo arte hasta nuestros días.

Con más de 200 títulos comentados, la presente obra permite situar de inmediato una película, un director, un género y una escuela en la historia del cine a través de una precisa ficha de datos: guionistas, realizadores, directores de fotografía, autores de bandas sonoras, productores, técnicos, intérpretes o duración del filme, entre otros detalles. Además, se incluyen comentarios sobre el guión y el argumento de cada película, así como un sucinto análisis general y citas de la crítica.

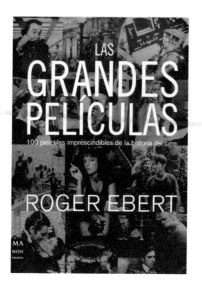

Las grandes películas
Roger Ebert

En esta obra sorprende que coexistan filmes infantiles, juveniles, clásicos y de vanguardia. Es una elección más orientada a indagar en cien grandes producciones que en una siempre difícil y dudosa selección de las mejores películas. Roger Ebert despliega su cultura cinematográfica con todo tipo de informaciones sobre las películas, las vidas de los directores e interesantes episodios de los rodajes que arrojan luz sobre aspectos desconocidos de los mismos.

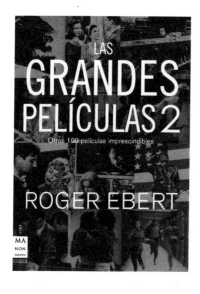

Las grandes películas 2
Roger Ebert

Este libro prosigue el camino que Ebert inició con el volumen anterior, *Las grandes películas*. En esta segunda entrega, el autor pone nuevamente a disposición de los lectores su exquisito talento a la hora de seleccionar las películas más interesantes de la historia del cine. En definitiva, una obra apasionante en la que Roger Ebert proporciona las herramientas necesarias para ver y apreciar las películas más emblemáticas de la cinematografía mundial.

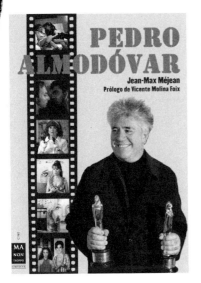

Pedro Almodóvar
Jean-Max Méjean

Pocos directores españoles han suscitado tanta atención como la que recibe Pedro Almodóvar por parte del público y la crítica internacionales. Se ha convertido en una referencia insoslayable en el panorama cinematográfico actual. Sin embargo, las opiniones y juicios vertidos sobre su obra no se apartan demasiado del tópico.

Aunque es muy difícil combatir este tipo de visiones estereotipadas, el autor propone contemplar la obra cinematográfica de Pedro Almodóvar, de un barroquismo fascinante, desde un nuevo punto de vista. Todo lo que desearía saber sobre el genial director, desde sus inicios en la movida madrileña hasta su fama en Hollywood.

Historia de Hollywood
Joel W. Finler

Historia de Hollywood explora la historia de la industria cinematográfica estadounidense desde los nickelodeones y la era muda hasta la actualidad. Un exhaustivo repaso del desarrollo financiero de cada compañía cinematográfica, y se pone al día al incluir los éxitos y fracasos de taquilla desde 1920, con especial atención a las películas de alto presupuesto de los últimos años. Asimismo, se recrea con los Oscar y las películas, actores y directores que han obtenido la preciada estatuilla.

Un viaje completo por la historia de la industria americana del cine